［図説］

世界の陰謀・謀略論百科

STUFF THEY DON'T WANT YOU TO KNOW: Conspiracy Theories That Won't Go Away

デヴィッド・サウスウェル＋
グレイム・ドナルド［著］
David Southwell + Graeme Donald
内田智穂子［訳］
Chihoko Uchida

原書房

[図説]世界の陰謀・謀略論百科

[目次]

第四章 歴史——181

第五章 悲劇——223

第六章 技術——281

第七章 場所——317

序論

陰謀論はじつに多種多様だ。よく耳にする信じがたい噂から言葉を失うほど恐ろしい真実まで多岐にわたる。

陰謀論の中には、今は亡き有名人を偲(しの)んで生まれるものもある。大好きなアイドルの悲運を受け入れたくないからだ。えてして、特別な人物はありふれた最期を迎えることが許されない。「エルヴィスは生きている！」とファンが言い張るのは最たる例だろう。エルヴィス・プレスリーの検死を担当したアメリカ人医師は苦々しくこうつぶやいた。「もし彼が生きているなら、心臓も肝臓も脳もないまま歩き回っていることになります。この私が摘出したのですから」。有名人にかんするこうした陰謀論は今に始まったわけではない。一五世紀のフランスでは、ジャンヌ・ダルクにまつわる噂が飛び交っていた。彼女は西部の都市ルーアンで火あぶりにされたはずだが、その「ルーアン処刑」を逃れたというのだ。喜んで身代わりになってくれる生霊を見つけ、北東部のメスで幸せな結婚生活を送ったとか……。

ダイアナ妃は殺害されたのだろうか？　いや、たぶん違う。そう推察する根拠は、つねに黒幕が、とんでもない任務でも快諾する工作員を雇えるはずがないから、ではない。誰が見てもあの殺害方法は理不尽だからだ。暗殺を成功させたいなら、普通は車の衝突事故など計画しない。現場の状況は行き当たりばったりだし、結果の予測も不可能だ。実際、ボディーガードはシートベルトをしていたおかげで一命を取りとめた。もし、後部座席にいたダイアナ妃もシートベルトをしていたら助かったかもしれない。ダイアナ妃を乗せたリムジンが柱に激突する直前、白いフィアット・ウーノに接触した(された)ことは疑う余地がないが、これはまぎれもない事故である。考えてみてほしい。動機は何であれ、スピードを出して走るどっしりとしたリムジンに激突して乗員を殺すとしたら、真っ先にコンパクト車のウーノなど思い浮かぶだろうか。選ぶなら戦車さながらのハマーだろう。少なくともフィアット・ウーノではない。

かたや、驚くべき真実に迫った陰謀論には、どろどろした政界の最上層部が画策したり実行したりする計画もある。なかには、陰謀から大統領の目をそらすために政府内の不満分子が動く例もある。たとえば、アメリカ大統領フランクリン・D・ルーズヴェルトが知らなかったレッド計画だ。この計画は大統領の承諾も議会の承諾も得ず、内々で進められた。一九二七年、ジュネーヴ海軍軍縮会議でアメリカとイギリスの交渉が決裂したため、軍高官たちが極秘で目論んだのだ。この会議でアメリカの代表は勢力を増しつつあるイギリス海軍に補助艦の制限を要求したが、イギリス側はまったく耳を貸さなかった。そこでアメリカは、イギリスとその領土に対し、総力を挙げて先制攻撃を仕掛ける青写真を描いたのである。レッド計画最初の一手となったクリムゾン計画では、陸空軍がカナダへの大規模な侵攻を開始する予定だった。年月が流れた一九七四年、この大胆な作戦が機密解除となって公開されたときには大きな波紋を呼んだ。

アメリカ大統領ジョン・F・ケネディがダラスで暗殺された事件は隠密作戦だったのか？　まず間違いないだろう。九・一一はアメリカ政府内にいる陰の分子が実行したのか？　可能性はある。もし、この手の陰謀論を呆れた戯言(たわごと)だと一蹴する読者がいたら、ノースウッズ作戦が正気の沙汰だったかどうか、じっくり考えてみるといい。これは、一九六二年、アメリカ統合参謀本部が起案し、婉曲に偽旗作戦と名づけ、実行を切望していた恐るべき軍事計画である。

NASAが撮影した月面写真。矛盾する点が複数あるため、多くの人が月面着陸は作り話だと思っている。

ノースウッズ作戦はアメリカ統合参謀本部議長陸軍大将ライマン・レムニッツァーはじめ全員が合意の署名をして練り上げた隠密作戦だ。工作員たちはキューバ人活動家に扮して国内線の航空機数機をハイジャックし、学校や大学を襲撃し、ショッピングモールを爆破したあと、キューバのリーダー、フィデル・カストロを黒幕に仕立てる偽情報を流す計画だった。統合参謀本部が意図したのは、徹底的かつ公然とキューバを攻撃する正当な理由をケネディ大統領に与えることだった。大統領と側近が検討した結果、幸いにもノースウッズ作戦は却下された。やりかたが狂気じみていて、卑劣で、危険だったからではない。この構想には不確定要素があまりに多く、首謀者が露見する可能性がきわめて高かったからだ。当時、統合参謀本部の極端な思いつきを抑制しようとする者もいなければ、冷静になってすべてを撤回しようと提案する者もいなかった。となれば、次のように結論づけるしかない。国家に仕えるサイコパスの高官が、事実、存在し、本来守らなければならない国民を平気で危険にさらしている。それも、自分勝手な政治的ご都合主義で。ここで二世紀ローマの詩人ユウェナリスの言葉を借りておく――「自分の守護者から自分を守ってくれるのは誰なのか？」。ぜひともこの格言を心に留めておいてほしい。

第一章 政治

日米欧三極委員会

一九七三年に設立された非営利組織、日米欧三極委員会は、日米欧の密接な関係を築き、基盤となるグローバル化を進め、地球を治めるリーダーとしての責任を共にすることを目的としている。おもな創設者には、アメリカの富豪、銀行家デイヴィッド・ロックフェラーもいる。彼が元コロンビア大学教授ビグネフ・ブレジンスキー著『テクネトロニック・エージ――21世紀の国際政治』［直井武夫訳、読売新聞社、一九七二年］に感化されたことは明白だ。同書でブレジンスキーは、北アメリカ、西ヨーロッパ、日本の同盟を提唱している。ロックフェラーはまさにそうした組織を立ち上げるべく動き出したのである。

日米欧三極委員会のメンバーは、メディア、政治、学問、ビジネスの各界を代表する人物三三五名で構成されているようだ。名を挙げると、元連邦準備制度議長ポール・ヴォルカー、ソニー会長盛田昭夫、ドイツ自由民主党首オットー・グラーフ・ラムスドルフ、ヘンリー・キッシンジャー、ビル・クリントン等の要人の他、AT&T、ペプシコ、チェースマンハッタン銀行といった企業の経営幹部も含まれていた。

日米欧三極委員会は毎春一回会議を開催し、世界が抱える問題やその解決法について前向きに検討している。陰謀論者に言わせれば、日米欧三極委員会は新世界秩序体制の裏に隠れた政治勢力にすぎず、彼らの目的はひとつしかない。地上の政治主権を一掃し、人民を一政権、一銀行の支配下に置こうとしているのだ。また、これとは別に日米欧三極委員会を単に世界中の（AT&Tやロックフェラー家などの）利益を保証するグループだと見なす説もある。慈悲深い仮面の下に隠されているが、日米欧三極委員会の真の目的は下層階級の利を守ることではなく、そうした人々に銀行や企業の指示に従わなければならないと巧妙に説得することなのだ。

奇妙な点

日米欧三極委員会のメンバーは、世界中の政治、ビジネス、メディア界で傑出した要人や権力者だ。ゆえに、多くの陰謀論者が指摘するとおり、委員会の役割が純粋に助言を与えることだとは考えにくい。アメリカ大統領はじめ、世界を牽引するリーダーや権力を握るエリートが単なるおしゃべり会談に出席する時間などわざわざ捻出しないだろう。そのうえ、なぜかこの委員会にはメディアが注目しないため、写真を撮ってもらえる機会さえないのだから、なおさらである。

通説の黒幕

フリーメイソン

フリーメイソンが日米欧三極委員会の議題をコントロールし、決議を左右して世界中の政策に影響を与え、地球完全支配を狙っているとする説は少なくない。世界を着々と新世界秩序の枠に閉じ込めつつ、厳重な法や無慈悲な支配のもとであらゆる異議を押しつぶし、ついには究極の目的を達成するのだ。

イルミナティ

もうひとつ、全政府の裏に存在しているのではないかと恐れられている謎に満ちた陰のグループがある。イルミナティだ。イルミナティも日米欧三極委員会を動かしている裏組織と見なされ、フリーメイソン同様、目的は地球の完全支配だ。

その他の黒幕説

ビルダーバーグ会議。スイスのジュネーヴを拠点とする討論グループらしいが、明らかにロックフェラー家から資金提供を受けている。

エイリアン

一風変わった黒幕説

この説によると、正体不明のエイリアン勢力が地球征服を目論み、日米欧三極委員会、ビルダーバーグ会議、外交問題評議会と手を組んでいる。ひとたび全政府、全軍隊が単一の新世界秩序に組み込まれたら、エイリアンはいとも簡単に世界を掌握するに違いない。エイリアンに協力する者は、残された我々にのしかかる恐怖感を味わわなくて済むのだ。

テンプル騎士団

日米欧三極委員会に属する多くの銀行家や財政家は、「当委員会はテンプル騎士団の命令で集結した」と一部の人間を納得させてきた。事実、テンプル騎士団は世界初の国際銀行を運営し、現在もひそかにグローバルなビジネス界で極秘勢力を組織している。日米欧三極委員会は、テンプル騎士団が世界の政治情勢を思うままに操り、利益を上げて安定を得られるよう手を貸しているのだ。

疑問と信憑性

不思議なことに、日米欧三極委員会の会議に注目するメディアは少ない。出席者の錚々（そうそう）たる顔ぶれを考えると奇妙だ。アメリカ大統領は無邪気に犬を散歩させている最中にカメラのフラッシュ電球やマイクに仕掛けた爆弾で襲われかねないというのに、この会議に出席しても夕方のニュースで取って付けたように触れられるだけなのだからどうにも興味をそそられる。日米欧三極委員会は自らを純粋な討論グループと称し、議事録はすべて一般公開できると主張しているが、その活動を覆っている影は不穏だ。クリントン大統領はモニカ・ルインスキーとの情事をメディアで派手に取り沙汰され、それを抑制することはできなかった。それなのに、日米欧三極委員会は取材を望むメディアを押さえ付ける力を持っている。いったいなぜなのか？

不可解な事実

日米欧三極委員会は三年ごとにリニューアルしている。二〇〇三年、三〇年にわたって掲げてきた国際相互依存にかんする議題をグローバリゼーションの一項目として更新した。現在の成長傾向に対する強化策だととらえれば、時宜を得ている。女優を経て外交官になったシャーリー・テンプルやジャーナリストのバーバラ・ウォルターズ（どちらも同委員会のメンバー）にこのテーマについて意見を求めたらどんな発言をしたか、陰謀論マニアのあいだでは今も議論の的だ。

日米欧三極委員会は自らを「非政府組織で施策本位のフォーラム」であり世界の改善に貢献するグループだと主張している。

疑いの目で見れば

もし新世界秩序が誕生するなら、日米欧三極委員会は公的団体として存在する必要があるのだろうか？　たしかに、身を隠すなら白昼堂々としているのが最善策だとも言えるし、それが委員会の信条なのかもしれない。だが、なぜ、陰謀の嫌疑をかけられるとわかっていながらこのような組織を創設したのか？　通信が暗号化され、政府用地下掩蔽壕が備わっているようなご時世だ。世界の黒幕が、猜疑心いっぱいの民衆の前で将来の奴隷制度について検討する必要などない。ごまんとある証拠からもわかるとおり、日米欧三極委員会は金持ちが集まっておしゃべりし、高価なワインに舌鼓を打ち、ときおり数ラウンドのゴルフを楽しむために作った団体にすぎない。おそらく、彼らの目的は世界支配ではない。単にオフィスから離れたいだけなのだ。

マルコムX

一九六〇年代のアメリカでは、物議を醸す政治家が銃弾を浴びて最期を迎える可能性がかなり高かった。マルコムXはアフリカ系アメリカ人統一機構の熱血漢リーダーだった。彼も人種問題にかんする発言でアメリカの白人社会を激怒させ、その信念に宿る危険な力が恐れられたため、絶頂期に暗殺された。

一九二五年、マルコムXはマルコム・リトルとして誕生した。父親はバプテスト教会の牧師で、マルコムが誕生した六年後、白人の人種差別主義者に殺害された。一家は離散し、施設の保護を受けざるをえなかった。リトルは聡明な生徒で法律家になることを夢見ていたが、その夢は教師によって打ち砕かれた。黒んぼなんだから大工にでもなれと言われたのだ。教育に幻滅したリトルは次々と軽犯罪に手を染めるようになった。窃盗罪で刑務所に入っていたとき、ネーション・オブ・イスラムについて書かれた本に出会い、関連書を読み始めた。黒人の独立独歩や人種分離の必要性を説くネーション・オブ・イスラムの信条はリトルの心をつかんだ。一九五二年、リトルは釈放されるやネーション・オブ・イスラムに入信した。名字のリトルには奴隷制の名残があるため、シンプルに「X」と改名した［マルコムXはアフリカにいたとき、本来の姓を軽蔑の意を含む「リトル」に勝手に変えられた。X（未知数）には自分の姓が一生わからないという思いが込められている］。

マルコムXはネーション・オブ・イスラムで次々と昇格し、広報担当チーフとなった。しかし、JFK暗殺に対

オーデュボン・ボールルームはマルコムX狙撃のあと、ひっそりと静まり返った。現在はビジネスセンターになっている。

する発言で世の怒りを買ったため、リーダーのイライジャ・ムハンマドから活動停止を命じられた。マルコムXはこれを機に自身の組織アフリカ系アメリカ人統一機構を立ち上げ、活動停止を解除されたあともネーション・オブ・イスラムには戻らなかった。

マーティン・ルーサー・キングは暴力を用いずに黒人が白人に溶け込めるようになると信じていたが、マルコムXは白人社会に憤り、黒人はあらゆる点で白人より優れていると豪語した。世界中を旅して回り、中東で演説し、黒人に対する人権侵害で南アフリカとアメリカを糾弾するよう国連に支援を促した。こうした考え方はネーション・

オブ・イスラムからも反感を買い、マルコムXはあちこちで憎まれる存在となっていった。この敵意が、一九六五年二月二一日、ニューヨークのオーデュボン・ボールルームで爆発する。

この日、会合が始まるや、マルコムXが演説を行っていたステージの前で喧嘩が発生した。マルコムXが事態を収めようとしたところ、五人組の暗殺者が聴衆の前に出てきて彼を撃った。まもなく、マルコムXは死亡した。悶々とした六〇年代、体制を脅かしたアメリカの熱血漢リーダーが、またひとり、殺害された。

奇妙な点

オーデュボン・ボールルームの向かいに病院があったにもかかわらず、マルコムXが撃たれてから救急隊が到着するまで、なぜか三〇分近くかかっている。

FBI

通説の黒幕

女装癖のあるFBI長官J・エドガー・フーヴァーはマルコムXに不信感を抱いていた。事実、フーヴァーはあらゆる黒人至上主義運動を忌み嫌っていたし、自国の政治にかんしてはいささか狭量だったため、その手の運動を慮る余裕などなかった。メアリー──酒男爵ルイス・ローズンスティールがニューヨークのプラザホテルで開催する女装パーティに出席するときのフーヴァーお気に入りの名前──にはマルコムXを嫌うもっともな理由があったようだ。マルコムXが暗殺される前週、黒人解放軍に潜入していたニューヨーク市警察のおとり捜査官レイモンド・A・ウッドが、自由の女神や自由の鐘など国の記念碑を狙った爆破計画を阻止した。爆破に使われる予定だったダイナマイトはカナダから密輸したもので、ウッド自身もかかわっていた。このテロリストグループを率いていたリーダー格のひとりウォルター・ボウが、マルコムXの立ち上げたアフリカ系アメリカ人統一機構の文化委員会委員長を務めていたのだ。おまけに、マルコムXはどう見ても過激派だった。フーヴァーの政治的展望からして、これだけでもマルコムXは不要だと判断するのに十分だっただろう。

暗殺の首謀者トマス・ヘーガンは現場で逮捕された。彼はネーション・オブ・イスラムのなかでもひときわ目立つ活動家で、マルコムX殺害についてはいちども否定しなかったが、のちに逮捕されたふたり、トマス・ジョンソンとノーマン・バトラーの関与については否定し続けた。ヘーガンは二〇一〇年に釈放される直前までずっと、暗殺計画は別のふたりと企てたと主張していた。そのふたりの名を明かすことは拒み、ただ、どちらもネーション・オブ・イスラムのメンバーでもイスラム教徒でもないとだけ話した。だが、秘密工作員がおとりで紛れ込んでいる場合、誰にもはっきりした素性はわからない。したがって、ヘーガン逮捕の現場を目撃した複数の人間が、もうひとりの男——レイモンド・ウッドだ——がオーデュボン・ボールルームから警官に連行されるところを見たと証言しているのに、逮捕記録が残っていないのはおかしい。また、撃たれたマルコムXの蘇生を試みているように見えるジーン・ロバーツの姿がはっきりと写真に撮られているが、後日、ロバーツはニューヨーク市警察とFBIが送り込んだ工作員だったことが判明した。もちろん、ロバーツは難なくマルコムXに近づき、ただ死亡を確認するだけでよかった。救命処置もできたはずだが。

アメリカ政府

南アフリカとアメリカの人権侵害について、国連が糾弾して解決を図る可能性は高かった。もしそうなったら、アメリカにとって深刻な事態となったに違いない。そこでアメリカはこの解決策を打ち出したマルコムXを排除し、厄介な問題を一掃したのだ。

一風変わった黒幕説

黒人たちの腐敗を正し、清らかな生活習慣を確立しようと努力したマルコムXは麻薬取引を激しく非難した。麻薬を使ってゲットー［少数民族などの住む貧民街］の絶望した住人から金を巻き上げていたマフィアが利益を脅かされ、マルコムXの運命を決したのかもしれない。

マフィア

ネーション・オブ・イスラム

ネーション・オブ・イスラムとマルコムXが立ち上げた組織の不和は深まっていった。なかには、マルコムXがイライジャ・ムハンマドやルイス・ファラカンなどネーション・オブ・イスラムのリーダーたちを、公然とではないにしても不当に冒瀆していると感じている者もいた。結果、殺害につながったのかもしれない。動機には政治的、宗教的な含みがあり、ネーション・オブ・イスラムのメンバーがマルコムXへの敵意をあからさまにあおったのだ。

疑問と信憑性

アフリカ系アメリカ人統一機構のリーダーであり、健康マニアで武術のインストラクターをしていたレオン・アミールは、一九六五年三月一〇日、マルコムXの暗殺犯を特定する資料とテープを持っていると公表した。アミールはこう述べている。「犯人たちはシカゴ（ネーション・オブ・イスラムの本拠地）の人間ではない。政府の人間だ」。妻子を安全な隠れ家に移してから、アミールは証拠を持ってFBIと接触した。だが、三月一三日、彼の死体が自宅アパートで発見された。当初、死因は癲癇（てんかん）の発作だとされたが、主治医が名乗り出てアミールは癲癇ではなかったと証言すると、死因は睡眠薬の過剰摂取に訂正された。この説も除外されると、今度は**自然死**として処理された。

言うまでもなく、真実ではない。

不可解な事実

こんにちに至るまで、ニューヨーク市警察とＦＢＩは工作員レイモンド・ウッドとジーン・ロバーツの行動を詳述したファイルを一部たりとも公開していない。ふたりがマルコムＸ暗殺に関与してから五〇年以上たっているのに、だ。さらに、ふたりともすでに死亡しているため、当局が資料の公開を拒否する表向きの理由——工作員と家族の安全——はほとんど意味を成さないように思える。

疑いの目で見れば

アメリカでは、黒人が人権についてあれこれ発言すると急進主義者と見なされ、射殺してくれと頼んでいるようなものだ。だが、白人だったら人道主義者となり、国際的社会奉仕団体ロータリークラブの高級ディナーに招待される。この忌まわしい事実を説明するのに陰謀など必要ない。

ニクソン、ウォーターゲート、E・ハワード・ハント

ウォーターゲート事件は現代でもっとも有名な政治的陰謀だ。失敗に終わった陰謀を隠蔽しようとしたことが発覚し、リチャード・ミルハウス・ニクソンはアメリカで初めて退職に追い込まれた大統領となった。この事件を機に「ディープ・スロート（喉の奥深く）」という単語に新たな意味が加わった。もともとは性行為のフェラチオを指していたが、極秘情報の内部告発者をも示すようになった。最近では、政治スキャンダルにはかならず「～ゲート」という接尾辞が付けられている。

一九九五年、陰謀論者としても有名な映画監督オリバー・ストーンが、不運な大統領役にアンソニー・ホプキンスを起用して『ニクソン』を制作した。当時、ストーンはウォーターゲート事件で表面に出てきたのはごく一部で、はるかに大規模で邪悪な策略が潜んでいると推測していたが、そうした見方は以前からあった。同じく陰謀論を土台としたストーンの別作品『ＪＦＫ』同様、『ニクソン』も登場人物や体制側から罵倒された。ストーンの仲間である陰謀論者たちに言わせると、それこそ、映画に多くの真実が含まれている証である。

ウォーターゲート事件は表面が巧みに取り繕われ、そのまま政治スキャンダルとして世に広まり、学校でも教えられている。教育機関で認めている数少ない陰謀のひとつだ。一九七二年六月一七日未明、元ＣＩＡ職員のジェー

ムズ・マッコードは反カストロの亡命キューバ人四人を従え、民主党全国委員会本部への侵入を試みた。彼らはワシントンDCにあるオフィス兼ホテル、ウォーターゲート・ビルの電話に盗聴器を仕掛けているところを発見され、逮捕された。

最終的にあとふたりが起訴された。大統領財政顧問で大統領再選委員会を牛耳っていたG・ゴードン・リディと、元ホワイトハウス職員かつ元CIA工作員のE・ハワード・ハントだ。その後数か月のあいだに、最初は取るに足りないと思われていた侵入事件が、あっというまに世界を騒がす政治スキャンダルへと膨れ上がった。陰謀をもみ消すための陰謀にニクソンがかかわっていたことから由々しき事態におちいり、一九七四年八月九日、危機は絶頂に達し、ニクソンは大統領を辞任した。

アメリカがウォーターゲート事件の余波で不信感に揺れるなか、陰謀論者は子細な調査を開始した。そして、真実を示唆する一連の情報をつかんだ。ニクソン失脚の本当の理由は、ジョン・F・ケネディ暗殺の真相を隠すための陰謀だったのである。

奇妙な点

ウォーターゲートで録音されたテープには、もともとの侵入事件の隠蔽工作にニクソンがかかわった証拠が収められていた。大統領はこう言っている。「おい、これ(ウォーターゲート事件)のせいでピッグス湾の件がすべて明るみに出てしまっては困る」。共謀罪で一八か月間服役した内政担当補佐官ジョン・アーリックマンは、この「ピッグス湾」はニクソンがジョン・F・ケネディ暗殺を表すときの隠語だと認めている。

ウォーターゲート事件の主犯格のひとりE・ハワード・ハントの妻ドロシー・ハントは**ホワイトハウスを震撼させる**情報を握っており、ホワイトハウスを脅迫して口止め料一〇〇万ドル以上を恐喝した可能性がある。多くの陰

FINAL ★★★★

DAILY NEWS

NEW YORK'S PICTURE NEWSPAPER ®

15¢

Vol. 56. No. 39 Copr. 1974 New York News Inc. New York, N.Y. 10017, Friday, August 9, 1974★ WEATHER: Partly cloudy, windy and mild.

NIXON RESIGNS

Acts in 'Interest of Nation,' Asks for End to Bitterness

Ford Will Take Oath at Noon, Kissinger Agrees to Stay On

Special 8-Page Pullout; Stories Start on Page 2

ニクソン辞任を報じる『デイリーニューズ』の一面。ニクソンは退任時の記者会見で叫んだ。「諸君が私を蔑むこともうないだろう！」

謀論者が信じている説によると、ＪＦＫ暗殺直後に現場近くのグラッシーノール（芝生の丘）を撮影した写真「三人の浮浪者」は有名だが、そのうちのひとりが、長年ＣＩＡ職員を務めたハントかもしれないのだ。

ジェームズ・ジーザス・アングルトン

通説の黒幕

一九五四年から一九七四年までＣＩＡ対諜報部長を務めたジェームズ・ジーザス・アングルトンがＪＦＫ暗殺の裏で動いた首謀者だと考える者は多い。ニクソンが侵入事件にホワイトハウスが関与したことを隠蔽すべく動いているとき、アングルトンはいつもの彼らしくなく手を貸すのを拒否した。結局、これがニクソンの運命を決定づけたのだ。アングルトンは自分がピッグス湾の件すべてにかかわっていたことを隠すために大統領を犠牲にしたのだろうか？

マフィア

マフィアとキューバの同胞はＣＩＡと強く結び付いており、ＪＦＫの死にひと役買っていたことは立証されている。ゆえに、反カストロ亡命キューバ人四人がウォーターゲートに侵入したのも偶然ではないだろう。もしウォーターゲート事件のせいでＪＦＫ暗殺の陰謀にかかわったマフィア上層部の役割が明るみに出る危険があるとしたら、ニクソンにすべての責任を負わせようとするのは当然だ。

一風変わった黒幕説

リー・ハーヴェイ・オズワルドの妻はJFK暗殺事件におけるFRB（連邦準備銀行）の不可解な役割を指摘している。アメリカ貨幣の製造をすべて調整する民間企業FRBはロックフェラー家が大株主だ。一九七三年、デイヴィッド・ロックフェラーが、多大な影響力を持つ日米欧三極委員会を創設したことを考えると、FRBはウォーターゲート事件でニクソンを退任に追い込む財政的及び政治的権力があったと推測する者もいる。ニクソンは、世界支配計画を進めるうえで邪魔だったのだ。

連邦準備銀行

ハワード・ヒューズ

一九七二年、風変わりな億万長者ハワード・ヒューズはホワイトハウスに依頼して、あるチーム（ウォーターゲートへの侵入に失敗した犯人）をラスヴェガスの新聞発行人ハンク・グリーンスパンのオフィスに侵入させた。目的は壊滅的な脅迫文書を盗むことだったようだ。一説によると、ヒューズと仲間の石油王たちは、ニクソンやJFK暗殺計画とつながっていた。となれば、控えめに言ってもヒューズはウォーターゲート事件にかかわっていたはずだ。

疑問と信憑性

一九七二年一二月八日、ドロシー・ハント、別名「ウォーターゲートの主計官」はウォーターゲート事件の調査でCBSの主要ジャーナリスト、ミシェル・クラークと顔を合わせた。このふたりにシカゴの下院議員ジョージ・コリンズが加わり、三人はワシントンからシカゴへ向かうユナイテッド航空五五三便に乗り込んだ。機内にはウォーターゲート事件に何らかのかたちで関係した他の一〇名もいた。理由は不明だが、ハントは銀行小切手と為替で二〇〇万ドル以上を所持していた。大金の入ったケースを荷物係に預けるのは嫌だったのだろう、彼女は財産を置くために隣の座席も予約していた。その飛行機はシカゴミッドウェイ国際空港に向かう途中で爆発炎上し、乗員四三名と地上にいた二名が犠牲となった。

最初に誰が現場に到着したかは、ご想像のとおりだ。ＦＢＩである。迅速な対応を取った救急隊が駆け付けるより早く、ＦＢＩ職員一五〇名が現場を包囲し、救急隊員すら近寄らせず、飛行機の残骸を調査した。ドロシー・ハントは一万ドルを持っていたと発表されたが、決済追跡が可能な小切手についても詳細は明かされていない。つい疑いたくなるのだが、ＦＢＩはいつどこで飛行機が墜落するのかを知っていて、無慈悲にもそれを待っていたのではないだろうか。

搭乗員の体内から検出されたシアン化合物の濃度は、プラスチックなどが燃えた煙を吸った同様の事故を想定した基準値の五倍もあった。また、ドロシー・ハントの死亡診断書の日付は一九七二年一二月八日なのに、検死官のサインは一九七三年一一月四日になっている。すべてが怪しげでどうにも不可解だ。

不可解な事実

リー・ハーヴェイ・オズワルドが一九六三年一一月一〇日に書いた謎の手紙については熱い議論が交わされてきた。この手紙でオズワルドは「ミスター・ハント」に、自分を使ってほしいと仕事を要求している。複数の研究家が、この手紙はＪＦＫ事件にハントがかかわっていたさらなる証拠だと結論づけた。

疑いの目で見れば

ウォーターゲート事件はアメリカの魂を傷つけ、深い傷あとを残した。取るに足りない侵入に始まった事件は、アメリカの政治不信を生む根源となり、陰謀を信じる風潮を後押しした。当然ながら、ウォーターゲート事件とＪＦＫ暗殺を結び付ける憶測が深まっている。

真珠湾

時間には交差点――結合点（ネクサス・ポイント）――があり、そのとき起こった出来事が歴史の流れを大きく変えることもある。一九四一年一二月七日、日曜日の夜明け前、真珠湾で発生した事件も結合点となり、第二次世界大戦の行く末だけでなく、世界史の展開にも影響を及ぼした。

日本軍がハワイに仕掛けた悪名高きかの奇襲攻撃では、アメリカ人兵士と民間人計二四〇三人が死亡、兵士一一七八人が負傷した。戦艦三隻を含む一九の船舶が沈没し、航空機は一八八機が破壊され、一六二機が相当の損傷を受けた。対して日本が失ったのは、航空機二九機と特殊潜航艇五艇、兵士六四名だけだ。この不意打ち攻撃を機にアメリカは日本に宣戦布告し、すぐさまヒトラーはアジアの同盟国を支援した。その結果、ついにアメリカはナチスとの戦争を開始したのだ。

しかし、アメリカでとりわけ尊敬されている歴史家のなかには、陰謀論者の意見に賛同する者もいる。陰謀論者いわく、真珠湾を忘れてはならない本当の理由は、大規模な陰謀による悲劇的な結末だったからだという。第二次世界大戦において、アメリカは総力を挙げてイギリス軍に加わるよう仕向けられたのである。

一九四一年、アメリカ大統領フランクリン・D・ルーズヴェルトは重々しく克服しがたい政治問題に直面していた。大統領はドイツと対戦したかったが、国民は共感しなかった。大戦はヨーロッパのもので、イギリス、ロシア、ドイツが解決すべき問題であり、アメリカ国民を危険にさらしてはいけないと感じていたのだ。陰謀論者や一部の歴史家は、ルーズヴェルトは真珠湾が攻撃されることをあらかじめ知っていながら、日本に宣戦布告する正当な理由を得るために黙認したと考えている。諜報機関が大統領に前もって伝えていた真珠湾攻撃がもし実行されれば、ドイツがアメリカに宣戦布告すると踏んだのだ。

奇妙な点

一九四一年、ルーズヴェルトは陸軍大将らから、日本への石油輸出を削減すればアメリカも太平洋戦争に参戦することになると警告されていた。七月、ルーズヴェルトは石油の供給を削減し、さらに、諜報員から届く日本の動きにかんする情報を、ハワイに拠点を置く陸海軍の高官に伝達するのを差し止めた。また、イギリス、オランダ、オーストラリア、ペルー、韓国、ソ連の全政府がアメリカに対し、真珠湾が奇襲されると警告していたのだから、この情報が真珠湾にいた軍部に伝わっていなかったのはどう考えてもおかしい。

フランクリン・D・ルーズヴェルト

通説の黒幕

この陰謀でもっとも疑わしいのはルーズヴェルト大統領本人だ。大統領は公然とヨーロッパとの戦争を希望していたが、国内の政治情勢を懸念して抑えていた。大統領の立場にいれば、アメリカを最初に攻撃を仕掛けた侵略者だと見なされないようにして戦闘を指揮できるのである。

アングロ・アメリカン陰謀団

少なくとも陰謀論の世界では広く信じられている説がある。偉大な力を持つアングロ・アメリカン陰謀団が特別な関係を維持し、実際に活動しているという。アメリカとイギリスの諜報員の他、ビジネス界、金融界、政界の要人も含まれると信じられており、ルーズヴェルトも一員だったのだろう。ルーズヴェルトは真珠湾攻撃が迫っていることを黙認するよう提言され、アメリカがイギリスを守るという名目で参戦できるよう、お役目を果たしたのだ。

アメリカの銀行業界

真珠湾攻撃時、イギリスはレンドリース法（武器貸与法）のもと、アメリカに借金があった。もしドイツに負けたら、莫大な借金を返済できなくなる。アメリカの銀行業界はイギリスに既得権益があったため、資金援助以上の貸しを作れるよう陰で糸を引いていたのかもしれない。

一風変わった黒幕説

共産主義国際同盟

最近、アメリカの極右陰謀論者は、ルーズヴェルトはひそかな共産主義者だったと信じるようになった。また、彼らの推測によると、ルーズヴェルトは共産主義国際同盟の主要メンバーで、この同盟がアメリカをドイツと戦争させるよう企んでいたという。アメリカが参戦した目的は、イギリスやヨーロッパの民主主義を救うためではなく、世界初の共産主義国家ソ連がナチスの軍事力に粉砕されるのを防ぐためだったのだ。

アメリカ軍は船舶19隻、航空機188機、兵士2335名を失った。
日本が失ったのは航空機29機と兵士64名だけだ。

疑問と信憑性

一九三二年のある日曜日、夜が明ける三〇分ほどまえ、アメリカ統合陸海軍の軍事演習中、一五二機の飛行機が真珠湾を急襲した。見事な不意打ちだった。同様の攻撃は一九三八年にも繰り返された。つまり、軍部が真珠湾の危険性を知っていたことは間違いない。さらに、すでにアメリカは日本の海軍と外交が使用している暗号を解読していた。事実、極秘陸軍委員会に情報が流れていたのだ。一九四四年、同委員会は次のように報告している。「政府と陸海軍省の各高官に日本軍の計画にかんする詳細が数多く届いた。なかには、攻撃のほぼ正確な日時も含まれていた」。

不可解な事実

急襲があった日、真珠湾の北方、オアフ島北端のカフク岬にあるオパナレーダー観測基地では、新人の兵卒ジョー・ロッカードとジョージ・エリオットが任務に就いていた。というのも、ベテランのオペレーター、兵卒ローレンスとホッジが、予期せず、申請もしていなかった二四時間休暇を命じられたからだ。午前七時二分、エリオットがレーダーのスクリーン上で光る大きな輝点に気づいたため、規定通り戦術指令室に電話をかけたが、なぜか誰も出なかった。もはや輝点はスクリーンを埋め尽くすほどに増え、パニックに陥ったエリオットは管理事務所に電話をかけた。すると兵卒のジョセフ・マクドナルドが出て、戦術指令室にも情報部にも誰もいないと告げた。

エリオットがあまりに狼狽していたので不安になったマクドナルドは、当直のカーミット・タイラー中尉に相談した。彼はエリオットに電話するのを妙に嫌がっていたが、結局は電話をかけ、きみは未熟だからレーダーの読み取りができていないと注意して報告を無視し、さらに、きっとそれは雁の群れだと付け加えた。エリオットはタイラーに、もしこれが雁なら世界一大きくて速い雁だと話した。なぜなら、その物体は真珠湾に向けて時速三〇〇キロで飛んでいたのだ。エリオットは愕然としたが、タイラーは平然とした口調で、レーダーのスイッチを切ろうといった。「気にすることはない。朝食を食いにいこう」。そして全兵士の朝食は、午前七時四八分、突如、お預けとなった。雁が飛来して……。

疑いの目で見れば

真珠湾にかんする数多くの陰謀論をすべて疑ってかかることは難しいが、アメリカ軍と総司令官——大統領——が引き起こしたであろう失敗を過小評価するのも危険である。

ルドルフ・ヘス

一九四一年五月一〇日、午後五時四五分、ドイツ副総統ルドルフ・ヘスはメッサーシュミットBf110に長距離用タンクを装備し、バイエルン州のアウクスブルク・ハウンシュテッテン空港からスコットランドに向けて飛び立った。そして、第二次世界大戦のなかでもひときわ異様で複雑な物語の幕が切って落とされた。

ヘスが向かったのは、ハミルトン公爵の邸宅、サウス・ラナークシャーにあるダンガヴェル・ハウスだった。しかし、途中で燃料が切れ、目的地まであとわずか二〇キロのイーグルシャム上空から緊急降下した。午後一一時一〇分ごろ、轟音で目を覚ました農夫デイヴィッド・マクリーンが自分の農場に座り込んでいるヘスを見つけ、家に連れて帰り、国防市民軍に電話で知らせた。当然、ヘスが身元を明かすと騒然となったが、ヘスはハミルトン公爵に重要なメッセージがあると告げた。

のちに間違っていたことがわかるのだが、ヘスはハミルトンがドイツと一種の平和条約を結ぶことを切望しているイギリス上層部の主要メンバーだと思い込まされていた。一般に、ヘスはある種の精神病を患い、自分勝手な行動に出たため、スコットランドに向かうと告げたときヒトラーは激怒したと言われている。ところが、ヘスの副官カールハインツ・ピンチュの話は違う。ピンチュによれば、まさに平和条約の件でドイツ政府とイギリス政府がひそかに長時間の会談を行っただけでなく、ピンチュが上司ヘスの手紙――「これに目を通されるとき、私はイギリスにいるでしょう」――を渡したとき、ヒトラーはただ静かにうなずき、彼を帰したという。単にヘスはイギリスの諜報機関にだまされただけなのだろうか？

翌日、ヘスはハミルトンに会うことを許された。だが、告げられたのは、自分が誤った情報を受け取っていたことと、ハミルトンはドイツ政府と融和政策など結ぶつもりはないということだけだった。これを機に、ヘスは気持ちが不安定になったらしい。そう、ヘスは事前に取り決めた好意的な会合に向けて飛び立ったはずだった。もはやヘスは、世界中の人の目に、架空の任務に就くだまされた精神異常者として映っていた。そして、その後はロンドン塔はじめあちこちの刑務所を転々とした。

ロンドン塔に収監されていたとき、ヘスはウィンストン・チャーチルに会いたいと希望を出した。歴史書にはチャーチルがこの願いを即座に断ったと記されているが、本当だろうか？　チャーチルが敵国の副司令官を尋問できるチャンスをそう簡単に見逃すとは思えない。やがてヘスはサリー州マイチェット・プレイスのキャンプZに拘留された。精神状態はさらに悪化し、自殺未遂さえ起こした。まもなくニュルンベルク裁判にかけられ、その後、ベルリンのシュパンダウ戦犯刑務所に送られた。ヘスはここで連合国とソ連の監守が交代で厳しく監視するなか余生を送った。

一九六六年、ヘスは――もし本当にヘス自身ならだが――広大なシュパンダウ刑務所に残された最後の囚人となった。ソ連が断固として釈放を許可しなかったからだ。ついに、一九八七年八月一七日、九三歳、ヘスは死亡した。伝えられるところによると、刑務所の庭にあるあずまやで、テーブルランプのコードを窓枠にかけ、首を吊ったようだ。本当にヘスだったのだろうか？　シュパンダウ刑務所にいた男性はヘスではないと見る説もあり、さらに、その人物が誰だったとしても自殺したと認める者は少ない。

奇妙な点

シュパンダウ刑務所の囚人七号はルドルフ・ヘスではない、という懸念を最初に表明したのは、一九七二年、ベルリンにあるイギリス軍病院の最高顧問に任命されたW・ヒュー・トーマス医師だ。空想にふける人物ではない。トーマス医師が、ヘスだと信じられていた男を見て最初におかしいと感じたのは、第一次世界大戦で負った、有名な上半身の傷がなかったからだ。トーマス医師が初めてヘスらしき患者を診察したとき、彼は傷は完治したと答え、すぐにシャツを羽織り、慌てて診察室から出ていったらしい。

トーマス医師は疑念が頭から離れず、一九七八年秋、バイエルン州にあるヘス家を訪れ、ヘス夫人イルゼに会った。患者の健康を把握するための仕事なのだと伝え、ヘスは古傷に困っていたかをそれとなく尋ね

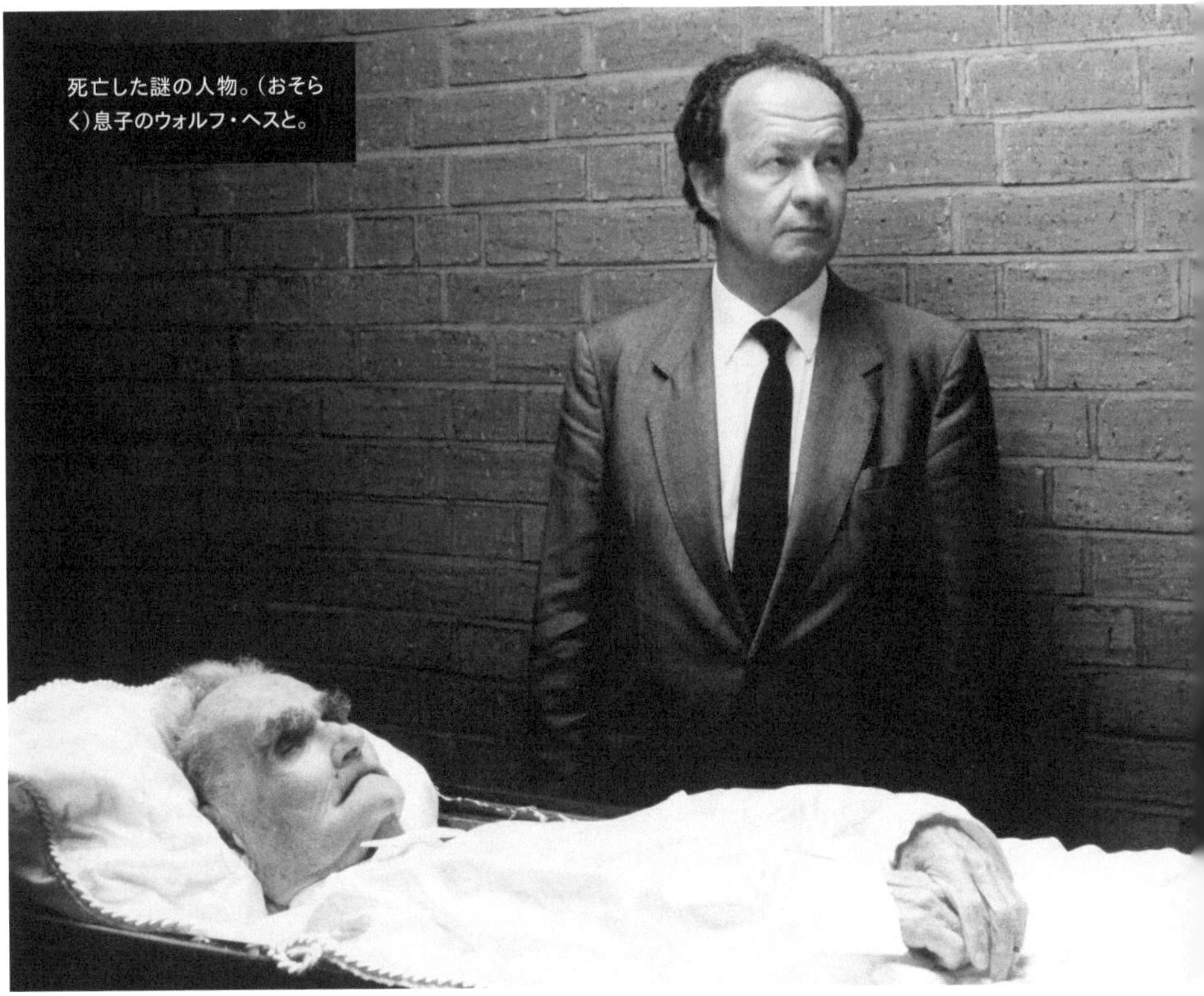
死亡した謎の人物。(おそらく)息子のウォルフ・ヘスと。

た。ヘス夫人いわく、受けた銃弾が肺を貫通したため、しばらくは趣味の山歩きに影響したが、残ったのは胸の前後についた醜い傷痕だけだったという。また、トーマス医師はニュルンベルク裁判に出席したヘスが、スコットランドに飛び立つまで毎日のように身近で働いていた秘書ふたりを認識できなかったことにも気づいた。さらに、連合軍将校がヘスを尋問しようと独房を訪れたとき、囚人は笑いながらこう言ったのだ。「なあ、ここにはヘスなんてやつはいないよ！」。

イギリスの諜報機関

通説の黒幕

二〇〇四年、イギリス諜報機関ＭＩ５（エムアイファイブ）の機密文書が公開された。それによると、一九四〇年九月上旬、ヘスは親友でありアドバイザーでもあるアルブレヒト・ハウスホーファーに依頼してハミルトン公爵宛てに手紙を書かせ、公爵との密談を取り付けようとしていた。ヘスは、イギリス政府とドイツ政府の平和条約締結について、中立のリスボンで密会しようと提案したのだ。しかし、ＭＩ５がこの手紙を略奪した。彼らは待機しておとり作戦を目論んだ。返事の手紙を偽造してヘスを罠にかけようとしたのだ。ＭＩ５はこの案は却下したとしているが、戦前のＭＩ６（エムアイシックス）ベルリン支部長で、戦時中は対ドイツ司令官だったフランク・フォーリーの妻ケイが書いた日記によると、そうではない。一九四一年一月一七日、フランクは助手を連れ、妻に断りもなく極秘でブリストルのウィットチャーチ空港からリスボンに向けて飛び立った。そこで彼は影をひそめて二週間過ごし、帰ってきたのは二月一日だった。妻ケイだけでなく、多くの人間が疑っている。フランク・ホーリーはリスボンでハウスフォーファーに会い、ヘスへの返事を持ち帰らせたのだ。ハミルトン公爵はヘスを心から歓迎し、検討中の取引を成立させる用意が調ったと。

ウィンザー朝

イギリス人エリートと王室までもがヒトラーの熱心な支持者で、喜んで何らかの便宜を図ったり、ドイツ政府と同盟を結んだりしようと夢中になっていた。ヒトラーと、退位したエドワード八世とその妻ウォリス・シンプソンとのつながりは、文献にも残されているとおりよく知られているが、ジョージ六世の弟、ケント公ジョージ王子や、その母メアリー王妃とのつながりはあまり知られていない。

ケント公は貪欲なバイセクシャルでコカインに溺れていた。愛人にはアンソニー・ブラント、歌手兼女優のジェシー・マシューズもいた。イギリス諜報機関は彼を特別注意人物としてリストに載せていた。一九四二年八月二五日、ケント公はサンダーランド飛行艇でスコットランドのインヴァーゴードンを飛び立ち、表向きは「特別任務――非軍事作戦」としてアイスランドに向かった。飛び立ってまもなく、アイスランドに向かうルートからはかなりそれ、飛行機はベリーデールの小さな村ケイスネスにそびえるイーグルス・ロックに激突、炎上した。ケント公の死体の脇には、スウェーデンの一〇〇クローナ紙幣のつまったケースがあった。つまり、彼の本当の目的地は中立国スウェーデンであり、ドイツ政府の代表者と会う予定だったのだ。

奇跡的に、後部銃手を務めた空軍軍曹アンドリュー・ジャックが一命を取りとめた。サンダーランドの後部が激突の衝撃でちぎれたため、爆破の影響を免れたのだ。後年、最期を迎えるころ、彼は飛行機に乗っていたのは乗客リストにある一五名ではなく一六名だったと告白した。この証言で、リストになかった一名はヘスではないかという疑いがますます濃くなった。ヘスを連れていけば会議に重みが増すからだ。もしヘスに似た人間が潜入していたとしたら、このタイミングで入れ替わったのだろう。じつに面白いことに、ヨーロッパが第二次世界大戦末期を迎えたころ、あるイギリスの若き諜報員が極秘扱いの手紙を回収しにドイツに飛んでいる。王室の人間からナチス高官に宛てた手紙だ。この諜報員こそアンソニー・ブラントで、自業自得ながらのちにかなりの批判を浴びた。

ヴリル協会

一風変わった黒幕説

この説によると、ルドルフ・ヘスがドイツ人によって収監されていたのは、秘密結社ヴリル協会が運営するナチスの南極基地について重要情報を握っていたからだ。ヴリル協会のメンバーの多くはナチス高官が占めている。奇怪な話だが、ジェームズ・ボンドの生みの親でMI6のメンバーでもあるイアン・フレミングが、ヘスの尋問をオカルティストのリーダー、アレイスター・クロウリーに指揮するようすすめたことにも注目したい。

疑問と信憑性

イギリスはヘスの釈放を支援する姿勢を固持していた。ソ連が拒否し続けるとわかっていたからだ。しかし、一九八〇年代後半、イギリスの真意が問いただされた。ソ連最高指導者ミハイル・ゴルバチョフがグラスノスチ（情報公開）とペレストロイカ（改革）を宣言し、ロシア人のヘス釈放反対意見を和らげれば、「慈悲深い態度として世界に受け入れられるだろう」と明言したのだ。囚人七号のどんな秘密が明るみに出るとしても、少なくともイギリスの視点からすれば、ヘス――あるいは分身――は突如、政治上の足かせになった。

前述したとおり、一九八七年八月一七日、九三歳のヘスは刑務所の庭にある小さなあずまやで電気コードを使って首を吊ったとされている。しかし、ヘス担当のチュニジア人看護兵アブダラ・メラオウヒは、その建物に入ったとき、ひとつしかないランプの電気コードはまだコンセントにささっていて、アメリカの軍服を着た無口な男がふたりいたと話している。また、そのふたりが発したほんの数語の言葉はアメリカ英語のアクセントではなかったという。さらに、ヘスの担当医も自分の患者が電気コードを首に巻き付けたことに驚いた。当時、ヘスは両手ともひどい関節炎を患い、自分で靴紐も結べず、着替えることさえできなかったのだ。

数ある報告のなかで何よりお粗末なのは、ウォルフガング・スパン医師が行った解剖の結果だ。それによると、ヘスは電気コードで首を吊ったのではなく絞殺で死亡した。ところが、自身の所見がどうあれ、ヘスの死に他人がかかわっていると証明することはできないというのだ。実際、とりわけ手にこぶができた関節炎を患っていたら、自分の首を絞めて自殺することは不可能だ。息絶える前に気絶してしまう。

不可解な事実

「遺書」は公開された。いかにもあずまやで発見し、ヘスの横に置いてあったかのように発表したが、四人七号の死の画策者たちは墓穴を掘った。

ヘスの死を調べた担当者が、最初の一行、「死の直前に記す」を読んで大喜びしたのは間違いない。ただ、大事な点に気づかなかった。続く文章を読めば、明らかに矛盾する時間の隔たりが読み取れる。内容は次のとおりだ。「フライブルク(秘書)に伝えてくれ。心から申し訳ないと思っている。ニュルンベルク裁判以降、彼女のことを忘れたように振る舞わざるをえなかった。それしかなかったのだ。そうしないかぎり、自由を得ようとやってきた努力がすべて水の泡になる。彼女の写真も、きみたちみんなの写真も、ちゃんと受け取ったよ」。

一九八七年、ヘスの関節炎は相当ひどかったため字を書けるような状態ではなかったが、それはさておき、この遺書は実際に死亡する二〇年近くまえに書かれたものだったのだ。当時、ヘスは穿孔性十二指腸潰瘍で瀕死の状態にあり、即、手術を受けることになった。誰も助かるとは思っていなかった。ヘスがニュルンベルク裁判でまったく認識できなかった秘書ふたりのうちのひとりフライブルクと自身の家族の写真を受け取ったのは、一九六九年のクリスマスなのだ！　ヘスの病巣は手術で無事に一掃されたため、遺書は不要になった。そして、家族に渡されることなく、いざというときのために引き出しに保管されたのである。

疑いの目で見れば

ここで書くことはあまりない。おそらく、自殺あるいは犯罪の現場で科学捜査をさせないよう、あずまやはヘスの死体発見後すぐ丸焼けにされた。この事実こそ、陰謀論者にとって有利な裏づけになるのではないだろうか……。

サダム・フセイン

一見したところ、一九九一年の第一次湾岸戦争は単純な紛争だった。従来の分析は、サダム・フセインは典型的な誇大妄想癖のある独裁者だという見方が大本になっている。一九九〇年八月、フセインは自身の領土拡張政策を世界が制止するかどうかを試すため、クウェートに侵攻した。

これに応じてアメリカとイギリスを筆頭に世界が連携し、フセインを攻撃した。ジョージ・ブッシュ・シニアはこの連合団を「新世界秩序」と呼んだ。湾岸戦争中、アメリカは十分な軍事力と政治力を備え、フセインを倒してクウェートを解放した。しかし、すべてが表面どおりだったわけではない。陰謀研究家は、第一次湾岸戦争、そして、世界大戦以降最大の軍事作戦となった二〇〇三年の第二次湾岸戦争に疑いの目を向けている。ひとつ疑問が浮かぶたび、重大な謎が次々と湧き上がってくる。たとえば、なぜ連合軍は容易にバグダッドに侵攻できたのにもかかわらず撤退したのか？　フセインがもうひとりのヒトラーなら、なぜ一〇年以上もたってからブッシュ・ジュニアがイラクの「政権交代」を迫ったのか？　陰謀論者が定説に疑問をぶつけるようになると、非難や噂が公然と出回り、事実として世に受け入れられている。二〇〇三年、戦車がバグダッドの幹線道路に二度目の襲撃を行うまえから、複数の有力な国際政治修正主義者が疑問に思っていた。第一次湾岸戦争はクウェート解放以外の目的があって実施されたのではないか？

奇妙な点

フセインはアメリカ国務省がクウェート侵攻にゴーサインを出したと信じていた。きっかけは、イラク大使がアメリカ大使エイプリル・グラスピーに対し、アメリカはイラクがクウェートに侵攻する可能性にどう対処するのか質問したことだった。一九九〇年八月、イラクの戦車が砂漠を進攻する直前だ。

意図的にしろ偶然にしろ、この会合で何が起こったのか、詳細については議論を呼んでいるが、フセインは自身の侵攻計画を進めてもアメリカは反対しないと判断した。アメリカ上院議員の多く——少なくともひとりの忠実なユダヤ人リベラルかつイスラエル戦士、つまり、ブッシュ・シニアを含む——がバグダッドを訪れ、フセイン支援を宣言していたため、実行は許されると結論づけたのだ。

通説の黒幕

新世界秩序（ニュー・ワールド・オーダー）

「新世界秩序」という表現を最初に使ったのは、一九

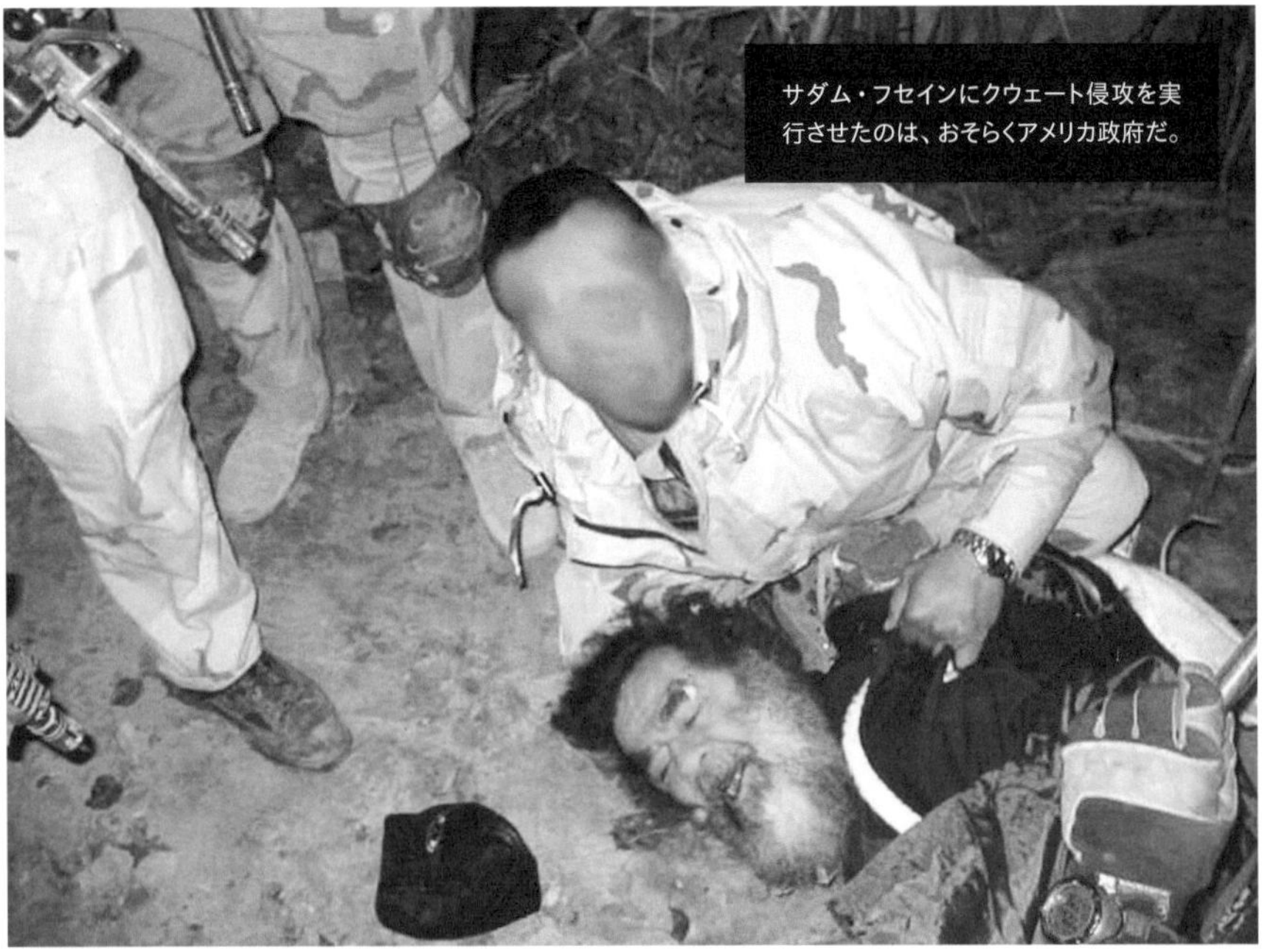

サダム・フセインにクウェート侵攻を実行させたのは、おそらくアメリカ政府だ。

二〇年代、世界政府を信じていたエドワード・ハウス大佐だった。ジョージ・ブッシュ・シニア大統領がこの言葉を公の場で使ったのはフセイン打倒のために世界が集結したときで、新世界秩序誕生の前触れだと説明した。ほとんどの陰謀論者がこの新世界秩序を、極秘勢力が導入しようとしている世界単一政府だととらえている。新世界秩序が多くの国家を支配するには、その存在を正当化しなければならない。湾岸戦争では政治と軍事の双方で統合して国際的な作戦を実施しており、新世界秩序の時代が到来したという概念を世界に示す初めての例となった。

軍産複合体

一九八九年、ソ連が崩壊し、共産主義の恐怖が過去のものになると、人々は疑問に思い始めた。アメリカと西側の同盟国は本当に防衛に何十億ドルも使い続ける必要があるのだろうか？　陰謀論者は一九九〇年にフセインが実施したクウェート侵攻は偶然として片付けるには話がうますぎると感じている。彼らによれば、フセインは軍産複合体によってクウェート攻撃を急かされ、アメリカが戦わねばならない新たな敵にまつりあげられた。つまり、アメリカは軍備に大金を充てる理由を正当化したのだ。

KGB

一風変わった黒幕説

ソ連とKGBが長年にわたってフセインと密接な関係を築いてきたことは周知の事実だ。陰謀論のなかには、ソ連の終焉は単なる陽動作戦で、KGBは共産主義者による世界支配を企んでいるという説もある。ようするに、湾岸戦争をあおったのはKGBなのだ。KGBはフセインをお化けのリーダーに仕立て、アメリカの注意をイラクに向け、自分たちはアメリカに邪魔されずに陰謀を追求できるよう戦略を立てたのである。

石油会社

なにはともあれ、第一次湾岸戦争は原油価格を上昇させ、一九七三年のオイルショック以来経験のなかった数字を記録した。ブッシュ・シニアは石油王として財産を築いた。石油化学工業と情報機関はつながっているため、第一次湾岸戦争上演の舞台裏にある真の目的は金儲けだったとする説もある。ブッシュ・ジュニアは父の跡を継ぎ、彼自身も石油で財を成した。第二次湾岸戦争もしかり。これが定説になっていても驚くにはあたらない。

疑問と信憑性

サダム・フセインは一九五九年以降のＣＩＡ職員名簿に掲載されており、間違いなく、当初からアメリカ政府の財力になっている。ＣＩＡはフセインの属するバアス党が起こした一九六三年のクーデターを支援し、一九八〇年にはイラン侵攻にゴーサインを出した。さらに、クルド人のガス虐殺でもフセインをサポートした。アメリカ政府に蔓延していた風潮は昔の格言が巧みに言いあらわしている。「やつはクソ野郎だが、我々のクソ野郎だ」。

一九九〇年八月二日にイラクがクウェートに侵攻する数週間前、フセインと副首相ターリク・アズィーズは、一九八八年からイラク大使を務めてきたエイプリル・グラスピーとの会合を重ねていた。一九九〇年七月二五日の会合中、グラスピーはフセインに面と向かってこう言った。「私たちはあなたがたのクウェートとの論争はじめ、アラブ紛争には何の考えも持っていません。私はベイカー国務長官から、一九六〇年代に初めて貴国に向けて出した指示を強調するよう命じられました。クウェート問題はアメリカとは関係ありません」。アメリカ人はイラク軍がすでにクウェート国境まで進攻していることを十分承知していたし、そのことをフセインとアズィーズは知っていた。ようするに、グラスピーはクウェートの国境に立って、自ら侵攻開始の旗を振っているようなものだった。

一九一七年初期、MI5の名簿にはムッソリーニの名が載っていた。週給は一〇〇ポンド（現在の額にして八〇〇〇ポンド）にのぼった。情報機関の高官はメアリー・シェリーの『フランケンシュタイン』を読むべきだろう。この本は教えてくれる。好みのモンスターを創ったら、いつか、遅かれ早かれ、自分たちに襲いかかってくるということを心に留めておかなければいけない。

不可解な事実

湾岸戦争後、ラリー・バインハートがバランタインブックス社から、『アメリカのヒーロー American Hero』という好奇心をそそる作品を出版した。バインハートはフィクションだと断っているが、同書は「湾岸戦争は共和主義者の狡猾な専門家が考案した戦争であり、ジョージ・ブッシュの人気を急上昇させることが目的だ」というテーマで子細に描かれている。小説として、表に出ていない事実や幅広い補足説明を織り込み、湾岸戦争の陰謀を巧みに浮き彫りにしている。ここでひとつ疑問が出てくる。なぜ、アメリカ、イギリス、ソ連の大使館員はみな侵攻の二日前にクウェートを立ち去ったのだろうか？

疑いの目で見れば

第二次湾岸戦争が示すとおり、アメリカは権力を振りかざすのが大好きで、一歩引く理由など思いついたためしがない。よって、クウェート侵攻の許可はさほど必要がなかったように思える。第一次湾岸戦争終結時、フセインの権力を完全に奪わなかったのは、ブッシュ・シニアが、息子が大統領に就任したときに打ち込めるものを残しておきたかったからではないのか？

ヒラリー・クリントン

クリントン夫妻、とくにヒラリーを狙って、広範囲に張り巡らされた陰謀が存在することは間違いない。だが、我々は望遠鏡でどの方向をのぞいているのだろう？　夫妻の政治的策略や悪行に基づいたもっともな陰謀を見ているのか、それとも、ヒラリー自身が指摘しているように、クリントン夫妻またはヒラリーを失墜させるために、ひがみから企てられた陰謀を見ているのか？

公務に向ける妻の野心を曇らせぬよう夫が少しずつ政界の舞台から遠のき出して以来、ヒラリー自身はことあるごとに、まったく根拠のない卑劣な攻撃にさらされてきた。レズビアン疑惑もそうだ。ヒラリーは騒々しくて、頑固で、我を通すし、パンツスーツばかり着ているので、きっとレズビアンに違いない。ようは、男性が嫌いな条件トップ三を揃えたできる女なのだ。

一九九八年、ヒラリーは、クリントン夫妻が右翼の大規模な陰謀の的になっていると初めて公言した。その後何度もこの表現を使ったため、かつて夫のコンサルタントを務めていたクリス・レイヘンの言葉を拝借したのに、いつしかヒラリーの言葉になっていた。しかし、ヒラリーはモニカ・ルインスキーのスキャンダルを受け、夫クリントンをあたかも被害者のように扱い、当然ながら嘲笑された。あとからわかったことだが、抜け目ないルインスキーはいざというときのために法医学的証拠を保存しておいた。おかげでセレブの地位を手に入れ、今も享受している。

シェイクスピアが『十二夜』のマルヴォーリオに言わせているとおり、高き身分に生まれつく者あれば、高き身分をたまたま授けられる者もあるのだ。

しかし、ヒラリーが公の場に引きずり出されて非難された度し難い陰謀には、さらに恐ろしい側面もある。代理人を使った犯行ではあるものの、クリントン夫妻を連続殺人犯に仕立てるという大胆な憶測だ。ちなみに、ネットで「Clinton Body Count（クリントン、変死者リスト）」を検索すると一〇〇万以上ヒットする！　だが、そもそも、どうしてこのような陰謀にからめた誹謗中傷が生まれたのだろうか？　事の発端は一九九四年だった。右派でいささか妄想気味のアメリカ下院議員ウィリアム・ダンネメイヤーが二四名の「変死者リスト」を連邦議会に送った。彼らの死はクリントン夫妻に関連があるから調べてほしいと要求したのだ。このリストを作成してダンネメイヤーに渡したのは、輪をかけた妄想癖のあるリンダ・トンプソンだった。ダンネメイヤー同様、陰謀論マニアで、世界はシオニストが支援する新世界秩序の脅威にさらされていると信じていた。彼女は精神的に不安定

ヒラリー・クリントンはその政治的野望を胸に、次はどこへ向かうのか？

で自殺も何度か図っている。かつて動画を制作したことがあり、そのなかで、アメリカ合衆国連邦緊急事態管理庁が新世界秩序に従わない人々を監禁する強制収容所を建設したと主張した。だが、この建物はアムトラック（列車）の車両修理場だったのだ。なんともはや。

議会はダンネメイヤーの要請を無視したが、「変死者リスト」の名は、複数の人物が手当たり次第に追加していった。なかにはヒラリーの母を担当していた美容師もいる。彼女は八〇代後半に謎の死を遂げたらしい。また、夫クリントンの母親や継父を施術したカイロプラクター、スタンリー・ハード医師も載っている。彼は飛行機事故で重傷を負い、瀕死の晩年を過ごした。

奇妙な点

「変死者リスト」の名前や詳しい死因は誰も確認しなかったが、掲載名の数はトプシー［過去の全ツイートを検索できるサービス］のごとくどんどん増え続けた。たとえば、ホワイトウォーター疑惑として知られる不動産詐欺で財政不正行為により逮捕されたジェームズ・マクドゥーガルだ。当時、共同経営者だったクリントン夫妻も同様に投資していたが、すべての疑惑を晴らしている。マクドゥーガルは実際に重い心臓病を抱えていて、フォートワース連邦刑務所メディカルセンターで心臓発作に見舞われ、死亡した。これが不気味といえるだろうか？　その他、リストに載っている人物には、レストラン経営者兼企業家のダン・ラサターを担当する弁護士のひとり、ガンディ・バウがいる。ラサターは一九八〇年代、クリントンが所属する人気政党に多大な貢献をし、結局はコカイン売買に手を染めた。のちの一九九四年、バウは自殺した。その一か月後、弁護士仲間も後を追った。おそらく、ふたりで良からぬことを企み、今後を考えて自殺するほうがましだと考えたのだろう。

また四名のＢＡＴＦ（アルコール・タバコ・火器及び爆発物取締局）職員もリストに載っている。理由は、時期は違うが、四人ともホワイトハウスのボディガード部隊に所属していたからしい。彼らはウェイコにある宗教団体ブランチ・ダヴィディアンの施設で起こった立てこもり事件［第五章「ウェイコ事件」の項参照］で被弾して死亡した。さらに、一九九三年、クリントン大統領が航空母艦セオドア・ルーズヴェルトを訪問し、三時間滞在したとき顔を合わせた水兵六名も載っている。全員が同じ部隊に属し、ヘリコプター墜落事故で同時に死亡した。大統領は数多くの人と面会するため、統計的に考えて、その一部が死亡し、殺害され、自殺するのは自然な成り行きだろう。同様のリストをローマ法王版で作成してみるといい。実際、すでに誰かが作っているはずだ！

第四インターナショナル

通説の黒幕

ある陰謀論によると、ヒラリーはブラックパンサー党のような急進派と長い付き合いがあるため、その流れで第四インターナショナルともつながっているようだ。第四インターナショナルはかつては過激な共産主義陰謀団で、会員をホワイトハウスに送り込む組織だと考えられていた。しかし、一部の陰謀論者が想像を膨らませただけで、一九六〇年代には実質的に崩壊していた。だが、現在、第四インターナショナルを再建しようとしているイギリスの小さな組織がある。労働者インターナショナルだ！　どんなかたちであれヒラリーがブラックパンサー党を支持していたと口にする際は気をつけたほうがいい。少しでも気配があればヒラリーは弁護士に相談する。一九七〇年、シカゴエイトとして知られるブラックパンサー党のグループが陰謀の嫌疑で裁判にかけられたとき、ヒラリーは傍聴席にいた。当時はまだ結婚前のヒラリー・ローダムで、弁護士にもなっていなかった。勉強のため、公民権侵害の裁判を傍聴しにやってきた法学生のひとりだった。被告のひとりボビー・シールは裁判官の命令で、縛られ、猿ぐつわをはめられていた。このときのヒラリーに、彼らの無罪を促すよう支援したり、代弁したり、行動したりする様子は微塵も見られなかった。

フェミニストのロビイスト

一風変わった黒幕説

ヒラリーを失脚させようとする陰謀で最大かつ確かな不安要素は、そうした不可抗力をあおるねじれた想像力だ。夫クリントンのテフロン加工を剥いだ無鉄砲なヒラリーは、すぐさまパンツスーツを身に着け、自力で立ち上がった。おてんば娘だ！　口角泡を飛ばす広報担当さながらの長広舌は、言葉では表現できないほど見事だ。いまや現実味を帯びているが、結婚は見せかけだという烙印も押されている。娘のチェルシーを、役割を与えられて雇われた女優だと見る無分別な者もいる。また、ヒラリーが世界支配を目論む女家長制活動家の同志を先導していると主張する者もいる。もし本当だとしても、これはそんなに悪いことだろうか？　考えてみれば、男性は数千年にわたってひどい制度を維持してきたものだ。

疑問と信憑性

クリントン夫妻を殺人犯に仕立てようとする陰謀論者は、あらゆる出来事を歪めて考えている。この事実をもっともよく表しているのは、ホワイトハウスの元インターン、メアリー・カイトリン・マホーニーの悲しい死だろう。一九九七年七月、マホーニーが働いていたスターバックスのワシントン店に強盗が入り、マホーニー含め三人のスタッフが銃撃された。犯人カール・クーパーは三人が夜間勤務を終えたとき店に飛び込み、二丁の拳銃を振り回した。メアリーはクーパーにタックルし、他のふたりの目の前で数発被弾した。その後、クーパーはそのふたりも射殺し、まもなく逮捕された。

この銃撃事件が起こったのは、モニカ・ルインスキーのスキャンダルが暴露される直前で、ニューズウィーク誌のマイケル・イシコフが、大統領といちゃついている愛人は「ホワイトハウスの元スタッフ、イニシャルMの女性」であり、もうじき身元が明かされる、と何度も報道していた。となれば、誰だってシークレットサービスがマホーニーにたどり着き、口封じのために殺害したと思うだろう。そして、彼女の名が「変死者リスト」に追加され、実際、今も掲載されている。しかし、アンチ・クリントンのロビイストはここでひとつミスを犯した。当時知られていなかったが、マホーニーはレズビアンの活動家だったのだ。つまり、マホーニーとビル・クリントンではなく、マホーニーとヒラリーのつながりをでっちあげればうまくいったのかもしれない。だが、誰にもできなかっただろう。ふたりは顔を合わせたことすらなかった。

不可解な事実

なぜ、今まで、誰ひとり核心を突いた質問をしなかったのだろうか？　なぜ、クリントン夫妻にもっとも危害を加えた人たちが今も誹謗中傷を口にしながら歩き回っているのか？　なぜ、彼らがクリントンの「変死者リスト」のトップに載らないのか？　次に挙げる人たち――これ以外にも生存している人はじつに多い――は口を開く前に殺されているはずではなかったのか？　モニカ・ルインスキー、ポーラ・ジョーンズ、ジェニファー・フラワーズ。クリントンの不倫相手三人だ。また、性的暴行を訴えたキャスリーン・ウィリー、レイプの全貌を打ち明けたジャニータ・ブロードドリック、さらにはリンダ・トリップ。トリップはルインスキーの友人で、ホワイトハウスの暗闇での思い出をひそかに録音し、独立検察官ケネス・スターに渡した。このスターが大統領を弾劾裁判に追い込んだのである。

疑いの目で見れば

クリントン夫妻が自分たちを不快にさせる敵を、安全を期して叩きつぶさないようにしているいっぽう、本書に出てきた多くの人が身元を変え、**暗闇に姿を消した**。アラバマ州ムースジョーに住むグリズウォルド・ザカリア・フリンダーフロップが**ベッドで不自然な**死を遂げたという情報が入ったからだ。この日は、クリントン夫妻が旅客機でその街の上空を飛びワシントンに向かったちょうど三年後だったようだ。いやはや、フリンダーフロップはもう九六歳だったのだ！

ジョージ・ブッシュ・シニア

アメリカ合衆国の大統領に就任した者は大勢の陰謀論者の標的となる。だが、ジョージ・ブッシュ・シニアは少し違っていた。彼は、一九八〇年、ロナルド・レーガンの副大統領に選ばれるまえからすでに主要な陰謀論の中心にいた。ウォーターゲート事件、ピッグス湾事件、そして、JFK暗殺である。

ジョージ・ブッシュが正式にCIAに勤務していたのは一九七六年から七七年で、長官を務めていた。しかし、早くも一九六一年からCIAのために働いていたとする証拠は数多い。学生時代はCIAの上級諜報員を採用する主要機関として名高い奇怪な秘密結社、スカル・アンド・ボーンズの一員だった。石油会社を経営していたため、世界中の掘削地を訪ね歩いており、これは諜報員にとって完璧な隠れ蓑だった。ブッシュが経営していた会社は名をサパタといい、これはCIAが実施したピッグス湾作戦のコードネームでもある。侵攻を中止した海軍艦二隻を民間用の船に塗り替え、バーバラとヒューストンと名づけた。前者はブッシュの妻の名前、後者は会社の拠点であるテキサスの町の名前だ。

一九七八年、アメリカ政府がJFK暗殺の一〇万ページ近い資料を公開したとき、陰謀研究者はそのなかから国務省が「CIAのジョージ・ブッシュ」に送ったメモを見つけた。内容は、マイアミにいる反カストログループがJFK殺害後にまた別のキューバ侵攻を実施するかもしれないとする警告だった。ブッシュ大統領は宛名の人物は自分ではなく、呼称が同じ別の「ジョージ・ブッシュ」だと述べた。しかし、陰謀論マニアは受取人を確信している。前回のピッグス湾侵攻を主導したのはＣＩＡなのだからＣＩＡだし、ブッシュはピッグス湾以外の侵攻計画にも携わっていたのだからブッシュなのである。

もうひとつの陰謀、ブッシュとＪＦＫ暗殺をつなぐ重要なカギとなるのは、ロシアの石油地質学者で長年ＣＩＡの情報提供者だったジョージ・ド・モーレンシルトだ。テキサスで暮らしていた彼は、リー・ハーヴェイ・オズワルドがソ連を出たあとテキサスで暮らせるよう援助した。ド・モーレンシルトは下院暗殺問題調査特別委員会で証人喚問に臨む直前、真偽は不明だが拳銃自殺を図り、死体で見つかった。彼の個人用住所録のなかには「ブッシュ、ジョージ・Ｈ・Ｗ（ポピー）［ポピー（アヘンの材料）は麻薬取引王と言われていたブッシュのニックネーム］、オハイオ州一四一二Ｗ。サパタ石油、ミッドランド」という項目があった。

この手の諜報機関が調査の陰で動いていたとなると、陰謀論者の一部が、一九八一年に起こったロナルド・レーガン大統領暗殺未遂の裏に当時の副大統領ブッシュがいたと考えても不思議ではない。数年早く自分をホワイトハウスに送るためだ。しかし、おそらくもっと不安なのはブッシュ家とオサマ・ビン・ラディン一族のつながりだろう。これについては次項のジョージ・Ｗ（ダビア）・ブッシュ［ダビアはＷのテキサス訛に由来するニックネーム］で詳しく解説する。

奇妙な点

一九八一年三月三〇日に起こったロナルド・レーガン暗殺未遂事件は、公式発表によると、レーガンがリムジンに乗ろうと歩いていったとき、ジョン・ヒンクリー・ジュニアが駆け寄り、発砲した。銃弾はリムジンに当たって跳ね返り、レーガンを負傷させたが、殺害には至らなかった。しかし、複数の目撃者が、リムジン後部の奥に立っていたシークレットサービスのエージェントが少なくとも一発は撃ったと証言している。レーガンの死で恩恵を受けるのはブッシュだ。陰謀論マニアは、レーガン狙撃犯としてブッシュまたは彼を支配する力を第一容疑者に挙げている。

通説の黒幕

CIA

陰謀界で馴染みの顔は、ジョージ・ブッシュ・シニアの人生でも大きな役割を演じたはずだ。CIAは局員のひとりを早々にホワイトハウスへ送り込み、レーガン銃撃時に中央アメリカで行っていた麻薬取引や極秘戦争での立場を強化したいと望んだのかもしれない。CIAはすでに複数の大統領を抹消したのだろう。JFKは暗殺者による銃弾で。ニクソンはウォーターゲート・スキャンダルで。となると、仇討ちされることなく再び実施した可能性

アメリカ大統領に就任するまえ、ジョージ・ブッシュ・シニアはすでにCIA長官として国に仕えていた。

は十分にある。

スカル・アンド・ボーンズ

ブッシュ・シニアがスカル・アンド・ボーンズのメンバーだったことはよく知られている。スカル・アンド・ボーンズはイェール大学を拠点とする秘密結社で、イニシエーションの儀式では、棺の中に裸で横たわり、メンバーに自分を脅迫できる事柄を記したリストを提出する。スカル・アンド・ボーンズはアメリカ支配層のエリート集団を構築する傾向にあり、まるで諜報機関のための非公式リクルート会社だ。スカル・アンド・ボーンズの本当の目的は誰にもわからないが、メンバーをホワイトハウスに送り込むことだとしてもおかしくはないだろう。

MJ12

一風変わった黒幕説

伝えられるところによると、アメリカの真の支配権力であり、UFOやエイリアンの存在を隠蔽しているグループがある。MJ12（マジェスティック・トゥエルヴ）だ。MJ12は、その存在を暴露しかねない危なっかしいレーガンを抹殺したかったのかもしれない。事実、レーガンはエイリアンは実際に存在するとほのめかしたこともある。ある演説のなかで、「我々に地球外生命体の敵がいることを世界中の人が知ったら、アメリカとソ連は即座に連携しなければならない」と口を滑らせたのだ。噂によると、MJ12は組織の人事にあたり、つねに現CIA長官をメンバーに加えている。もし本当なら、ジョージ・ブッシュ・シニアもメンバーだったはずだ。

マルタ騎士団

マルタ騎士団は、十字軍時代、エルサレムの聖ヨハネ病院の騎士を中心に結成されたカトリック教徒の組織だと言われている。レーガン暗殺未遂事件当時のメンバーには、CIA長官ウィリアム・ケイシーや、外交政策責任者兼国務長官を務めたアレクサンダー・ヘイグがいた。アメリカを統治するまさにその人が狙撃された余波で世は混乱していたが、レーガンには何もできなかった。この事件について聞かれたヘイグは答えた——「いま仕切るのはこの私だ」。狙撃計画の背後にマルタ騎士団がいて、騎士とつながりのある元CIA職員を大統領の座に就かせようとしたのだろうか?

疑問と信憑性

狙撃場面の映像を確認すれば明白だが、ヒンクリーが発砲したとき立っていた場所からレーガンを撃つには、車のドアを貫通させなければならない。この説は「跳弾の理論」により不可能であることが証明されている。JFKを暗殺した摩訶不思議な弾道同様、ありえないのだ。

不可解な事実

ブッシュ家とヒンクリー家には長年の付き合いがあり、どちらもテキサスの石油ブームで財を築いた。両家のつながりは深く、ブッシュ・シニアの息子ニールとジョン・ヒンクリーの兄スコットは、ジョンがレーガン大統領を狙撃した日の夕方、ともに夕食をとっていた。これは単なる不気味な偶然ではないだろう。

疑いの目で見れば

映画『タクシードライバー』の主人公トラヴィス・ビックルを英雄視し、ジョディ・フォスターのとりこになっている人物は変人のレッテルを貼るに値するし、情緒不安定になって大統領暗殺をひとりで試みてもおかしくはない。ブッシュ・シニアが豊富な人脈や秘密結社を通してＣＩＡとつながっているのは事実であり、陰謀の青写真が浮かび上がってくる。だが、確かな証拠は何ひとつない。

ジョージ・ブッシュ・ジュニア

ジョージ・W・ブッシュ（ブッシュ・ジュニア）は大統領になるよう生まれついた人物ではないと評する者もいる。しかし、大統領に立候補すると決意した瞬間からさまざまな陰謀論に登場し、きわめて重要な役割を担う運命をたどった。

極端な陰謀マニアのみならず世間一般の人々も、前々期大統領ジョージ・ブッシュ・シニアの息子の選挙には、独特な民主主義運動以上の何かがあったと感じている。父親の跡を継ぐことになった経緯について、疑いは深まるばかりだった。ブッシュ・ジュニアが大統領選挙でアル・ゴアに勝利し、イラク戦争がブッシュ家の伝統であるかのような妙な風潮が生まれたからだ。

ブッシュ・ジュニアほど陰謀論界を騒がせた人物は他にいない。父親ブッシュ・シニアは大統領に就任する前から、JFK暗殺、ウォーターゲート事件、イラン・コントラ事件、ロナルド・レーガン暗殺未遂に関連していると疑われ、さらに、ホワイトハウスの庭で「新世界秩序」の誕生を宣言した。祖父のプレスコット・ブッシュはアメリカが第二次世界大戦に参戦するまえ、ドイツからナチスの資金を吸い上げ、マネーロンダリングをして財を築いた。当時のナチスドイツとの取引については、現在も対敵通商法のもと調査中だ。二〇〇一年になってようやく、クルト・ゴルトシュタイン、ペーター・ギンゴルト率いるアウシュヴィッツを生き延びた一団が、ブッシュの財産に対して、四〇〇億ドル級の賠償を求め提訴したが、二〇〇二年、裁判官ローズマリー・コルヤーによって棄却された。そしてまもなく、彼女はコロンビア特別区地方裁判所裁判官に任命された。直前にその座から辞任したのは、他の誰でもない、ブッシュ・ジュニアである！

ブッシュ・シニアは一九九八年から二〇〇三年まで、ワシントンを拠点に数千億ドルを運用する巨大企業カーライルグループの上級顧問を務めていた。ビン・ラディン家に巨額の融資をしていた会社だ。眉をひそめるような話ばかりだが、二〇〇一年、オサマ・ビン・ラディンの手先たちがニューヨークを攻撃した九・一一の前日、ブッシュ・シニアはビン・ラディンの兄シャフィグとワシントンのリッツカールトン・ホテルで密会していた。他のメンバーには、ブッシュ・シニア政権第一期の国務長官で、ブッシュ・ジュニアをホワイトハウス入りさせるという大失態をやらかしたジェームズ・ベイカーもいた。二〇〇三年、これらすべてが明るみに出てようやく、ブッシュ・シニアはカーライルグループの顧問から身を引いた。

一九七八年、ブッシュ・ジュニアは自身の石油会社アーバスト・エネルギーを創設した。パートナーは、他ならぬオサマ・ビン・ラディンのもうひとりの兄サレムだった。九・一一の三日あと、黒幕の身元が明らかになると、黒いリムジンがせわしそうに動き出し、アメリカに住むビン・ラディンの家族二四名を迎えにいった。彼らはなんの尋問も受けず、ジェット機でサウジアラビアに飛び、安全を確保した。また、九・一一の後、アメリカ陸軍部隊がビン・ラディン本人をアフガニスタンのトラボラで追跡したとき、兵士の数は当該区域の広さから考えて、哀れみを誘うほど少ないわずか五〇人だった。CIA司令官ゲイリー・バーンツェンが何度も最低八〇〇人は必要だと要求したにもかかわらず、補強部隊が送られることはなかった。バーンツェンは政府の誰かがビン・ラディンが見つからないよう望んでいると確信した。彼はお偉方に邪魔されたビン・ラディン捕獲について詳説した本『ジョーブレーカー――ビン・ラディンとアルカイダへの攻撃 Jawbreaker : The Attack on Bin Laden and Al Qaeda』（二〇〇五年)を出版した。これを読むと心中穏やかではいられなくなる。

ブッシュ・ジュニアが大統領立候補を発表するなり、陰謀論者はネット上に、次期選挙はブッシュが勝つべく手筈が整えられ、イラクでまた戦争が始まり、政府はさらなる力を得るだろうと書き込んだ。そして、すべての予言が現実となったようだ。ただ、背後で糸を引いていた黒幕として、唯一、全員が同意して除外した人物がいる。妙ちくりんな声明(「人間と魚は平和に共存できる」とか「これは明らかに予算だ。数字がいっぱい並んでいる」とか)で有名なブッシュ・ジュニアである。彼はホワイトハウスに権力を集中させるよう画策するブレーンにはなれない。

二〇〇〇年の大統領選で不正選挙の陰謀論が浮上し、大騒ぎとなった。民主党候補アル・ゴアが一般投票で五〇万票以上の差をつけて勝利していたにもかかわらず、結局、ブッシュ・ジュニアがフロリダ州の選挙人投票の結果を受け、ホワイトハウス入りを果たしたからだ。フロリダは共和党が支配している州で、ブッシュの弟ジェブが知事を務めていた。これが選挙人団を動かしたのだ。偽の自動投票機は無効票をブッシュ票と数えるばかりか、他の候補者に入れた分まで加算していた。それでも、ブッシュのリードは勢いを失っていった。フロリダ州でわずか数百票の差となり、大統領になるチャンスが危うくなった。アル・ゴアが再集計を要請すると、マイアミのブッシュ支持者が暴動を起こした。騒ぎが広がる恐れを考慮し、アメリカ最高裁が審議した結果、五対四でフロリダ州の再集計は実施せず、ブッシュの大統領就任が決まった。しかし、のちに「ブルックス・ブラザーズ暴動」――抗議者が着ていたプレッピー(名門校に通う良家の子息)スタイルの服装から名づけられた――はブッシュの選挙委員会に雇われた暴徒が起こしたことが判明した。この暴徒団はフロリダ他各地に工作員を送るために一二〇万ドルもの大金を費やしている。ブッシュの強力な後ろ盾ケネス・レイが当時経営していたエンロン社所有の飛行機はじめ、数多くの社有機も使用した。暴徒のなかにはマット・シュラップもいた。のちに大統領特別補佐官にまで昇り詰めた人物だ。

ホワイトハウスのこととなると、陰謀論界はデイヴィッド・ロックフェラーの言葉で頭がいっぱいになる。「我々は世界的改変の過渡期にいる。必要なのはしかるべき大規模な危機だ。危機が訪れれば、複数の国家が新世界秩序を受け入れるだろう」。陰謀論者はかつて実施されなかったノースウッズ作戦に似た何かがまもなく現実化し、イラク戦争や、市民に対する自由弾圧につながるのではないかと推測している。

ノースウッズ作戦は極秘軍事計画だった。統合参謀本部が起案したが、JFK大統領は国民感情や国際情勢を考慮して却下した。飛行機をハイジャックし、アメリカの船舶を爆撃し、アメリカの各都市でテロさえ行い、その責任をフィデル・カストロのせいにしてキューバを攻撃することなど到底できなかったのだ。

奇妙な点

九・一一の後、時を置かずして、陰謀論者が以前から指摘していた別の一面が形を取り始めた。かつて「自由に制限を設けなければならない」と発言したブッシュ・ジュニア大統領は、国土安全保障法を制定した。他の諸条件も重なり、この法によって、極秘逮捕と拘留の自由、ワクチン製造者に刑事免責を与えたうえでの予防接種の義務化、個人の通信及び金融取引の全監視（図書館の貸し出し記録にまで及ぶ）が認められるようになった。となれば、サダム・フセインが西側を攻撃するために大量破壊兵器を準備しているという理由で対イラク戦争が現実となったことは驚くに値しない。

スカル・アンド・ボーンズ

通説の黒幕

この父にしてこの息子あり。息子ジョージ・W・ブッシュもイェール大学の秘密結社スカル・アンド・ボーンズのために働いていた。スカル・アンド・ボーンズは深遠なフリーメイソンとオカルティストのナチスを組み合わせたような妙な儀式を行い、全メンバーの弱みを掌握しておくことは知られているが、組織の目的はヴェールに包まれている。しかし、ブッシュ父子大統領とアメリカの支配層エリート団を輩出していることを考えると、権力とのつながりは明らかだ。

CIAとアメリカの石油会社

CIAはブッシュ・シニアの人生や大統領職に影響を与えた。よって、CIAとアメリカの石油会社にいる真の会計係が歴史を繰り返し、ダビア［ジョージ・W・ブッシュのWのテキサス訛からつけたニックネーム］の糸を引いていると考えるのは当然と言えよう。アフガニスタンやイラクに拠点を置くアメリカの石油会社に利益をもたらした戦争、及び、CIAが手にしたさらなる権力と大金は、ブッシュ・ジュニア政権が手に入れた注目すべき収穫である。

一風変わった黒幕説

イギリス王室

世界史上最強の民主主義国家であるアメリカの立場は巧みに創られた幻想だ。ブッシュ家はイギリス王室に忠誠を尽くすべき一族の血を引いている。王室はアメリカ独立戦争に負けたふりをしているだけだ。ブッシュ大統領の本当の仕事は、陰に潜むイギリス帝国の繁栄を維持し、ウィンザー朝の財政強化政策を打ち出すことなのである。

レプティリアン・エイリアン

ブッシュ・ジュニアは竜座銀河からやってきたレプティリアン・エイリアン（ヒト型爬虫類）が権力の座に座らせた最後の傀儡だ。レプティリアンは紀元前四〇〇〇年から世界のほとんどを支配している。

疑問と信憑性

公式発表ではないが、報道機関が突き止めたところによると、もしフロリダ州の投票を合法で集計していたら、ゴアがフロリダで勝利を収め、大統領になっていたという。現在、アメリカ市民は史上もっとも自由を奪われている。第二次湾岸戦争以降、武器査察に五億ドルを費やしているにもかかわらず、サダム・フセインが膨大な大量破壊兵器を隠し持ち、攻撃する計画を立てているという証拠はひとつもつかめていない。戦争を正当化する理由はいまだに見つかっていないのだ。

不可解な事実

多くの陰謀論者が「ボーイ・ジョージ」と呼ぶブッシュ・ジュニアは過去が明かされることを非常に恐れ、自分自身を調査させるために私立探偵を雇った。探偵が調査した詳細は公表されていないが、ブッシュの選挙チームのひとりが「手錠や乱交パーティの痕跡は見つからなかった」と発言したのは事実だ。しかし、ブッシュが雇った私立探偵はさぞ不安だったに違いない。同じように雇われてブッシュの過去を調べた調査員四人全員が、説明のつかない不審死を遂げているのだ。

疑いの目で見れば

ダビアだけでなく父も祖父もスカル・アンド・ボーンズのメンバーだったため、一家は疑われる運命にあった。事実、ダビアの祖父プレスコット・ブッシュは、組織のためにジェロニモの墓を掘り起こして頭蓋骨を奪い、さらに、そのぞっとするようなコレクションを増やすため、メキシコの革命家パンチョ・ビリャの墓も冒瀆した。ブッシュ・シニアが最初に設立した会社の名はサパタ石油だ。ビリャの仲間、同じメキシコの革命家エミリアーノ・サパタから取ったのである！

実際、三人のブッシュはみな評判の悪い金持ちで、権力を握っていた。当然ながら、怪しい扇動者や権力者と接触する。陰謀論の夢工場では、あれこれ好きなように組み立てて話を作ることができるのだ。

ＪＦＫ暗殺

一九六三年一一月二二日、ダラスでジョン・Ｆ・ケネディ大統領が暗殺された。当時、物心ついていた人はみな、あのニュースを聞いたとき自分がどこで何をしていたか今も覚えていると口をそろえる。たしかにそうだろう。しかし、これは理に叶った根拠が少なくない陰謀論であり、永遠に収束することはない。なぜなのか？　山のような証拠があるからだ。アメリカ人の八〇パーセント以上が今でも信じている。リー・ハーヴェイ・オズワルドは単なるスケープゴートで、単独犯ではなかった。ＪＦＫは極秘組織が企てた陰謀のターゲットだったのだ。

アメリカ下院暗殺特別調査委員会は、一九七九年、次のような結論を発表した。「当委員会は入手した証拠をもとに判断し、ジョン・Ｆ・ケネディ大統領は陰謀により暗殺された可能性が高いと確信する」。どのみち、二〇一七年一〇月、数千に及ぶ暗殺関連の資料が公開されたため、前述の八〇パーセントという数字が一気に上がったことは明らかだ。

奇妙な点

リー・ハーヴェイ・オズワルドが一九六三年三月に通販で購入したライフルは、間違いなくイタリア製カルカノ・ボルトアクション・カービン六・五ミリだ。暗殺に選ぶような銃ではなく、イタリア軍が一八九一年に初めて採用した時代遅れの銃だった。オズワルドはそのライフルで見事な狙撃を成功させたらしい。狙撃現場の部屋に最初に突入した警官たちがその銃を取り上げており、全員がモーゼル七・六五ミリだと証言した。職業がら銃にはある程度の知識が求められる保安官代理のユージーン・ブーンとロジャー・クレイグ、そして巡査のシーモア・ウェイツマンもみなモーゼルだと証言した。銃尾の金属板に「モーゼル」と刻印されていたというのだから確かだろう。

まもなくアメリカ陸軍大尉フリッツと中尉デイが銃を押収しに到着し、ふたりともモーゼル七・六五ミリライフルだと証言した。しかし、ライフルが証拠品として記録されるときには、なぜか銃床に「MADE IN ITALY(イタリア製)」、銃身に「Cal 6.5(カルカノ六・五ミリ)」と刻印されたオズワルドのカルカノに変わっていた。フリッツ、デイ、ブーン、クレイグ、ウェイツマン、全員がこの刻印に気づかなかったというのか！

クレイグ以外はみな、最初の証言を陰鬱そうに撤回し、間違っていたと認めた。頑として譲らずに自分は正しいと公言していたクレイグは、一九七五年、死体で発見された。発表では、ライフルで胸を撃っての自殺だった。ここでも同様の疑問が浮かぶ。普通、自殺するのにライフルなど選ばない。とくに、クレイグはさまざまな銃を入手できる立場にいたのだから。

アレン・ダレス

通説の黒幕

インターネット上にはJFK暗殺にかんする情報があふれているが、閲覧していれば遅かれ早かれアレン・ダレスという名前に出会うだろう。ダレスはCIA長官で、アメリカが支援したキューバ侵攻でミスを犯し、一九六一年のピッグス湾攻撃が完全な失敗に終わるとJFKに解任された。その後、陰に退いたダレスは故郷でE・ハワード・ハントとともに反ケネディ組織を立ち上げた。ハントはのちのウォーターゲート事件に関与し、結果、妻ドロ

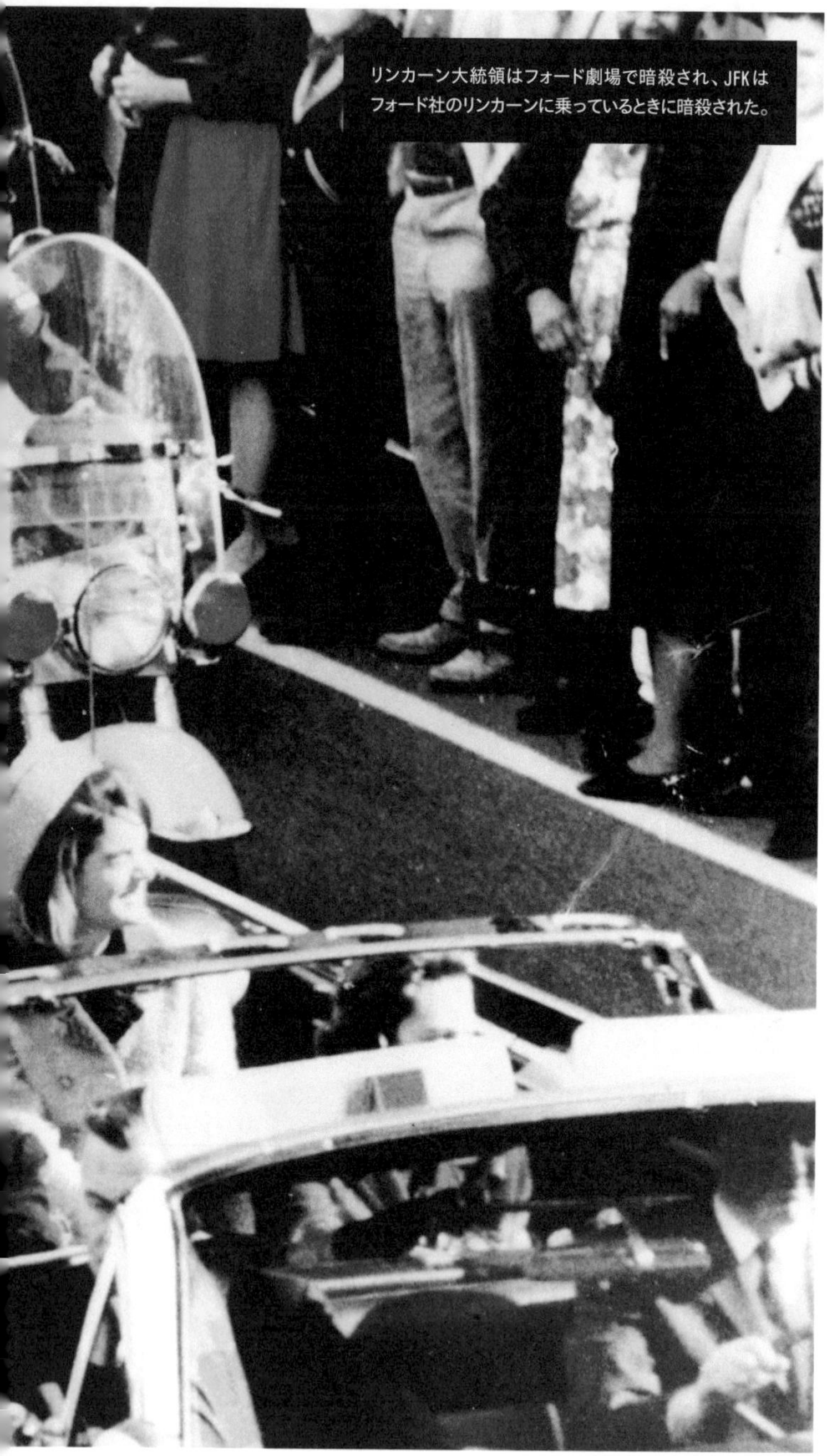
リンカーン大統領はフォード劇場で暗殺され、JFKは
フォード社のリンカーンに乗っているときに暗殺された。

シー――別名ウォーターゲート主計官――が暗殺されたと見られている。ドロシーは、一九七二年一二月、他のウォーターゲート事件容疑者十数名とともにユナイテッド航空五五三便に搭乗したが、どういうわけか同機がシカゴ郊外で急降下、墜落し、死亡した。

CIA高官だったハントはJFK暗殺時に「グラッシーノール（芝生の丘）」で撮られた写真「三人の浮浪者」のひとりだと長いこと見なされてきた。ほとんどの人が、実際にケネディを殺害した銃弾が発砲されたのはここだと確信している。ハントは死に際に、JFK暗殺で自身が受け持った役割の詳細を記録し、ダレスと副大統領リンドン・ベインズ・ジョンソンの関与をほのめかした。だが、何より興味を引くのは、ダレスとリー・ハーヴェイ・オズワルドのちょっとした関係だ。

長年、アレン・ダレスのCIAの同僚であり愛人だったメアリー・バンクロフトはルース・ペイン・ヤングの生涯の親友だった。ヤングの息子マイケルと義理の娘で同名のルース・ペインはダラスで過激な政治活動を展開し、監視下に置かれていた。ルース・ペインは一九六三年二月、あるパーティで、偶然、リー・ハーヴェイ・オズワルドとロシア人の妻マリナに会い、接近した。運命の一九六三年、マリナは九月にはすでにペイン一家とともに暮らし、オズワルドは近くの簡易ホテルに寝泊まりしていた。オズワルドがその後すぐ暗殺に使ったとされるライフルはペイン家のガレージに保管されていた。

一九六三年一〇月一四日、ルース・ペインはオズワルドに、隣人のリニー・メイ・ランドル夫人からの情報で、テキサス州教科書倉庫ビルの仕事に空き（あ）があると伝えた。さらに、メアリー・バンクロフトとともに、教科書倉庫の監督係ロイ・トゥルーリーに失業中のオズワルドが仕事に就けるよう頼んでおいたと話した。のちに、ランドル夫人はウォーレン委員会——建前上、JFK暗殺調査のために設立された機関——に対し、弟は教科書倉庫で働いていたが、職に空き（あ）があったことは聞いていないし、ルース・ペインとそんな話はしていないと証言している。

リンドン・ベインズ・ジョンソン

JFK暗殺にリンドン・ベインズ・ジョンソンがかかわっているという指摘は以前から存在する。二〇一七年一〇月に公開されたファイルにはソ連政府から傍受した情報も含まれていた。それによると、ＫＧＢは、アメリカがソ連を攻撃した理由をすべて我々のせいにしているという懸念を表明している。ジョンソンのＪＦＫ暗殺関与にも触れており、原因はＪＦＫが次の一九六四年の選挙でジョンソンを副大統領候補から外そうとしたことだとしている。理論的に考えて、ジョンソンの唯一の仕事は、副大統領でいるうちにＪＦＫを殺害することだった。ソ連政府のファイルで何より注目すべきは、なにげなく繰り返し触れている別の資料の存在だろう。ジョンソンがＪＦＫ暗殺に関与した決定的証拠が載っているというのだ。

間違いなく、ＪＦＫの友人でも仲間でもなかったジョンソンだが、アレン・ダレスとは密な関係にあった。つまり、ふたりが手を組んだ可能性はある。暗殺の数週間後、ジョンソンは調査委員会を創設し、明らかに旬を過ぎて耄碌（もうろく）した七二歳のアール・ウォーレンを脅して委員長に就任させ、その他七席のうち六席を議会の下っ端が担うよう手配した。なかには場違い

シークレットサービスのクリントン・ヒルがJFK大統領ほかリムジンに乗っている人たちの盾になろうとしている。

な者もいた。ミシガン州出身ジェラルド・フォードは、ニクソンの辞任を機にたまたま大統領執務室に入った人物だ。では、ジョンソン大統領が特別命令を出し、ハト派に「オズワルド単独犯説」を押し付けるために投入した、人を思いどおりに操れる重鎮のタカ派は誰なのか？　我らが旧友、アレン・ダレスである。

一風変わった黒幕説

このケースでは思い浮かばない。

疑問と信憑性

オズワルド自身はその後、刑務所に拘留されている期間に、ＣＩＡやマフィアとつながりのあるジャック・ルビーに都合よく殺害された。ルビーには何も失うものがなかった。すでにガンで余命宣告を受けていたのだ。こうした出来事がウォーレン委員会――ダレス委員会とすべきか――に有利な道を切り開き、ずっと嘲笑されてきた単弾説をはっきり認めさせることになった。

実際、銃弾は三発発射された。どう考えても、ボルトアクション・カービンからは続けて撃てない速さだった。単弾説では、一発の銃弾が大統領のリムジンに乗っていた人が受けた傷をすべて負わせたことになる。百歩譲って、もしオズワルドがこの一発を撃ったと認めるなら、さらには、時代遅れのカービンで動く標的を狙って信じられぬほど正確に撃ったと認めるなら、この一発の銃弾が七つの傷を負わせ、未使用の状態で着弾したことも認めなければならない。

ダレス委員会によれば、弾丸はケネディの頭部を斜め上からえぐり、その後、Ｕターンして頸部を貫通した。さらに、テキサス州知事ジョン・コナリーの胸部を貫通して手首を粉砕し、大腿部に到達した。これが現実なら、この弾丸は衣服を一五枚、皮膚を七層、筋肉組織を四五センチ以上通過したあと、コナリーの肋骨を一〇センチ削り、橈骨を粉砕し、さらに大腿部に当たっていなければならない。

これほど恐ろしい傷を負わせた弾丸だが、コナリーが病院に運ばれる際に乗せられたストレッチャーからほぼ新品の状態で発見された。銃口に残ったほんのわずかな傷から、この銃弾がオズワルドの銃から発射されたものだと安易に断定された。六・五ミリのカルカノから七・六五ミリのモーゼルへと変身し、また元に戻った銃である。唖然とするが、ダレス委員会は、なぜみな単独犯だったと信じないのか不思議に思っているらしい……。

不可解な事実

この泥沼のなかには腹黒い魚がたくさんいるが、ケネディの脳が国立公文書記録管理局の保管室から消えた事実は注目に値する。一九六六年一〇月、組織片や他の解剖記録とともに脳が紛失したことが初めて公表された。犯人が誰であれ、間違いなく、どんどん進化する科学捜査によって真実を暴かれまいとしたのだ。じつは、ＪＦＫがテキサス州教科書倉庫にいた人物によって背後から撃たれたのではなく、グラッシーノール（芝生の丘）にいた狙撃者に前方から撃たれたという真実を。

この説は多くの人の考えと一致する。暗殺を固く心に決めた、オズワルドではない暗殺者たちが、あの晴れの日、ダラスにいたのだ。彼らの作戦を隠蔽するために必要なのは、オズワルドが教科書倉庫で仕事をし、カルカノ／モーゼルを手に逮捕されることだったのである。

疑いの目で見れば

ＪＦＫ暗殺事件は今後も結論が出ない運命にある。

トランプはプーチンの懐に？

ドナルド・トランプとウラジミール・プーチンはロシア内の後ろ暗い人物や組織と長年の付き合いがある。したがって、ふたりがいつかどこかで外皮を脱ぐのは避けられなかったのだろう。

一九八四年、プーチンがまだKGBで手腕を試していたころ、元空軍パイロットのダヴィト・ボガティンという見るからに金のないロシア人がニューヨーク五番街のトランプタワーに現れ、残り二六三戸のうち数戸購入したいと申し出た。ドナルド・トランプはめずらしく自ら打ち合わせを手配し、金持ちには見えないこの男が五戸買うといってテーブルに六〇〇万ドルを置いたときにもまったく驚かなかったという。ロシアのマフィアが不法に得た利益を洗浄するためアメリカの高級住宅に引っ越してくることはむろん承知で、トランプはただうなずき、取引を成立させた。

三年後、ロシアのマフィアが計画したガスと石油の大量密輸に関与したボガティンは逃亡し、アメリカ当局はトランプタワーの五戸を没収した。当時すでに、汚い金で購入したことを知っていたのだ。過去三〇年で、トランプタワーの居住者一〇人以上がロシアのマフィアと密接なつながりにあることがわかっており、ボガティンの兄弟がロシアマフィアの大ボス、セミオン・モギレヴィッチの右腕だということも判明した。二〇〇五年、ロンドンに亡命した元ロシア課報員アレキサンドル・リトヴィネンコは、一九九三年から当時のプーチン大統領とモギレヴィッチのあいだにあった固いつながりと良好なビジネス関係について話し始めた。だが、これはあまりに思慮に欠けた行為だった。即刻、リトヴィネンコはロシア政府のスパイに毒殺された。

プーチンがロシア大統領として最後に行った公式発表によると、二〇一五年の年俸は七七〇万ルーブル（十三万七〇〇〇ドル）だった。直接、複数の企業と関係を持ち、二〇億ドル以上の投資をしていたことから考えるとどうにもおかしい。また、サンクトペテルブルク音楽院卒のチェロ奏者で、プーチンの親友であり、プーチンの娘マリアの名づけ親でもあるセルゲイ・ロルドゥーギンに一億ドルの資産があることが判明した。ロルドゥーギンは何も弁明しなかったが、東ヨーロッパ組織犯罪及び汚職捜査班は彼をプーチンの隠し財産を守る秘密管財人だと特定した。

トランプに戻ろう。彼が初めてロシアに乗

ドナルド・トランプと写真に収まるウラジミール・プーチン。2017年11月、ベトナムで行われた首脳会議で記念撮影に臨むところ。

り込んだのは、早くも一九八七年だった。トランプは費用を全額負担してもらってロシアに渡り、モスクワとレニングラードでロシアのオリガルヒ（新興財閥）と大金が動く取引を成立させた。これまで、六三人のロシア人がトランプブランドのタワーに巨額の投資をしている。トランプの取引がロシアでどれほど広がっているかは知られていない。二〇一七年二月一三日に開かれた記者会見でトランプはこう発言した。「自分のために言わせてもらうが、私はロシアに何も所有していない。ロシアで借金もしていない。ロシアと取引もしていない」。少なくとも、厳密な意味からすれば正しい声明だろう。しかし、慎重にも個人を示す「私」という言葉を使ったことに注目してほしい。もし、トランプの「会社」がロシアで利益を得ているなら（企業の生む煙と鏡の迷宮にじっと隠れているのだろう）、記者会見での言葉はまさに正しい。どうにも納得できないが、事実、ドナルド・トランプ個人はロシアに投資していない。だが、彼が築いた陰険な帝国はロシアにどっぷりつかっている。どのみち、二月一三日のトランプの言葉を真に受ける人はまずいないだろう。

奇妙な点

トランプが就任後すぐ着手したのは、アメリカがロシアに課していた制裁を解除することだった。おもな制裁としては、ロシアから北朝鮮等への武器販売、ウクライナやクリミアへの積極的な介入があった。こうした制裁の一部は前大統領令だったため、つまり、トランプには容易に解除する権限があった。議会決議が必要なものはそう簡単に解除できないが、実際、もはや積極的に制裁を加える必要はないと認めさせる力を持っているのだ。

トランプが三〇年以上ロシアと関係を持っていたことは確証の取れた事実だ。実際ロシア政府のハッカーがヒラリー・クリントンを狙い、二〇一六年の大統領選を裏操作し、野良猫トランプを瀬戸際で勝利に導いたのか？　この問題は過熱した議論を呼んでいるが、答えは間違いなく「イエス」だ！

ロシアのマフィア

いわゆるロシアマフィアは、まぎれもなく世界一結束力の強い大規模な犯罪組織だ。アメリカで発覚した巨大マーケットやマネーロンダリングシステムは誰もが知るところだろう。この組織がロシア政府とのつながりを利用してヒラリー斬りを目論み、ひとりの男をホワイトハウスに送ったとしても何ら不思議ではない。マフィアは、間接的ではあるものの、ロシア政府の高官にくっつけておいた糸を引いてホワイトハウスを遠隔操作したのだ。

ウラジミール・プーチン

プーチンにとって、アメリカ大統領につけた手綱を折に触れて引っ張ることができれば万々歳だ。理由を説明する必要はないだろう。公式には否定しているが、プーチンは認識している。「愛国心の強いロシアのハッカーたち」は民主党のサーバー、さらにはヒラリー・クリントンの個人的なサーバーから膨大なEメールや繊細なデータをハッキングして大量にリークし、大喜びしていた。だが、いったいなぜ、「愛国心の強いロシア人たち」がトランプのような危険人物を大統領執務室に送るよう尽力したのだろう？　ロシア政府のハッカーは西ヨーロッパにある無数の企業や商業施設のサイバー攻撃の裏にいると言われており、北朝鮮にいるプーチンの手先を教育している。この手先は、先日、イギリス国民保健サービスの機能を混乱させたハッカーだということが判明した。

二〇一五年九月には、FBIが民主党に対し、ロシアのハッカーが民主党のシステムを狙っており、すでに一部のサーバーに不正アクセスが行われていると警告していた。こうした警告や更新情報は二〇一六年の大統領選挙中まで続いたが、どういうわけかトランプが当選すると、ぱたりと止まった。

民主党

一風変わった黒幕説

いや、あるいは、黒幕は内部にいたのかもしれない！　民主党が黒幕だと聞くと最初は妙に感じるだろうが、二〇一六年の大統領選候補者としてヒラリーを推すことに強く反対する一派もいたのだ。反クリントン民主党員にとって、自分たちの手でヒラリーを陥れるのはあまりに危険だった。発覚したときのスキャンダルを想像してほしい！　だが、もしロシア政府の誰かが先陣を切ってヒラリーの出馬を断念させれば、関係者全員が利を得ることになる。ロシア政府はアメリカの大統領選挙をひっくり返して楽しみ、民主党員は「違法だ！」と叫ぶ。共和党のトランプを追い出し、お気に入りのジョー・バイデンを候補者にして再選挙を要請するのだ。

疑問と信憑性

ロシアのマフィアとトランプの不動産会社のつながりには証拠がある。一九九一年、前述したロシアマフィアのボス、セミオン・モギレヴィッチは、当時シベリアの刑務所にいた右腕のヴァチェスラフ・イヴァニコフのためにロシア政府から恩赦を買った。釈放の際、イヴァニコフはニューヨーク三番街のトランププラザを訪れ、もうひとりの容疑者、ロシア人高級美術商フェリックス・コマロフと接触した。彼はのちにアメリカでロシア人「ゴッドファーザー」となり、モギレヴィッチの衛星活動を確立し、これが大規模な犯罪組織に発展した。ＦＢＩはイヴァニコフを追跡してもお化けを追っているようなものだと話していたが、彼はアトランティックシティにあるカジノ、トランプ・タージ・マハルに大金を持ってよく訪れていた。二〇一五年、このカジノはマネーロンダリング規制を何年も故意に破っていた罪で一〇〇〇万ドルの罰金を科された。アメリカ史上、ギャンブルの罰金では最高額だ。

不可解な事実

ＦＢＩは何年にもわたりイヴァニコフの住処を追跡していた。組織犯罪課長ジェームズ・ムーディはのちにこう述べている。「おかしいと思われるかもしれませんが、しらみつぶしに捜査しても彼を見つけることができませんでした。でも、ついに見つけたんです、ニューヨークにあるトランプタワーの贅沢な一室で」。今やイヴァニコフはドナルド・トランプの隣人であり、ふたりが頻繁に会っていることは言うまでもないが、トランプ、トランプのビジネス、ロシアを結ぶまた新たな関係が発覚し、多くの捜査員が驚いた。

疑いの目で見れば

トランプが所有するような大規模な組織では、その規模ゆえ、当然、マネーロンダーを引きつける。コンビニエンスストアで二〇〇〇万ドルを気づかれずにロンダリングしようとする人はいない。また、巨大タコのような組織の長トランプにすべての触手を把握しておけと望むのも不公平だろう。つまり、トランプは今、最強国の大統領として、カエサルの妻同様、物事が人々の目にどう映るのかについてもっと注意を払うべきなのだ［カエサルの妻が密通したという噂が立ったとき、カエサルは疑いさえあってはならないとして離婚した］。

第二章 組織

CIA

スパイ組織には誰もが疑念を抱いているだろう。活動内容を大っぴらに公開する極秘作戦組織の存在にどんな意義があるのか？アメリカではＣＩＡ（中央情報局）が非常にリベラルな情報公開法に直面している。他国ではほとんどの同等組織が対処しなくていい問題だ。ＣＩＡにかんする情報は本当と偽物が入り混じっているため、陰謀論者があれこれ推測する格好の的となっている。

ＣＩＡにまず向けられる非難は麻薬売買だ。おそらく最初は南アメリカ全域のコントラや反逆者が相手で、反共産主義者の活動に資金調達したり、指定地区の情勢を不安定にさせたりすることが目的だった。やがて麻薬売買のターゲットはアフリカに移り、一部の作戦の予算に充てるため、別枠の資金を調達するようになった。ＣＩＡ高官はたとえ経費という名目でも政府には知られたくない収入源だったのだ。ごく最近になって、ＣＩＡは一九八〇年代に蔓延したクラックコカインを背後で操った組織として糾弾されている。

麻薬を道具にしたことは非常に優れたアイデアに思えるだろう。少なくとも人を見下した加虐的な支配者の目には。中毒性が高く、使用者をとことん衰弱させ、おまけに大金が手に入る新たな麻薬を開発する。こうした麻薬は

ヴァージニア州の田舎に本部があるCIA職員は「ファームボーイ（農場の少年）」という別称で知られる。

ディーラーが引き受け、少数民族の居住区ゲットーや黒人貧民街で売り込んで巨大な需要を作り上げる。ひとたび浸透すれば、地元民に品物を渡すだけで済み、販促は彼らに任せればいい。結果、どうなるか？　こうした貧民街でたちまち内部紛争が起こるのだ。

計画の全体像としては、まず貧民街の不幸な市民をクラックコカインのとりこにする。彼らはコカインを常用し、求め、製造し、販売し、取り分で争い、ついには、死亡するのだ。上品な中流階級の白人と喧嘩する時間などない。奇妙なことに、麻薬紛争は貧民だけを引き付け、程度の差こそあれ重視されない。

世論とは違うが、犯罪の素人や麻薬常習のような軽犯罪者は、たいてい自分が住む社会の人間を餌食にする。貧民は別の貧民を襲い、裕福な人間にはかかわらない傾向にある。金持ちの家に押し入れば、警官がいるかもしれないし、上等な警報器が設置され、ピッキングができないよう防犯対策が取られている可能性が高い。品のある住宅街での強盗は大胆なプロにしかできないだろう。警官配備の分布（あまりいない区域とたくさんいる区域）を考慮し、貧民街で麻薬中毒をあおれば、反乱者や厄介者の予備軍をまんまと圏外に追いやり、殺し合いに専念させることができるのだ。

一九九六年、サンノゼ・マーキュリー紙が連載したのは、ＣＩＡがクラックコカインの売買にかかわっていたことを示唆する詳しい記事だった。徹底的に調査し、慎重に考え抜き、読者の心を揺さぶる見解を発表したのだ。アメリカのほぼすべての新聞社が、この記事を暴露した記者ゲイリー・ウェブをこきおろした。ワシントン・ポスト紙とロサンジェルス・タイムズ紙は彼の調査内容を入念に調べ、これらの情報は立証できないと結論づけた。それでもＣＩＡは自ら完全無欠の内部調査を開始し、ロサンジェルス・タイムズ紙は、「ＣＩＡ史上もっとも突っ込んだ調査」だと評した。だが、最終的な調査結果は公表されなかった。

奇妙な点

退職したＣＩＡ職員数名が調査の一環として尋問されたが、冗談だろう、と回答した。一九八〇年代にラテンアメリカで実施された秘密作戦を指揮したデュエイン・クラリッジは、質問自体がナンセンスだと切り捨て、回答を拒否した。質問票を渡されても、何も書かずに突っ返したのだ。ＣＩＡの対応は徹底している……。また、他の職員はこうした質問を「形式上のものだ」と言って受け流した。元ＣＩＡ職員ドナルド・ウィンターズに行ったインタビューでは、まずＣＩＡの見解が伝えられた。サンノゼ紙の記事には裏づけの取れる証拠がひとつもないという。疑っている様子は見られなかった。

ワスプ

通説の黒幕

貧しいアフリカ系アメリカ人が一貫して恐れている相手は、周知のとおり、ワスプ（アングロサクソン・プロテスタントの白人中流階級）だ。ワスプの多くは少数民族のマイノリティを視界や脳裏から追い出すためにできることなら何でもやる。中毒性の高い新たな麻薬をゲットーに売ることを知っても、ほとんどの人が気にも留めない。

フリーメイソン

よく知られているとおり、フリーメイソンの上層部にはＣＩＡ職員が多い。一部の陰謀論者は、ＣＩＡ全体がフリーメイソンに支配されていて、麻薬にかんする陰謀は全世界を支配する巨大計画の一環にすぎないと信じている。

マルタ騎士団

マルタ騎士団を純粋なキリスト教組織だとする見方もあるが、メンバーには多くのＣＩＡ高官がいる。たとえば、ロナルド・レーガン暗殺未遂事件当時のＣＩＡ長官ウィリアム・ケイシー、ＣＩＡ対諜報網指揮官を二〇年以上務めたジェームズ・ジーザス・アングルトンだ。マルタ騎士団は極度の偏見を持つ白人男性の代表団と見られており、もし極秘で人種戦争を指揮したいと望んだときには、間違いなく戦争勃発に必要なＣＩＡの権力者と連絡を取るだろう。

クリスチャン・アイデンティティ

一風変わった黒幕説

真の宗教ならぬ狂信派の集団であるクリスチャン・アイデンティティの活動から考えると、聖書に出てくるヘブライ人の子孫はアメリカの白人になる。ヘブライ人はイギリスでいうイスラエル人だ。この説はとりわけ、攻撃的な超極右、生存主義者のグループに受け入れられている。クリスチャン・アイデンティティのメンバー（「ラスベガス炭疽菌事件」のラリー・ハリスやアトランタ爆破事件で起訴されたエリック・ルドルフなど）とＣＩＡの関係は以前から指摘されており、ＣＩＡはこの手の組織に資金援助しているらしい。クリスチャン・アイデンティティはいまもＣＩＡ高官が信じる教義なのか？　そして、その目的は可能なあらゆる手を使ってアメリカの黒人社会を一掃することなのか？

ＭＪ12

ＵＦＯの存在を隠蔽するＭＪ12は、アメリカ政府が制御できず、グレイといわれるエイリアンと手を組んでひそかに活動していると言われている。メンバーにはCIA高官がつねに含まれているようだ。CIAが麻薬売買を行うのは、MJ12の闇予算を増やすためなのか？　エイリアンが操縦している空飛ぶ円盤の逆行分析費用は、安くない。

疑問と信憑性

CIAは全資料の公開を拒否したが、調査したところどの憶測も証拠がないと反論した。CIAの元職員や退職者のほとんどが調査対象から外されたのだから当然だ。かつて、CIAと麻薬売買がつながっている可能性を提示して世の関心を集めたロバート・オーウェンには、尋問しないどころか連絡さえ取っていない。

不可解な事実

内部告発者だと疑われたCIA職員の多くは、解せない状況で死亡したり、行方不明になったり、自殺したりしている。CIAに在籍すること自体、明らかに危険で、職員は不安を感じている。元長官ウィリアム・コルビーでさえ、どうにも不可解なボートの事故で死亡した。

疑いの目で見れば

極秘作戦を隠し続けることは難しい。CIAに所属する人間も、所詮、ただの人間だ。貧困にあえぐアメリカの黒人問題を解決する最善策は新たな麻薬で薬漬けにすることだと納得するには、よほど邪悪な狂信者でなければならない。実際、そういう人間がいたとしても、これほど大規模な作戦を実行するには相当数の工作員が必要だ。おぞましい作戦の確固たる証拠をメディアに暴露する慈悲深き人間はいないのか？

NASA

もともと、NASA（アメリカ航空宇宙局）はナチスドイツの亡骸で、ぼろぼろに傷ついた不死鳥として誕生した。一九四五年、アメリカ人、ロシア人、そして若干のイギリス人たちは、ナチスの闇世界で働いていたドイツ人科学者や専門家の獲得をめぐって争っていた。

ロシア人は、アメリカがナチス親衛隊少佐ヴェルナー・フォン・ブラウンをペーパークリップ作戦の対象にし、隠れ家を捜索して居場所を見つけたことに憤っていた。アメリカはこの作戦でナチスの優秀な科学者を引き抜き、過去を消し去ってアメリカに受け入れたのだ。彼らは特殊な任務を課された。ともに働いていたのは数人のスパイや拷問者だ。探してきたのはアレン・ダレスである（またダレスだ！）。

フォン・ブラウンが開発したV2ロケットにかんしてまず考えてほしいのは、ロケット発射によって死亡した人よりも製造過程で死亡した人のほうが多いという事実だ。イギリスではV2攻撃によって二七二四人が死亡したが、強制収容所から連れ出されて製造工場で働いた奴隷が二万人以上死亡している。NASAのサターンロケットはフォン・ブラウンが開発したA10「アメーリカ・ラケーテ」の改訂版であり、一九四六年、九〇〇キロ以上の弾頭を搭載してニューヨークに向けて飛ぶはずだった。しかし、実際に飛ばなかったとわかっても、奴隷の死が薄らぐとは思えない。

そこで、一九五〇年代を通して、ナチスびいきのエンターテインメントの巨匠、ウォルト・ディズニーが陰の操り人に雇われ、フォン・ブラウンをアメリカ国民に売り込んだ。映画やテレビを介して、ブラウンをロケットで遊ぶ「いたずら好きなみんなのおじさま」にまつり上げた。これが功を奏したのだ！

フベルトゥス・シュトルークホルト博士もNASAが「アメリカ航空医学の父」として売り込み、憧れの存在となった。NASAはこの男が、放射線、極度の高温や低温、気圧、真空状態が人体に及ぼす影響を認識していなかったことなどどうでもよかった。NASAが以前から知っていて公表しなかったのは、シュトルークホルトがこれらの影響を把握した方法だ。一九四三年から一九四四年まで、ダッハウ強制収容所とブランデンブルク安楽死センターの子供たちは、ベルリンにあるシュトルークホルトの研究室に連行され、気圧、真空、温度を調節できる実験室に閉じ込められ、シュトルークホルトがデータを収集するあいだずっと言葉にならない恐怖を感じていた。もし軽い口調が許されるなら、ロケット発射のカウントダウンにかんしてのみ、シュトルークホルトとフォン・ブラウンに感謝する。この若きふたりはフリッツ・ラング監督の映画『月世界の女』（一九二九年）を観てカウントダウンを採用した。ラング監督は、ロケット発射の際、数を逆から数えればサスペンス感が増すと考えたのだ。

もしNASAにまつわる噂をすべて信じるなら、今現在、世界に流れている偽情報を蔓延させた大本のひとつはNASAだろう。ようは、重要な真実を隠そうとせわしく動き回っているのだ。NASAは地球を取り巻くエイリアンの存在から民衆に隠している有用な発明まで、実情を把握している。さらに、莫大な予算を正当化するため、頻繁に報告書を改ざんしている。アメリカ国民の税金を流用して謎めいた調査を実施し、公開監査を逃れているのだ。誰にも説明責任はなく、外部の人間は予算が実際どう使われているのかさえ知らない。その裏で、NASAは重役に巨額のボーナスを支払い、能力の無さを覆い隠しているのである。

妄想じみた噂によると、NASAは実際にオルフェウス作戦という名のもと、アメリカの地下に巨大なトンネル網を建設しているらしい。かなり地下深くに掘られているため、巨大隕石が直接激突しても影響はない。地熱エネルギーのおかげで、保温、照明、換気の他マイコプロテイン［糸状菌。世界規模の食糧危機を懸念して開発されたタンパク源］の培養も可能で、自給自足ができる。つまり、大きな小惑星が衝突してもNASAには生き延びる場所があり、軽い軍備も整えられているため、大災害に見舞われても支配権を握れるのだ。こうした構想をスムーズに進めるべく、巨大隕石の接近は秘密にされ、NASAだけが災害に備えて対策を練り……。

NASAの陰謀でありえそうなのは、月面着陸の写真が偽物だという説だ。これらの写真は、まさに月表面そっくりに作られた秘密の倉庫で撮影されたらしい。これにはふたつの理由が考えられる。ひとつは、実際、NASAが月には到達していなかっ

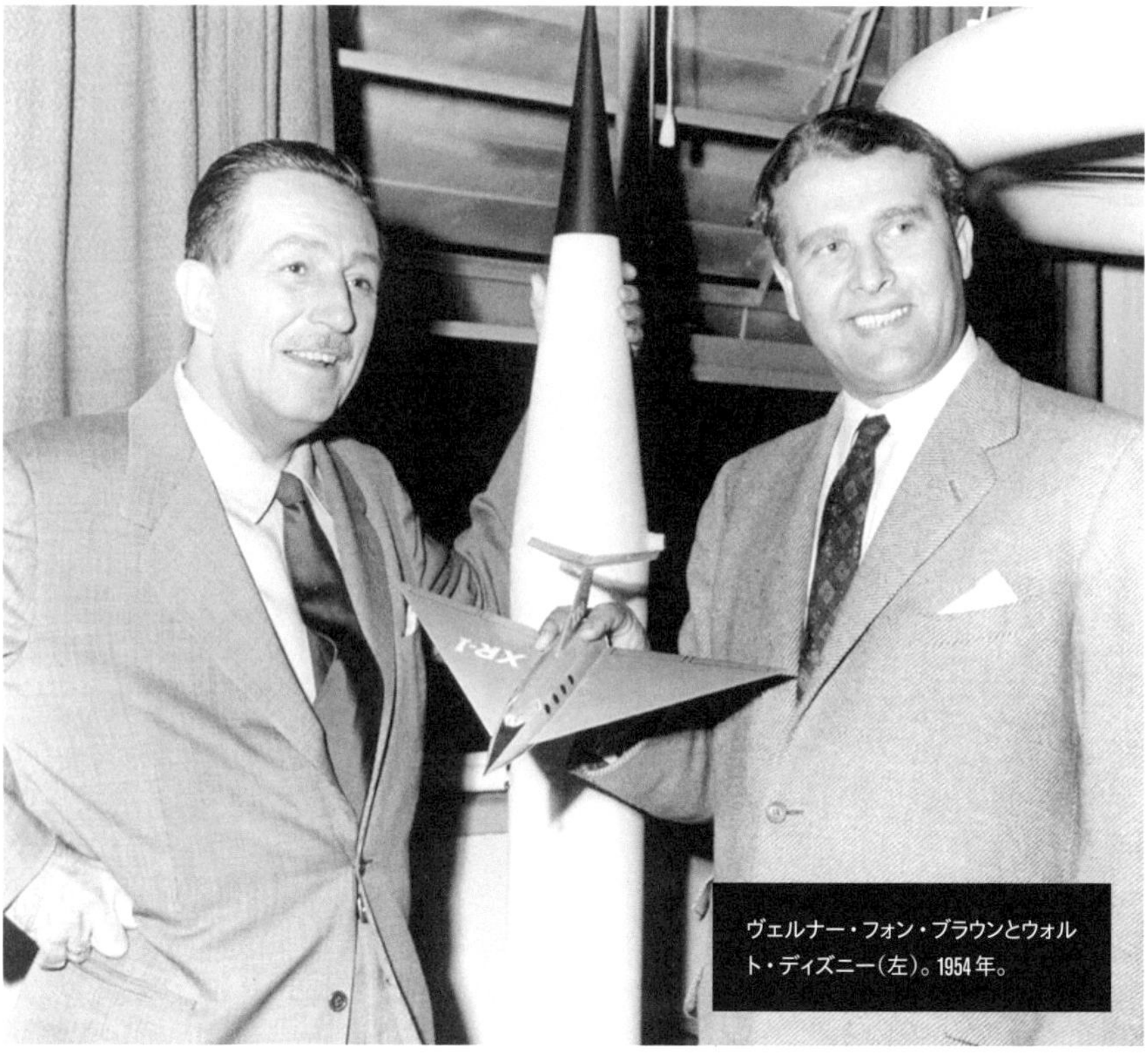

ヴェルナー・フォン・ブラウンとウォルト・ディズニー（左）。1954年。

たからだ。ロケットの発射は上辺だけで、通信メッセージは俳優に頼み、着陸は演出した。おそらく、オルフェウス作戦に資金を回したかったのか、あるいは、ロシアの宇宙飛行士との重要な宣伝戦で勝利を勝ち取った、とアメリカ政府に誇示したかったのか。

ふたつめの説では、月面着陸と生中継された場面は本物だとしている。しかし、宇宙飛行士が撮った写真は公開されていない。なぜなら、コダック社が太陽光の影響を過小評価したため撮影できなかったからだ。報道陣に静止画を強く要求され、NASAは版権から得る利益や宣伝効果を考慮し、さらに、カメラの不備も認めたくはなかった。そこで、ごまかしによって窮地を脱することに決め、地上であたかも月にいるような光景を作り上げたのだ。

奇妙な点

ずっと証拠が示してきたとおり、NASAは公表していないかなり多くの事実を知っている。噂では、元NASA上級顧問がスペースシャトル、ディスカバリーに搭乗した宇宙飛行士の会話記録を暴露した。その文書を読む限り、スペースシャトルのパイロットふたりは「地球の周りを飛んでいる巨大な光る物体」について話していたと思われる。元NASA研究家のホーグランド博士は、NASAは地球外生命体について知っているだけでなく、超次元空間や人間の真の起源を知っているとコメントしている。

アメリカ政府

通説の黒幕

定説どおり、アメリカ政府は月面写真が撮れなかったため効果的な宣伝をする見込みがなくなり、赤っ恥をかきたくないがために、NASAに写真を捏造して黙っているよう依頼したのかもしれない。もしUFO関連の陰謀が存在するなら、アメリカ政府がNASAをコントロールして真実を隠蔽しているのだろう。

フリーメイソン

NASAの宇宙ミッションには奇妙な象徴主義が根づいているようだ。宇宙飛行士は、指定された時間に、ある星座の方角を向いて、神聖な儀式を行うよう指示される。つまり、神秘的な象徴主義に関心のある秘密結社がかかわっていることを暗示しているのだ。そう、フリーメイソンである。

一風変わった黒幕説

ナチス

前述したとおり、誕生してから二〇年間、NASAは本質的に元ナチスが運営し、方針を決めていた。忘れてならないのは、彼らが一九四五年まで、アメリカやその同盟国の崩壊を目指して団結していたことだ。元ナチスがNASAに入局しなくなって久しいが、ナチスを引き継いだネオナチがいまもNASAを運営していると信じている者もいる。ネオナチが前任者の極秘計画を受け継ぎ、NASAを動かしているのだ。

グレイ

NASAがUFO目撃の記録をいっさい公開しない本当の理由は、NASAがエイリアンにコントロールされているからだ。ときおりスペースシャトルがさまざまなエイリアンの飛行隊とすれ違っているが、口外しないよう制圧されている。この地球外生命体は徐々に自分たちの存在を明かそうと準備している。テクノロジーの恩恵を受けられれば、アメリカ政府はこれからも幸せでいられるのだ。それはともかく、宇宙開発計画を遂行してくれる適任者はいったい誰なのだろうか?

疑問と信憑性

月面着陸の写真に写っている岩を見ると、影が別々の方向に伸びて弧を描いている。これはカメラから光が放出されている証拠だ。もし光源が太陽で月に当たっているなら、影はすべて同じ方向に伸びていなければおかしい。また、月面では光が大気散乱しないため、周囲のコントラストは地上よりはっきりするはずだ。

不可解な事実

エイリアンの飛行物体の話はさておき、スペースシャトルが大気圏外に出たとき、機内で交わし、事実だと証明された短い会話の記録が残っている。この会話では、ひとりの宇宙飛行士が機外を飛んでいる未確認物体に気づき、仲間に、飛び去るのを見たかどうかを確認している。その物体が何だったとしても、このとき軍用機や観測気球は飛んでいなかったことがわかっている。

疑いの目で見れば

言ってみれば、ふたりの人間が秘密を守るにはひとりがもうひとりを殺すしかない。つまり、多くの陰謀論が抱えるおもな問題は、驚くほど大勢の関係者が口をつぐまなければならないという点だ。月面着陸の陰謀では、アポロ計画に携わった何千人もの科学者、技術者、地上スタッフがいる。無論、宇宙飛行士本人もだ。また、俳優たちが撮影に臨む月の舞台を作る製作チームも相当の人出が必要になる。とりあえず関係者全員が黙っていたと仮定して、世界中の追跡ステーションで月ロケットの打ち上げを監視していたスタッフはどうなのだろう?

ビルダーバーグ会議

ビルダーバーグ会議は年に一回、ときには二回、人里離れた高級ホテルを借り切って会合を開く。この秘密結社のメンバーは国際的な財政家から国の長まで、世界の権力者が含まれている。噂では、彼らの討論は世界中の人々に影響を与えているようだ。各国の政治リーダーや次の戦争を勃発させる場所を決議しているが、いっさい責任は問われない。

メンバーにはデイヴィッド・ロックフェラー、ヘンリー・キッシンジャー、ジョージ・ブッシュ・ジュニア、トニー・ブレアのような著名人がいる。会の名はビルダーバーグ会議。一説によると世界の支配者である。

冷戦のさなか、疑心暗鬼に満ちた時代にビルダーバーグ会議を創設したのは、ＣＩＡが融資した欧州統合運動のアメリカ人リーダー、ジョセフ・レティンガーで、世界中の政治、軍事の有力者ともつながっていた。レティンガーは、各国政府ではなく超強力な多国籍組織が平和を生み出す世界の誕生を信じていた。

一九五二年、レティンガーはオランダのベルンハルト王配と対談したあと、世界の問題について話し合う定期的な会議を提案した。このアイデアは世界中のリーダーに快く受け入れられ、一九五四年五月、オランダ、オーステルベークのビルダーバーグ・ホテルで第一回会議が開催された。以来、続く会議は「ビルダーバーグ」と名付けられ、世界各地の贅沢な隠れ家で行われている。この会議は現在も続いており、出席者は約一二〇人。顔ぶれは世界の要人で、三分の一が北アメリカ人、残りはヨーロッパ人だ。毎回出席するメンバーの三分の二は、ビジネス、メディア、教育界の要人で、残る三分の一が政治家である。

本来、ジャーナリストは参加できず、むろん、会議の内容は不明で議事録は公表されない。ビルダーバーグ会議は、一見、メディアと協力し合っているようにも見えるが、じつは完全にメディアをシャットアウトしている。いったいなにを企んでいるのか？　単に夕方のニュースで報じられた話題について討論しているのか、いや、それとも、今後のニュースになる出来事をひそかに決めているのか？

奇妙な点

二〇〇三年、ビルダーバーグ会議がヴェルサイユで開催された。このときちょうどフランスは主要国首脳会議エヴィアンサミットを目前に控えていたため、治安警察は懸念し、ビルダーバーグ会議の中止を希望した。警官のひとりは自分の管轄区域で会議が開かれることを嫌がり、署内のメモを暴露した。メモには、出席者を守るために大勢の傭兵が個人的に雇われたと文句が書かれていた。さらに、警察がこの「コンフェレンス・プリヴェ（個人的会議）」は非常に腹黒い何かを隠していると信じていることも記されていた。ビルダーバーグ会議が国際的な大手新聞社の取材を拒否する力を持っていること、そして、地元治安警察の要望を無視できることを考慮すると、ただのおしゃべり会談ではないことは明白だ。

貪欲なビジネスマンの国際陰謀団

通説の黒幕

ビルダーバーグ会議の目的は、単なる貪欲からくるものなのだろう。おもにビジネス界のリーダーが集まり、極秘を貫きながら、経済政策を微調整し、メンバーがそれぞれの母国の政府にそれを浸透させている。ビルダーバーグ会議は全員が同じ目標に向かうことを確認し合い、望みどおりの利が確実に手に入るようにしているのだ――莫大な金が。

新世界秩序

ビルダーバーグ会議のメンバーは銀行家や財政家が多いため、経済的障壁や保護貿易政策を排除した自由貿易を好むのは当然だ。以前から、自由貿易は新世界秩序が支配権を握るための手段だと考えられてきた。まずは経済的障壁を壊し、国籍や国民性といった概念を一掃する唯一の近道なのだ。

新世界秩序の夢を実現するために、ビルダーバーグ会議はいつどこで戦争を起こさせるかを決めている。そうすれば、国境はなくなり、こうした紛争に資金援助するメンバーのために元手を作ることもできる。単一世界政府とそれに付随する世界銀行とともに、ビルダーバーグ会議は自分たちの計画に従うリーダーたちを選出している。一九九一

元イギリス首相トニー・ブレア。かつて、ビルダーバーグ会議に出席していたと言われている。

年、クリントンがこの会議に出席した当時はアーカンソー州の知事にすぎなかったが、二年後にはアメリカ大統領の座に昇り詰めた。

グレイ

一風変わった黒幕説

グレイが他の秘密結社だけでなくビルダーバーグ会議も運営しているという説がある。こうした秘密結社は世界を弱らせ、征服を容易にしているのだ。

イルミナティ

ビルダーバーグ会議はメディアや世間の目を引きつけておくためのおとりなのかもしれない。本当の決議は別の場所で行われているのだ。おそらく、実際に世界を操っているのはイルミナティである。

疑問と信憑性

一九五五年、ビルダーバーグ会議はヨーロッパ市場を固く結束させる必要性について話し合った。一年半後、ローマ条約によって欧州共同市場が創設された。

不可解な事実

『彼ら Them』の著者ジョン・ロンスンはイギリスのテレビ局チャンネル4のためにビルダーバーグ会議を調査した。ビルダーバーグ会議の目的について創設者ロード・ヘイリーに質問すると、尋常ではない罵倒を浴びせられた。

また、ロンスンは警備の目をすり抜け、ボヘミアン・グローブで行われた会議をのぞき見したところ、一二メートル以上あるフクロウの像の下で人間の形をした彫像が燃やされていたという。

疑いの目で見れば

ビルダーバーグ会議を実際に運営しているのは世界の億万長者たちなのか？　さて、どうだろう……。

KGB

多くの人にとって、ソ連に真の弔いの鐘が響き渡ったのは、一九九一年、熱狂的な群衆が革命家フェリックス・ジェルジンスキーの彫像を倒し、轟音とともに破片が散ったときだった。長年、ジェルジンスキーの像が見渡していた広場はジェルジンスキー広場と呼ばれていた。悪名高きKGBの本部がある場所、ルビャンカだ。

ジェルジンスキーは赤色テロの背後にいた黒幕だった。一九一七年の十月革命で帝政が崩壊したあと権力を握ったのは共産主義者だった。ジェルジンスキーは秘密警察チェーカーを創設し、この組織は長年ののち国家保安委員(Komitet Gosudarstvennoy Bezopasnosti)となった。通称は頭文字のKGB。世界史上、もっとも恐れられ、広大な情報収集ネットワークを張り巡らせた組織である。

KGBはソヴィエト共産主義政府を内外の敵から守る任務を担った。創設者の像が破壊されたことはKGB終焉の象徴だった。設立当初からソ連全市民に対して保持してきた支配力が崩れ去ったのだ。冷戦中、陰謀のにおいがする場所ならどこでもKGBの関与がささやかれた。陰謀論マニアのなかには、この世界一の秘密組織は共産主義に献身しているのではなく、ただ自分たちの謎めいた目的を果たすために存在していたと信じている者もいる。

理論から言えば、KGBはソヴィエト連邦閣僚会議に対して責任を負っており、実際、ソ連政府与党から直接命令を受けていた。もし、受けていたとすればだが。一九九一年、ソ連が崩壊し、KGBが解散すると、解説者はすぐさま歴史のなかに消えた組織だと表現したが、一部の陰謀論者は、地球規模に及ぶKGBの恐ろしい権力はまだ消滅していないと見ている。

KGBに疑念を抱いている人は多い。恐怖感や広大な秘密情報のネットワークを駆使してソ連市民を支配していたKGBが、反撃する素振りも見せずソ連を崩壊させるはずがない。何より、KGBはソ連軍を指揮するほどの影響力を持っていたのだ。陰謀論者いわく、ソ連とKGBの崩壊は見せかけにすぎず、陰湿なKGBは力を固め、はるかに強いロシア帝国を誕生させようとしているのだ。

奇妙な点

ソ連崩壊以来、ロシアは無政府状態に陥っている。おもに恩恵を受けるのは、超国家主義者で自由民主党党首のウラジミール・ジリノフスキーだ。ロシア人の多くが彼の声明に賛同している。「いまロシアに必要なのは独裁者だ。私が権力を握ったら、その座に就こうではないか」。民衆は大統領選挙と議会選挙で彼に投票した。

ドイツの極右団体の他、ロシアのマフィアやサダム・フセインともつながりがあったジリノフスキーはロシアのヒトラーになりかねない。大量にある核兵器は思いのままで、実際に使うと脅したこともある。とくに恐ろしいのは、ジリノフスキーがKGBのエージェントだったという事実だ。元同僚のなかには、ジリノフスキーは解散した秘密警察や諜報機関の元リーダーから支援を受け、権力の座に就く準備ができていると証言する者さえいる。

バイエルン州イルミナティ

通説の黒幕

正統派の歴史家でさえ、複数の秘密結社とオカルト集団がナチスドイツやヒトラーを生む役目を果たしたと認め始めている。こうした多くの集団の裏にあったのがバイエルン州イルミナティの不気味な影だ。他の秘密結社を陰でコントロールし、巧みに操るのが彼らの手口だ。イルミナティは古来の流儀を引き継ぎ、KGBを倒すことができたのか？　ジリノフスキーがファシストを起源とするドイツの極右団体とつながっていることをふまえると、イルミナティは、KGBと出番を待つロシアのヒトラーをコントロールしているのかもしれない。

フリーメイソン

KGBがフリーメイソンに潜入していたことはよく知られている。イギリスの政府や情報機関にエージェントを送り込む作戦の一環だ。しかし、これはお互いさまで、フリーメイソンもKGBの上層部に深く入り込み、コントロールしていると思われる。一部の陰謀論者によると、現在、KGBがロシア帝国を築こうとしているが、それはフリーメイソンが世界征服を成し遂げるという大きな策略の一部にす

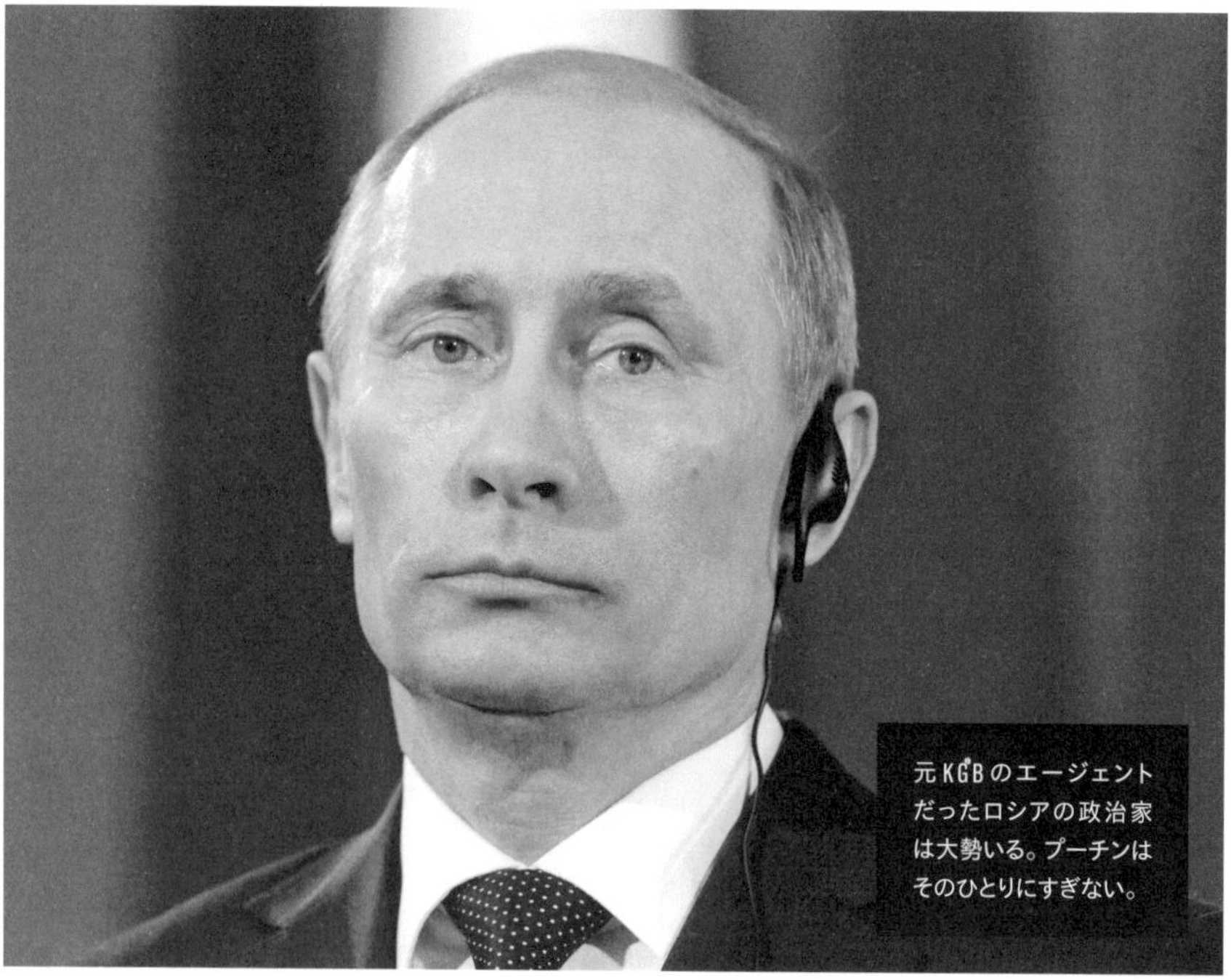

元KGBのエージェントだったロシアの政治家は大勢いる。プーチンはそのひとりにすぎない。

ぎないらしい。

ドイツ騎士団

一風変わった黒幕説

テンプル騎士団のドイツ版子分ともいえるドイツ騎士団は、かつて、フィンランド、プロイセンと、ロシアの広範囲にまたがる独立した公国、ドイツ騎士団国を支配していた。しかし、一四世紀に権力基盤を失ったとき秘密結社になり、失った土地を取り戻そうと決意した。一部の陰謀論者いわく、ドイツ騎士団は皇帝の背後に隠れた支配者で、ロシア王家が権力を失い始めると革命を裏で操り、秘密警察を立ち上げて浸透させたらしい。この陰謀論のシナリオによれば、ドイツ騎士団がソ連とＫＧＢの崩壊を演出し、ファシスト国家を築いて大衆の支持を手に入れ、支配を容易にしたのだ。

疑問と信憑性

元ソ連大統領ミハイル・ゴルバチョフは、陰謀論者から、ＫＧＢに指示してジリノフスキーの自由民主党を創設させたのだろうと非難されると、きっぱり否定した。だが、事実、前秘密警察がジリノフスキーをコントロールしている可能性についてははっきり認めている。ゴルバチョフは言った。「ＫＧＢが挙党態勢を築けるでしょうか？ジリノフスキーは注目すべき役者です。非常に重要なのは、誰が彼を導いているのか、誰が彼の背後にいるのかを明らかにすることなのです」。

不可解な事実

ロシアの有権者が大統領にウラジミール・プーチンを推したとき、それはもうひとつのＫＧＢが誕生することを意味していた。ジリノフスキーほど過激ではないが、プーチンは元スパイであり、ロシア連邦保安局局長だった。つまり、ＫＧＢの正式な後継者である。テレビでよく武道の腕前を披露しているのはもとはといえばＫＧＢの訓練だが、一九七五年から一九八九年までどんな任務を受けていたか、正確に把握できた者はいない。しかし、プーチンは「法に基づく独裁制」の必要性をいちどならず口にしており、プーチンの支配を、ジリノフスキーを投入するまえに行うＫＧＢのリハーサルだと見なす者もいる。

疑いの目で見れば

ＫＧＢが解散せず生き延びているという確たる証拠はない。歴史を見ればわかるとおり、反ユダヤ主義と経済的苦境が重なれば、ときとして誇大妄想癖のある、自称「世界の独裁者」を生むこともあるだろう。

MI6

MI6はイギリスの諜報機関であり、外敵から国を守る組織として世界中に知れ渡っている。というのも、長年、ジェームズ・ボンドが登場する映画シリーズ『007』でスペシャルエージェントの雇い主として描かれているからだ。しかし、陰謀論が飛び交う陰の世界では、映画の中のMI6は正義を求める機関であり、見え透いたプロパガンダにすぎないと見なす人が多い。つまり、MI6は世界征服を成し遂げるために秘密裏に活動している組織なのだ。

本来なら、MI6は中立の立場にあり、特定の政党やイデオロギーを支持することはない。だが、近年の批判をかなり慎重にとらえている者でさえ、認めざるを得ない点がある――MI6は中立の立場にいるなら非難されるはずがない。MI6が極左、あるいはイギリス・アメリカ間の特別な関係を支援していないと判断した政治家や組織を敵に回して活動した確証はたくさんある。とりわけ有名なのはハロルド・ウィルソン首相を政権の座から追放したことだろう。

一九七六年、突然、ウィルソン首相が辞任した。以前から、MI6は姉妹機関MI5とともに舞台裏にいたと噂されていた。政府が元MI5エージェント、ピーター・ライトが記した回顧録『スパイキャッチャー』〔久保田誠一訳、朝日新聞社、一九八七年〕の出版を差し押さえられなかったため、ウィルソン追放を企んだ非情なクーデターの全貌がついに一般市民の知るところとなった。ライトの痛烈な批判は、背信の陰謀を指摘している。首謀者は諜報員が作った陰謀団で、憲法にのっとって築いたイギリス政府を攻撃し、倒したのだ。

ＭＩ６が議員を脅迫し、中傷し、あるいは採用した事例も山ほどある。映画でジェームズ・ボンドが権限を駆使して王国を守るために引き受ける任務とは違うのだ。祖国の民主主義を破壊するためにＭＩ６の作戦に関与したと見られる重要人物のひとりは、ＣＩＡ対諜報部長ジェームズ・ジーザス・アングルトンだ。イタリアのＰ２事件［一九八一年、イタリアの閣僚、警察官、軍関係者等、一〇〇〇名近くがフリーメイソンイタリア支部Ｐ２のメンバーだったことが発覚し、内閣が総辞職に追い込まれた大スキャンダル］の首謀者であり、おそらく、ＪＦＫ暗殺の黒幕であり、謎めいたマルタ騎士団の一員でもあった。

アメリカの諜報機関がイギリス政府に対して行った陰謀で確証が取れたものもあるが、多くの陰謀論者が疑問に思っているのは、いったいＭＩ６は誰の

複数のロシア人亡命者が、ハロルド・ウィルソン首相は、在任中、KGBのスパイだったと断言した。

ために働いているのかという点だ。もしＭＩ６が民主主義の選挙によって選ばれたイギリスのリーダーたちに忠実でないとしたら、極秘アングロ・アメリカン陰謀団が世界征服を成し遂げるための立役者なのではないだろうか。

奇妙な点

間違いなく、大西洋主義者のネットワークは存在し、国際政治の裏で活動している。これら小規模のグループには共通のメンバーがいて、つまり、アメリカ外交問題評議会がイギリス王立国際問題委員会などの団体と密に連携していることを示唆している。ＭＩ６とＣＩＡのリーダーがこうしたグループすべてで重要な役割を果たしているため、陰謀論者の言うように、情報機関はこれら組織のために極秘計画を進めていると考えるのが妥当なのだ。

通説の黒幕

イギリス王室

いわゆるアングロ・アメリカン陰謀団の橋渡し役を務めているのが王室だと指摘する陰謀論マニアはひとりではない。彼らは、一九世紀から王室が「神秘帝国主義」の教義と、英語圏巨大二か国による世界支配を促進していると信じている。計画当初は、熱心な帝国主義者セシル・ローズが小さなグループを結成し、オックスフォード大学ローズ奨学制度を設立した。これによって、聡明なアメリカ人——クリントン大統領もだ——がイギリスで教育を受けられるようになった。ＭＩ６は王に忠誠を誓っているため、陰謀における役割は女王から直接命じられている。

ロックフェラー家

ロックフェラー家は世界でもずば抜けた富豪一族で、国際政治の裏にある陰謀論によく登場する。デイヴィッド・

ロックフェラーはアメリカの通貨をすべて調整している連邦準備銀行をはじめ、複数の銀行や主要企業の利益をコントロールできるだけでなく、日米欧三極委員会と外交問題評議会の会長も務めている。陰謀論者の一部は、ロックフェラー家の目的は、超強力なアングロ・アメリカン同盟を築き、一族の利益を増大することだと考えている。

一風変わった黒幕説

薔薇十字団

薔薇十字団の起源については陰謀論者のあいだで熱い議論となっている。古代エジプトの宗教から発展したのか、あるいは、ジョルダーノ・ブルーノの発案なのか。ブルーノは一六世紀の哲学者で、秘密結社を創設し、他の惑星に生命体がいると教えたことで火刑となった。間違いなく、首謀者は薔薇十字団だ。彼らが数世紀前にイギリスのフリーメイソンと融合したことを考えると、アングロ・アメリカン陰謀団の真の支配者は薔薇十字団なのかもしれない。

マルタ騎士団

ヴァチカンの小さな事務所から遠征して活動していたマルタ騎士団のメンバーは幅広く、ヒトラーに仕えた諜報部責任者でのちにＣＩＡに入局したラインハルト・ゲーレン少将や、ニクソンとレーガンの外交政策の裏で動き、エリザベス女王の友人でもあったアレクサンダー・ヘイグ大将などがいた。陰謀論者によれば、マルタ騎士団はひそかにＣＩＡを支配し、さらにＣＩＡを通してＭＩ６も支配しているらしい。マルタ騎士団がなぜこういう活動をしたがるのかは疑問だが、周知のとおり、テンプル騎士団はマルタ騎士団を仇敵と見なしている。

疑問と信憑性

今まで、ＭＩ６がイギリスとアメリカの密接な関係を築こうとしている証拠を探していた人は、注意の矛先をイギリス・アメリカ・プロジェクトに変えた。これは、アメリカン・エクスプレス、アップル・コンピュータ、ブリティッシュ・エアウェイズ、コカ・コーラ、モンサント、フィリップ・モリスなどの企業がバックアップする公益財団で、目的は、両国の諜報機関、政府、メディア、軍部から上層部を募ることだ。しかし、陰謀論者は、ＭＩ６がこのプロジェクトとともに活動しているのは、もっと邪悪な目的があるからだと推察している。

不可解な事実

最近公開されたイギリス政府の文書によると、イギリスをアメリカの五一番目の州にする計画があったという。ＭＩ６がハロルド・ウィルソン首相を辞任に追いやったのは、彼がこの企画を却下したからなのだろうか？

疑いの目で見れば

おそらく、ＭＩ６は世界の政治を左右する極秘企画を完璧に操れるほどの組織ではない。もしＭＩ６がかつてソ連の諜報機関に赤っ恥をかかされたように［ＭＩ６幹部が二重スパイでソ連に情報を流していた］、その存在を一般に暴露されることとさえ防げないとしたら、トップレベルにいるいくつもの陰謀組織や二か国の政府を巧みに運営できるとは思えない。

モサド

暗殺者の撃った銃弾が煙とともに銃口から発射され、歴史の流れを変えたとき、通常ならものの数時間で事件にかんする公式な見解が発表され、その後すぐ陰謀論が流れる。しかし、一九九五年一一月四日、イスラエル首相イツハク・ラビンがテルアヴィヴの集会で撃たれたとき、最初の陰謀論が浮上するまでにはいつもより長くかかった。理由はモサドだ。おそらく、世界でもっとも恐れられている有能な諜報機関のひとつである。

最近まで、モサドはイスラエルのメディアを厳しく支配していたため、姉妹機関である国家保安局同様、存在そのものがヴェールに包まれていた。組織が存在することは誰もが知っているが、イスラエルでモサドの活動はいちども報告されたことがなく、メンバーが誰なのかを知る人もいない。

モサドは厳しい検閲を行っていたが、ここ数年でいくぶん手綱が緩んだようだ。それでも、イツハク・ラビンの死の裏に陰謀が潜んでいると暗示するような噂がイスラエル国民の耳に入らぬよう、モサドが厳重に管理していた。ラビン殺害の報道については、CNN、そしてBBCも、公式発表に疑問を持った。ノーベル平和賞を共同受賞したラビンは、本当に狂気に満ちたひとりの殺し屋によって射殺されたのか？　モサドはそうした憶測が国民に知れ渡らぬよう手を尽くした。驚くにはあたらないが、憶測のほとんどが、モサドが自身の司令官を殺害したのではないかと疑っていたからだ。

モサドは一九五一年に設立され、情報収集、及び、建国まもないイスラエルの存在そのものに反対する周辺国からの防衛を監督した。長年、モサドは対テロ活動、暗殺、極秘作戦の成功例を堂々と積み上げてきた。敵味方を問わず情報機関に潜入してきたため、いまや多くの陰謀論で主要な容疑者となっている。一九九一年のメディア王ロバート・マクスウェル殺害から、ダイアナ妃の死、さらには一九八一年の教皇ヨハネ・パウロ二世の暗殺未遂事件まで、モサドがかかわったと思われる事件は挙げ出したらきりがない。

まさに機略に富み、無慈悲で、大胆不敵な組織。ナチス戦犯アドルフ・アイヒマンを誘拐し、イラクから戦闘機ミグを奪取し、アメリカからは大量の核兵器を製造するための濃縮プルトニウムを密輸した——こんなことができるのはモサド以外に考えられない。陰謀論者もモサドがラビン暗殺の裏にいた陰謀団だった可能性を指摘している。

奇妙な点

ラビン暗殺を調査したシャムガール調査委員会は、犯人イガール・アミルはすべてをひとりで実行し、ラビンを背後から二回撃ったと結論づけた。同委員会によると、ラビンを殺害したのはこの二発で、三発目はボディガードを負傷させたという。裁判でアミルは銃の挿弾子に銃弾を九発入れたと証言した。しかし、治安部隊がアミルを逮捕したあと行った弾道試験の際、弾丸は八発残っていたことが判明している。となると、アミルがラビンを狙って撃った弾丸は一発だけだ。ほかの二発はどこからきたのか？　もしラビンを暗殺し、真犯人の身元を隠す陰謀があったとしたら、モサドがかかわっていなかったとは考えられない。だが、なぜモサドは自らのリーダーを殺したのか？

イスラエル右派

ラビンはＰＬＯ（パレスチナ解放機構）と歴史的平和を築いた。だが、イスラエルの領土を手放したため、イスラエル右派からは永遠に恨まれることになった。モサドはけっして穏健な見解を持つ組織ではなく、メンバーの多くがシオン主義政治の急進派と密接なつながりを持っている。ラビン暗殺は復讐の一環であり、パレスチナ人への領土返還と同地域の平和運動がその後数年間停滞した。

サダム・フセイン

イラク独裁者フセインはイスラエルとラビンに多くの恨みを持っていた。ＣＩＡのためにモサドが実施したフセイン暗殺未遂事件では家族数人が死亡している。もしイラクの計略でイスラエル首相が死亡したとしたら、モサドはそれを隠蔽しなければならない。明る

イスラエルはイツハク・ラビンの死を悼んだ。

みに出たら化学戦争や核戦争が勃発する可能性があるからだ。事実、モサドの上層部はフセインに雇われていると推測する者さえいる。

一風変わった黒幕説

KGBは一九九一年に公式に解散して以来、解説者に歴史のページを委ねていたが、陰謀論マニアの多くは今もなお世界中で極秘活動を行っていると見ている。目的は、できるかぎりの混乱状態を作ってアメリカの資産を凍結し、CIAに邪魔されずにソヴィエト帝国を再建することだ。KGBがCIA、MI6、MI5のみならず、モサドに潜入していたとしてもおかしくはない。

KGB

CIA

モサドとCIAの密接な関係は周知のとおりで、みなアメリカがイスラエル諜報活動の独立を押さえつけてきたと感じている。ある説によれば、モサドはクリントンをモニカ・ルインスキーとの不倫をネタに脅迫し、自治権を取り戻そうと試みたが、CIAはすぐさま力の差を知らしめた。しかし、この憶測は荒っぽいという意見が大半を占める。というのも、これほどの妙技をこなす高い能力をCIAが持っているとは思えないからだ。

疑問と信憑性

素人が撮ったラビン暗殺の動画を見た人はみな、犯人とされているイガール・アミルは約一五〇センチ後方から首相を撃ったと証言している。しかし、イスラエル警察の法医学研究所副所長バルーク・グラットシュテインは、アミルの裁判でまったく異なる証言をした。「首相の上着上部、継ぎ目の右側に銃弾の穴を見つけました。火薬の飛散テストを行ったところ、二五センチ未満の至近距離で被弾したという結果が出ました」。

不可解な事実

死亡するまえ、ラビンは一通の手紙を受け取っていた。それによると、あるイスラエル人数学者が聖書に隠された暗号を発見した。その暗号は未来を予言しており、イツハク・ラビンという名前と、「暗殺を行う暗殺者」という言葉が隠されていたという。

疑いの目で見れば

孤独な殺し屋と有名な政治家の暗殺はお決まりのパターンで繰り返されているようだが、少なくともそのうちのひとつは、陰謀ではなく表面どおりの事件ではないのか？　おそらく、暗殺当日、伝説のモサドは休日で、イガール・アミルは幸運を手にした孤独な狂人だったのだ。

NSA

NSA（国家安全保障局）はおそらく陰謀論者にもっとも恐れられている組織だ。たしかに、MJ12、マフィア、エイリアンのグレイは外部者から見れば危険きわまりない存在だが、事実、もっとも恐れられ、もっとも疑惑を集めている組織はNSAである。

理由は単純だ。国内外を問わず活動しているアメリカのスパイ機関だからである。技術的にも世界一を誇る諜報機関であり、アメリカ国民のみならず、関心のある人物全員を監視している。

NSAはつねにあらゆる事件で疑惑を向けられている。ケンタッキー州にある軍事基地フォート・ノックスの保管庫から金塊を盗み、金色にスプレーした鉛を置いてきたとか、NSAにとって脅威となりうる科学者やコンピュータ技術者を拉致したとか。どんな組織なのかまったく明かされていないため、突飛な憶測が次々と登場する。しかし、NSAが一貫して指摘されてきた罪のひとつは、世界に広がる銀行システムの支配に深くかかわっているということだ。

言うまでもなく、NSAは暗号学に長けている。一九九〇年代初頭、通信を暗号化するクリッパーチップを全コンピュータに装備する試みが展開され、この裏にいたのがNSAだった。クリッパーチップには侵入口のバックドアが内蔵され、NSAはこのクリッパーチップで暗号化されたデータならなんでも解読できた。個人情報が他人に漏れることはないが、政府には筒抜けなのである。

ＮＳＡはすでに銀行業界への不正アクセスを成功させている。一九七〇年代後半、インスロー（法および社会調査協会）という会社がプロミスという統合データベース・マネジメント・システムを開発した。プロミスを使用すれば莫大なデータの相互参照が可能で、統一化された実用的な資料を作成することができる。法執行機関は国内外の犯罪記録に、また、世界銀行などの主要銀行は有用な国際財政データベースに、プロミスを利用したいと希望した。アメリカ司法省はこのシステムを導入したが、支払いを拒否したためインスローは倒産に追い込まれた。裁判所はインスローに有利な判決を下したが、同社はいまだプロミスの代金を受け取っていない。

ジャーナリストのダニー・キャソラロは、ＮＳＡがプロミスに手を加え、欲しい情報すべてにアクセスできるよう修正した証拠をつかんだと主張した。どうやら、当時、ＮＳＡとモサドはプロミスの修正版を、銀行、外国政府、法執行機関に販売したようだ。この計画によってＮＳＡは世界中の法、政府、財政にかかわる全システムを監視することが可能になった。プロミスの修正を請け負ったのは、アメリカの管轄外、カリフォルニアのインディアン居留区に拠点を置くワッケンハット社だった。

奇妙な点

一九九三年七月、クリントン大統領の次席法律顧問ヴィンス・フォスターが死亡した。一見したところ自殺だった。だが、フォスターの死には謎が多い。システマティクスという会社の連絡員だったが、この会社はＮＳＡが不正ソフトウェアのプロミスを販売するために使っていた下請けのひとつだった。システマティクスは極秘作戦で得た利益を洗浄し、プロミスのバックドアから情報を収集してふるい分けを行っていた。フォスターは死亡する数時間前、ある女性といっしょにいて、彼女の毛髪の色がフォスターの下着に付いていた毛髪の色と一致した。病理医

『エネミー・オブ・アメリカ』（1998年）主演のウィル・スミス。偶然、ある暗殺事件の証拠を手にした弁護士（スミス）をNSAが抹殺しようとする場面のメイキング映像。

が調べたところ、フォスターは射精の瞬間に死亡したことが判明した。防犯ビデオにはフォスターが愛を営んだ建物から出ていく姿は映っていなかったが、死体はヴァージニアの公園に停めてあった彼の車のそばで発見された。

フリーメイソン

通説の黒幕

第三三代アメリカ大統領であり、フリーメイソンの第三三級メンバーでもあるハリー・トルーマンは、一九五二年、何の前触れもなくNSAを創設した。NSAは当初からのつながりを維持し、事実、今も法と銀行のシステムをのっとって世界を支配している。すべてはフリーメイソンのためだ。国際的な銀行支配を隠蔽するためにフォスターやキャソラロの殺害(後述)を企んだのもフリーメイソンである。

グレイ

一風変わった黒幕説

NSAが暗号学に長けているのはコンピュータ・プログラムにバックドアを仕込んだからではなく、グレイに高度な数学を教わったからだとする説もある。見返りとして、毎年、グレイはアメリカ市民を手に入れ、連れ帰って実験に使用しているのだ。

疑問と信憑性

ボブ・ウッドワード著『ヴェール――CIAの極秘戦略1981〜1987』〔池央耿訳、文藝春秋、一九八八年〕の下巻二一七ページで、元CIA長官ウィリアム・ケーシーは在任当時のことをこう回顧している。「国際金融機関への浸透が進み、外国銀行の秘密帳簿からソヴィエトの投資に関する最新の情報を常時把握できるようになった」

不可解な事実

ジャーナリストのダニー・キャソラロは持論を裏づける証拠が出てきたと明言した日の晩、殺害された。そして、同日、キャソラロに証拠文書を渡したとされるＮＳＡのスパイ、アラン・スタンドーフも殺害された。彼が殺される一二日前、フォスターが極秘にしていたスイスの銀行口座から、本人の知らぬうちに二七〇万ドル全額が引き出されていた。

疑いの目で見れば

なぜ、ＮＳＡはインスロー社を倒産に追いやったのか？　契約上必要なライセンス料を支払い、すべて内密にしたまま、他の顧客にソフトウェアを販売する権利を交渉したほうが容易だったのではないだろうか。

イギリス王室

刻々と変わり続けるドラマティックなイギリス王室の物語は、おそらく世界でもっとも関心を集めるロングランの昼メロだろう。王室の日々は、世界中の人々の注目を浴び、崇められ、夢にあふれ、終わりなき討論の的となっている。

結婚や子供の誕生など、イギリス王室で重要な出来事が起こると、世界中がお祝いムードに包まれる。王室の暮らしは、一般のありふれた暮らしとは違って高尚なのだ。

現王家の祖先はウィンザー朝で、さらに家系図をさかのぼるとドイツ人にたどりつく。エリザベス二世が厳しい目で睨むなか、王室はここ数年、多くの事柄に耐えてきた。一九九七年、ダイアナ妃が死亡したとき、王室はかつてないほど取り沙汰された。愛すべき王妃ダイアナを失った悲しみに世界が沈み、王室の反応を見守った。王家の周囲に張りめぐらされた安全フェンスにはたくさんの弔花が手向けられた。だが、弔花が取り除かれたあとも物語は展開し続けた。ダイアナ妃や王室の人々の画像が、本やビデオ、記念の布巾までをも飾った。

しかし、笑顔で手を振る姿、宮殿の門、イギリスの伝統が持つ力の裏で、王家は実際に何をしているのだろうか？　宮殿のクローゼットの中にはどんな暗い秘密が隠されているのだろうか？　王家は単なる郷愁に満ちたお飾りなのか、それとも、狡猾で政治的な悪だくみを図った祖先同様、権力を握り、華々しいイギリス帝国を再建しようと綿密に計画しているのか？

奇妙な点

驚いたことに、エリザベス女王はポール・バレル（ダイアナ妃の執事。彼女の所持品を盗んだ疑いで起訴された）の裁判を打ち止めにした。そして、メディアの見出しを飾った若き王族たちの足舐めレズやおぞましいテレフォンセックス疑惑よりも過激なスキャンダルを巻き起こした。バレルが法廷の証言台に立つ直前まで、彼は無実だと警察に証言することを都合よく忘れていたうえ、ダイアナ妃の死後、女王はバレルに、国内で動いている闇の力に気をつけなさいと注意したことが明らかになったのだ。

ヴァージニア・カンパニー

通説の黒幕

世界を支配しようと企む謎の組織ヴァージニア・カンパニーを王室が率いているという陰謀論もある。王室の凋落は、世界制覇計画を偽装するために巧みに仕組まれた広報活動なのかもしれない。まさに、世界制覇は輝かしい大英帝国時代の再建に他ならない。控えめな威厳や奇抜なイメージを表明し続けるいっぽう、銀行やＫＧＢのようなトップレベルの諜報組織をすべて陰から操っているのだ。また、イギリス王室がアメリカ独立革命を企画し、現在もアメリカを支配しているという噂すらある。

陰のイギリス政府

現在の王室はおそらく見たままで、報道合戦で伝えられるとおりなのだろう。これまで王家は、塗装工場開設の記念式典に出席したり、各地で演説を行ったり、ポロに興じて新聞に掲載されたりしてきたが、これは陰のイギリス政府の活動からメディアや大衆の目をそらすためだ。元ＭＩ６の精鋭たちが企てた秘密の陰謀である。彼らがひそかに下院で法を通過させようが、新世界秩序の到来を後押しする兵器を試験しようが、夕方のニュースでは市民が騒がないよう、ヘンリー王子がグラウンドで膝をすりむいた映像を流している。

詐欺師

一風変わった黒幕説

現在のウィンザー朝は詐欺師一家かもしれない。秘伝と言われるキリストの血など受け継いでいないのだ。彼らがダイアナ妃の殺害を計画したのは、スチュアート朝の子孫である彼女だけがキリストの血をわずかながらも引いていたからだ。当初、ダイアナを王室の方針に順応させるのは容易だと考えられていたが、彼女の頑強な精神はあまりに邪魔だった。そのため王室は、ウィンザー朝の計画がさらなるダメージを受けぬよう、お粗末な方法で暗殺したのである。

疑問と信憑性

女王エリザベス二世は世界でも指折りの金持ちで、現在もイギリス連邦のトップに君臨している。国境がぼやけ、国際文化が普及している今、時代錯誤もはなはだしい。昔のように二次

的な地位に退くことなく、今も権力を振りかざしている。ただし、慎重に。つまり、王室には傍から見るより多くの含みがあるのだ。

不可解な事実

現在バッキンガム宮殿に住んでいるのは詐欺師だとする説は、いささかいきすぎだろう。だが、彼らが宮殿に住む権利や、さらに言えば、それに伴う権力や富を得る資格についてはどうしても疑問が残る。この疑問の根源にあるのは、ヴィクトリア女王の怪しげな家系だ。現在の医学的及び科学的観点からすると、現在のウィンザー朝が主張する正統な家系は、ヴィクトリア女王の誕生によって途切れているのである。

血友病とポルフィリン症は遺伝疾患

史上もっとも有名な衝突事故の残骸。多くの陰謀論者がダイアナ妃の死の裏には王室の存在があったと信じている。

だ。後者はヴィクトリアの祖父、狂人ジョージ三世が罹患した。だが、ヴィクトリア誕生以降、不思議なことにポルフィリン症はウィンザー朝から完全に消えている。反対に、ヴィクトリアの孫、アレクサンドラがロシア皇帝ニコラス二世と結婚すると、突然、血友病がロシア王室に現れ始めた。医学的見地からすると、どちらも遺伝学的にはまぐれであり、ようするにヴィクトリアが私生児でなければありえないのだ。

ヴィクトリア女王の母、プリンセス・ヴィクトリアには個人秘書サー・ジョン・コンロイが仕えていた。事実、ウェリントン公爵が残した記録によれば、若きプリンセス・ヴィクトリアとコンロイは交際しており、遠慮がちながら懇意な仲だったと述べている。一八一八年、王位継承問題が間近に迫ってきたため、ヴィクトリア女王の両親は結婚した。このとき父親はすでに五〇歳、母親は二〇歳も年下だった。結果、この結婚は歴史に残る大ロマンスとは程遠かった。やがて娘ヴィクトリアが誕生し、世間がようやく安堵したため、誰も血筋など疑わぬまま王位継承者となったのだ。だが、現在の著名な遺伝子学者のほとんどは正統性を疑っている。

疑いの目で見れば

『コロネーション・ストリート』[「戴冠式通り」の意。とある町の日常を描く昼の連続テレビドラマ。一九六〇年から続く世界最古の番組]が今も放映されているのは、王室が深く介入しているからだろう。だが、王室の関与を示唆しているものはこれ以外にない。

ヴァチカン

誕生当初から、殺人、欲望、陰謀にまみれていたまさしく毒蛇の巣、ヴァチカンの抜きんでた権力と影響力は、一八七一年のイタリア統一によってはじめて脅かされた。このとき新政府は、新体制を整えたイタリア国内で、教皇が所有していた土地のほとんどを没収した。

膠着状態となって以来、その後六〇年間、ヴァチカンから出た教皇はいなかったし、イタリアの役人がヴァチカンを訪問することも許されなかった。この孤立期間に、ヴァチカンは、もともと弱かったマフィアとのつながりを広げ、強化した。公平のために記しておくと、当時、マフィアはこんにちのような組織ではなかった。マフィアと聞けば大胆で無謀な組織を連想するが、その起源は、九世紀、シチリアに襲来したサラセン人と戦うために結成した戦闘グループだった。しかし、一九世紀にはイタリア全土に散らばる小一族のネットワークに変身し、非道な領主や腐敗した役人から地元民を守るために尽力した。もちろん、金のためだ。どのみち、現代初期のマフィアはイタリアを監視するヴァチカンの目と耳になった。

ヴァチカンとイタリアの膠着状態は一九二九年に終幕を迎えた。ローマ教皇庁がイタリア首相ムッソリーニとラテラノ条約を結んだのだ。ムッソリーニはヴァチカンをイタリア内の別の国として承認し、前述の没収した教皇領を補償すると約束した。こうしてヴァチカンはヨーロッパに台頭してきた闇の政治勢力と手を結ぶようになった。

当時、マフィアはすでに犯罪組織になっていたが、両者のつながりは強すぎて断ち切ることができず、ヴァチカンはさほど気にならない犯罪は見て見ぬふりをし、秘密組織マフィアとともに落ちていくことに甘んじた。

第二次世界大戦に向かうなか、ヴァチカンはナチスを支持するスペインのフランコ総統に取り入った。お返しにフランコは、カトリックの司祭や修道女がスペイン国内の赤ん坊三〇万人以上を誘拐しても目をつぶった。彼らは母親に死産だったと嘘をつき、国際的な乳児市場で販売してヴァチカンの貴重品箱を満たしたのである。この売買が成立した裏には確立されたマフィアのコネクションがあった。つまり、一九三〇年代半ばから後半にかけて、間違いなく丘の上の住人は犯罪者だった。ついに第二次世界大戦が勃発すると、悪名高きピウス一二世はヴァチカンで反ユダヤ主義の態度を取り、すぐさま「ヒトラーの教皇」とののしられた。戦後は、アロイス・フーダル司教が陣頭指揮を執り、ヴァチカンの高官はナチス党員をヴァチカン経由で逃亡させるルート、「ラットライン」を敷いた。逃亡した党員のなかには、エドゥアルト・ロシュマン（別名「リガの屠殺人」。フレデリック・フォーサイス著『オデッサ・ファイル』［篠原慎訳、角川書店、一九八〇年］に登場する）や、悪名高き戦犯ヨーゼフ・メンゲレやアドルフ・アイヒマンもいる。

ヴァチカンはナチスが貯め込んだ戦利品から暴利をむさぼり、マフィアの資金を洗浄している。ごく最近では、この事態を問題視して対峙する教皇もいる。とりわけ、ヨハネ・パウロ一世は生涯をかけて現状に向き合った。

奇妙な点

ヴァチカンの闇を暴こうとする意志を隠さなかった教皇ヨハネ・パウロ一世、別名「微笑み教皇」は、一九七八年九月二八日の夜、ベッドに横になり、ヴァチカンとマフィアの関係を記した文書に目を通していた。ポール・マルチンクス大司教とロヴェルト・カルヴィの怪しい取引にかんする資料もあった。これら文書によると、ヴァチカン銀行総裁マルチンクスは、カルヴィが総裁を務めるアンブロシアーノ銀行がヴェネツィアカトリック銀行を乗っ取る手助けをしているという。翌朝午前五時三〇分、ヨハネ・パウロは死体で発見され、書類はすべてなくなっていた。教皇の座に就いていたのはわずか三三日間だった。

ヴァチカンの医師レナート・ブゾネッティは妙に早く現場に到着した。ヨハネ・パウロの死体を調べることもなく、誰かに死の兆候を尋ねることもなく、慌てた様子で死因は重度の心筋梗塞だと発表した。だが、ヨハネ・パウロは平和そうな顔で横たわっていた。ひどい心筋梗塞を起こしたならありえない。解剖は行われず、午後七時、遺体整復師が作業を開始した。だが、イタリアの法律では死後二四時間経過しなければ遺体に手を加えることは許されない。また、通常なら遺体整復の前に内臓を摘出するのだが、ヨハネ・パウロには実施されなかった。おそらく、検死を恐れ、証拠を残さないようにしたのだろう。

通説の黒幕

マフィア

ヴァチカンにはあらゆる面でマフィアが多大な影響を及ぼしていると言われてきた。ヨハネ・パウロ一世の死後、この影響力にかんして綿密な調査が行われた。教皇のマントを羽織った責任を果たすべく、人気のあったヨハネ・パウロ一世はヴァチカン銀行とマフィアのつながりをはじめ、ヴァチカン内の腐敗を根こそぎ暴こうとしていた。それを阻止するため、ヴァチカンにいるマフィアの手下が教皇を殺害したのだ。

超保守派のカトリック教徒

ヨハネ・パウロ一世は避妊を認め、教会の莫大な財産を再分配することによってカトリックの信条に革命を起こ

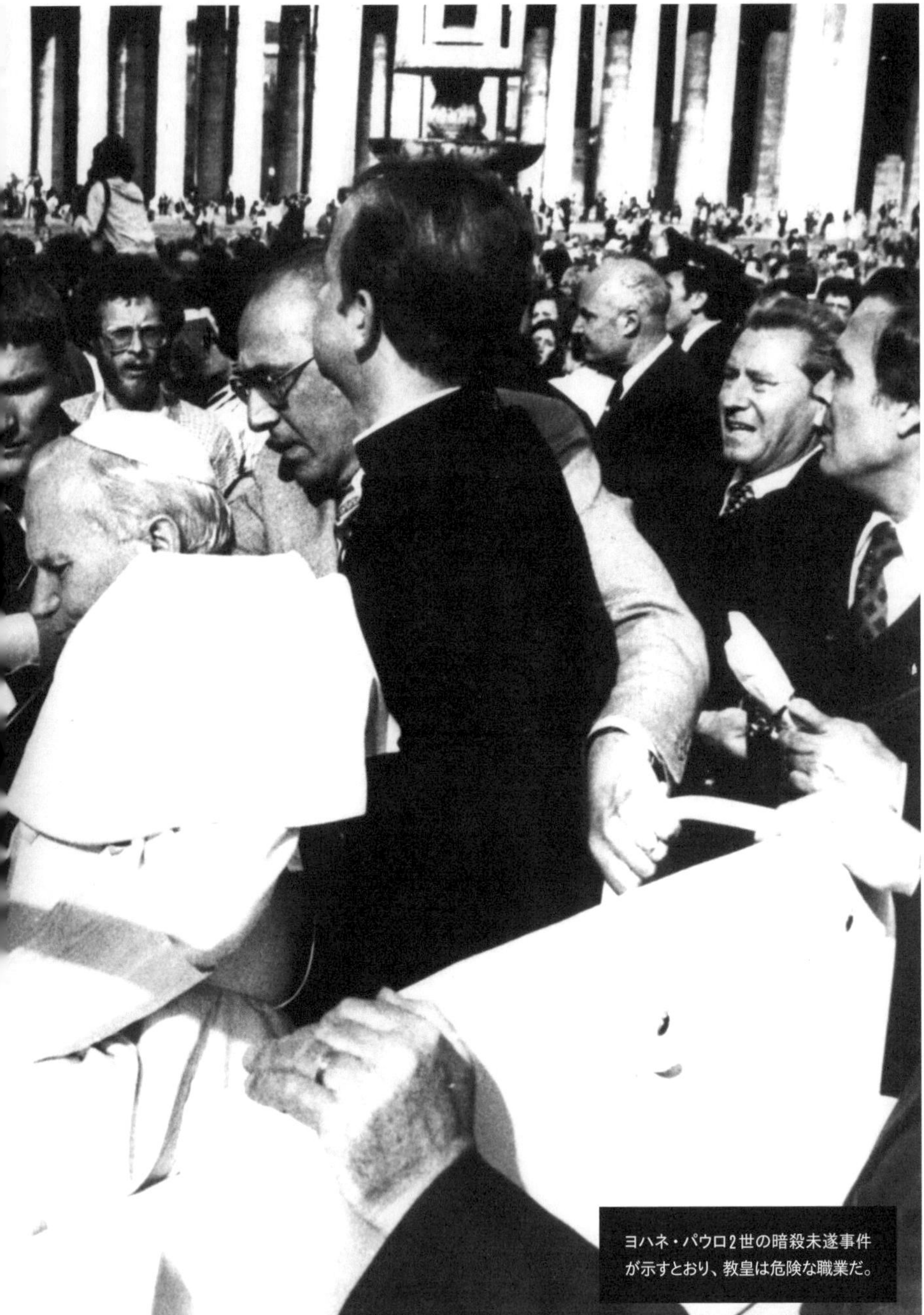

ヨハネ・パウロ2世の暗殺未遂事件が示すとおり、教皇は危険な職業だ。

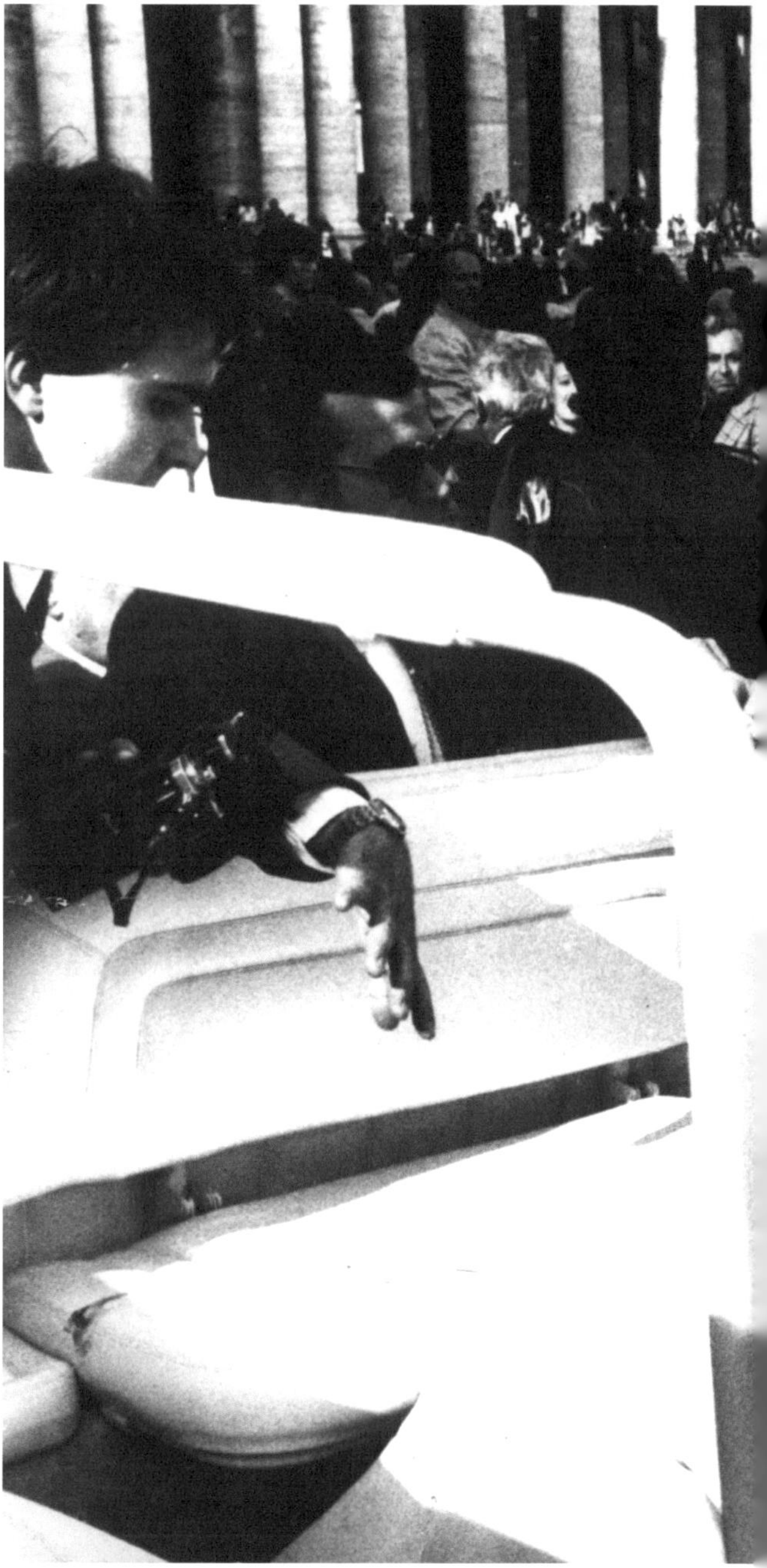

そうとしていた。これらふたつの動きに、頑強な保守派や教皇庁内部の人間は当惑した。一九七八年九月二八日、ヨハネ・パウロの死体がベッドで発見されたあと、新たな教皇が選出された。当然ながら、前任者よりはるかに保守的な教皇だった。

一風変わった黒幕説

フリーメイソン・ロッジP2

一九八二年、ロンドンのブラックフライアーズ橋にヴァチカン銀行総裁ロヴェルト・カルヴィの死体が吊るされていた。これを機に、ヴァチカン内の汚い取引が次々と暴露された。また、フリーメイソンのイタリア支部ロッジP2の権力が明るみに出た。マフィア、大司教、イタリア政治界の要人がみな、カトリック教会に活動を禁止されていたP2に所属していたため、P2がヨハネ・パウロ一世の死にかかわっていたという憶測が広まった。当時、もしP2の活動を調査していたら、組織もCIA職員等の会員も大打撃を受けていただろう。陰謀を企み実行したのは、その能力と権力だったのだから。

エイリアン

ヴァチカンはハッブル宇宙望遠鏡と直接関係があり、噂によると、ヘール・ボップ彗星が仲間のエイリアン飛行船を引き連れてきたことを知っているらしい。ヴァチカンとこの飛行船のつながりは単なる推測だが、ある報告によれば、教皇はこの一件に自らかかわっており、逐次Eメールで情報を受け取っている。ヴァチカンが地球外生命体に関心を寄せるひとつの理由は、キリストの死の象徴的意義——全人類の贖罪——がエイリアンにも適用されるかどうかを懸念しているからだ。すでに教皇の側近たちは、どんなエイリアンでもカトリック教徒に改宗すると決めている。

疑問と信憑性

だが、ヴァチカンの陰謀はヨハネ・パウロ一世の死で終わらなかった。後継者ヨハネ・パウロ二世は二度の暗殺未遂に見舞われ、東ドイツの秘密警察シュタージとの不穏な関係が浮かび上がった。一九九八年、ヴァチカンのスイス衛兵が上司アロイス・エステルマンとその妻を殺害した。ヴァチカンは狂人が起こした悲劇として片づけたが、エステルマンにはシュタージとつながっているという噂があった。さらに興味深いのは、一九八一年、彼がヨハネ・パウロ二世を銃弾の嵐から救ったことだ。となると、エステルマンを殺した犯人はヴァチカンか？ あるいは、厄介な関係が明るみに出ないよう目論んだ、教皇暗殺未遂事件の関係者だろうか？

不可解な事実

ヨハネ・パウロ一世は、夜、ジギタリス（毒）を混入されたコーヒーを飲んで死亡したとする見方もある。たしかに、部屋から最初に持ち出されたのがコーヒーカップだったとなるとかなり疑わしい。普通なら、あの朝、現場にいて、選出されたばかりの教皇の死体を託されたら、食器を洗うことなど二の次で先にやるべきことが頭に浮かんだはずだ。

疑いの目で見れば

イエス・キリストはかつてこう述べた。「金持ちが天国に行くのは、ラクダが針の穴を通るより難しい」。図書館や銀行、そして金庫に眠る秘宝まで、ヴァチカンには莫大な財産がある。だが、この日曜学校の教訓を心得ていなかったことは言うまでもない。

第三章
秘密結社

アルカイダ

今やおもな文明や権力は、敵との紛争を通してその存在を定義しなければならないように思える。人類史において、これが悲しい事実になってしまった。ソ連が崩壊したとき、西側――とくにアメリカ――の民主主義は、敵がいなくなったかのように見えた。博識者が「歴史の終焉」や揺るぎない西の時代を口にするほどだった。しかし、二〇〇一年九月一一日の朝、すべてが変わった。

午前八時四六分、最初の飛行機が世界貿易センタービルに激突し、その後、ハイジャックされたアメリカン航空七七便がアメリカの軍事を司るペンダゴンに突っ込んだ。この一時間で世界の歴史は永遠に変わり、アメリカは新たなおぞましい敵と向き合うことになった。世界貿易センタービルのツインタワーが崩壊する以前から、情報に通じた多くの解説者がテロネットワーク、アルカイダの脅威を口にしていた。これまでアメリカが受けてきた破壊的なテロ攻撃の裏にいる首謀者はアルカイダだと。

その後数日で、世界中の人々がかつてはあまり知られていなかったアルカイダとそのリーダー、オサマ・ビン・ラディンの顔を知り、恐れるようになった。たちまち、世界中に野放しになっている大規模なテロリストのネットワークが存在していることも明るみに出た。アルカイダはアメリカの経済力や軍事力の中枢を狙い、高度で緻密なテロ攻撃を実施するための巨額な資金を手に入れることができた。さらに、アルカイダとビン・ラディンはアメリカの諜報員と数年にわたりつながっていることも判明した。理由ははっきりしている。ソ連に侵略されたアフガニスタンを救うため、アルカイダが前線にいた八〇年代前半、彼らに資金援助し、戦闘訓練を提供したのはアメリカ諜報員だからである。

以前からCIAとテロリストのあいだには深い関係があった。とくに、CIA高官は詳しい情報を握っていたため、シークレットサービスはアルカイダ打倒に向けて優位な立場にいたはずだ。この利点は、アルカイダがイエメンのアメリカ大使館やアメリカ軍艦コールを襲撃した際、アメリカが責任を追及したとき最高潮に達するはずだった。だが、多くの人が驚いたことに、一九九八年から二〇〇一年、アメリカはビン・ラディンらの膨れ上がる恐怖に対してほとんど抵抗しなかった。ブッシュ家が利益を得ている石油会社など、有名なアルカイダ支持者はアメリカの会社に投資し、アルカイダのメンバーはアメリカで資金集めに専念することができた。つまり、アルカイダは世界史上ずば抜けて賢いテロ軍団だったと言える。ようするに、アメリカ政府のすぐ近くにいて、自分たちの作戦がスムーズに展開するよう支援を受けていたのである。

6回結婚したオサマ・ビン・ラディン。億万長者のテロリストだった。

奇妙な点

イタリアのジャーナリストたちは、苦戦して、二〇〇一年七月一日にオサマ・ビン・ラディンがドバイにあるアメリカの病院で長年患っている腎臓の治療を受けたという情報をつかんだ。また、入院中、ビン・ラディンを見舞ったアメリカ人がいるという目撃情報も手に入れた。見舞客のなかには、戦略上重要な湾岸国ドバイでCIAの偽装組織として動いている複数の企業と深いつながりのある人物もいた。ビン・ラディンがイエメンやドバイでテロ活動を指揮した罪で、すでにアメリカの情報機関が手配していたことを考えると、疑問が残る。なぜこの機会に確保しなかったのか？

CIA

通説の黒幕

オサマ・ビン・ラディンの死後、もはや以前のアルカイダのような組織は存在しないとも言える。現在のアルカイダは、エジプト出身のアイマン・アルザワヒリをリーダーとして、おおよそ同じ目的を掲げたさまざまなグループを示す便利な総称となっており、民衆が怒りをぶつける悪魔の名になっている。アルカイダ［基地、基盤の意］という言葉を初めて使ったのはCIAで、聖戦の戦士ムジャヒディーンのずば抜けた力を表している。ムジャヒディーンは、一九八〇年代、アフガニスタンに侵攻したロシア人と戦ったが、彼らを訓練し、武装させ、資金援助したのがCIAだった。したがって、この事実だけを考えると、アルカイダはCIAが創り出したモンスターのひとつだと断言できる。元イギリス外務大臣ロビン・クックは、不注意からか、計算してか、初めて「アルカイダ」の正確な意味を民衆に明かした。さらに、この組織を「西の情報機関が計算違いで生み出した記念品だ」と口にしたのだ。もしCIAが自分たちの戦争の犬を創り出したと主張するなら、もっと丈夫な鎖を開発するよう訓告を受けるべきである。

アルカイダがアフガニスタンでソ連軍と戦ったとき手を貸した支援者の多くは、アメリカの石油会社関連の人間だった。のちにアルカイダはアフガニスタンで行ったアヘン売買で得た大金を、アメリカの石油会社に投資した。対テロ戦争が石油価格に与える影響を考慮すると、おそらく、アルカイダと支援者の本当の目的は単純に金儲けなのだ。

おもな石油会社

サウジアラビア

オサマ・ビン・ラディンは有力でコネに恵まれたサウジアラビアの家庭で誕生した。信憑性の高い証拠が示すように、九・一一以降でさえ、サウジアラビア王家の権力者がその影響力や富を利用して、世界中にいるアルカイダのメンバーを守っている。アメリカの朋友だった時代もあるが、アルカイダはサウジアラビアが創り出した組織で、宗教の過激主義を隠れ蓑にして勢力を広げているのかもしれない。

一風変わった黒幕説

アルカイダについて詳しく調べていくと、テロのネットワークと、ＥＵ（欧州連合）加盟国——とくにドイツ——の個人、企業、情報機関があちこちでつながっていることに気づくだろう。アルカイダが世界制覇に向けてＥＵのアジェンダに潜り込み、大西洋沿岸のおもなライバル国を揺るがしている可能性もゼロではない。

ＥＵ

中国

中国中心地から離れたいくつかの省でイスラム教国家主義が広がり、成長しつつある軍事力や経済力からアメリカの目をそらそうとしたため問題が生じた。それを不安視した中国の情報機関がアルカイダに潜入し、反アメリカ組織に変えたのかもしれない。ふたつの敵が長引く戦争で出費を重ねている裏で、中国は誰にも邪魔されずに世界支配を目指しているのだ。

疑問と信憑性

アルカイダとビン・ラディン家にかかわる人々がアメリカの一部で強い権力を握っていることはほぼ間違いない。九・一一の二日後、九月一三日、すべての民間機がフライトを中止した日、あるチャーター便がフロリダを離陸した。乗っていたのはサウジアラビア王家とビン・ラディンの家族だ。当機はアメリカ軍と近しい防衛担当企業が運営する空港を離陸し、ビン・ラディンの家族には情報機関の元職員が同伴していた。つまり、ビン・ラディンの家族は敵と見なされるどころか、重要かつ大切な友人として扱われていたのだ。当局——とくにＦＢＩ——が彼らを確保するまえに、政府内の有力者がアメリカから出国させたのである。

不可解な事実

九月一一日以前、元ＦＢＩ副長官で対テロ作戦部長を務めていたジョン・オニールは、ブッシュ政権下の人間は、背後にアルカイダがいるアフガニスタンのタリバン政権と不法に交渉を行っていると主張した。さらに、アメリカの巨大石油会社がアフガニスタンを経由してカザフスタン内陸の広大な油田までパイプラインを敷設する許可を得ようとしていると報告した。だが、何の反応もなかったため、オニールは辞任した。残念ながら、彼はニューヨークで九・一一に巻き込まれて死亡した。

疑いの目で見れば

ますます信じがたいが——❶世界が狂信者であふれかえり、その一部がひそかにアメリカを憎んでいる。あるいは、❷唯一残された超大国には敵が必要だった。それが口実となり、海兵隊が海外に飛び、成敗した。うむ……。

フリーメイソン

ノックを三回……。これは、古い歴史を持ち、桁外れの成功を収めた秘密結社のひとつ、フリーメイソンの合図である。

入会を願う者は、フリーメイソンのメンバーを訪れ、三段階の申請手続きをし、三度目の申請が終わると合否が通知される。フリーメイソンへの入会は厳しく管理され、全員、自分自身がメンバーであることを認めるのは自由だが、他のメンバーの氏名、内部の儀式、決議にかんして口にしてはならない。このように、フリーメイソンは数世紀にわたり、適切と認めた人間しか入会させない。だが、いったいどんな人間が適切だと考えられているのか？

この数百年、あらゆるグループや個人が、フリーメイソンは世界制覇を目指していると考えている。メンバーには数多くの要人や影響力のある人物がいて、政治家、警察官、判事、弁護士、枢機卿、司教、メディア王、ビジネス界の著名人、セレブが含まれていることは間違いない。そのほとんどが公記録に残されている。有名な陰謀論作家ビル・クーパーは他界する前、「フリーメイソンは世界制覇に向けて戦っている主力選手だ」と熱く語っていた。また、クーパーの主張によれば、悪名高きイタリアのロッジP2はロヴェルト・カルヴィ殺害（第二章「ヴァチカン」の項参照）に関与し、ヴァチカンやCIAとつながっており、さらに、ヨハネ・パウロ二世に対し、フリーメイソンをヴァチカンの高官に就任させるよう迫ったという。クーパーは、CIA、マフィア、ヴァチカン、イギリス王室、フリーメイソンの関係を裏づける証拠をもとに見解を発表し、世界中の政界の要人にフリーメイソンの影響が及んでいることは立証できると断言した。

奇妙な点

重要かどうかはわからないが、フリーメイソンが会員以外の人を示すとき「プロフェイン（不敬な者）」という言葉を使う。つまり、メンバー以外は神聖ではないということだ。慈悲深い組織だと言われているわりにはなんとも狭量ではないか。

イルミナティ

通説の黒幕

概して、フリーメイソンは多くの神秘的な儀式を引き継いでおり、かつてのメンバーを、よく「イルミネイティド（啓蒙者）」と呼んでいた。これは、一七七六年五月一日、バイエルンでアダム・ヴァイスハウプトが正式に創設を発表したイルミナティとのつながりを裏づける際に引用される。イルミナティはおそらくこの数百年前から世界支配を企んでおり、いまも勢力を持ち続けている。フリーメイソンはイルミナ

すべての1ドル札の裏から、彼らは我々全員を監視しているのか？

ティの支配下にあるのか？

新世界秩序

メンバーに多くの有力者がいるため、一部の陰謀論者はフリーメイソンを新世界秩序の要だととらえている。新世界秩序は無宗教の中央集権国家で、技術を規制した全世界統一を目指しているのだ。

悪魔

一風変わった黒幕説

民衆の多くがフリーメイソンに向けている疑惑は、悪魔との結託だ。神秘的な像を使った儀式を隠しているため、多くのキリスト教団体がフリーメイソンは悪の力のために奉仕していると非難している。

もちろん、こうした見方を笑い飛ばすことは簡単だ。しかし、フリーメイソンが教会や大聖堂の外壁を飾るために、闇の生物や怪獣を使用する悪魔的要素は考慮しなければならない。また、さまざまな礼拝の場を建設するあいだ、明らかにキリスト教とは違う儀式が見られる。

創設当初のフリーメイソンは、生贄にした人間の血をモルタルに混ぜ、建設する建物の耐久性を願った。初期に行った起工や定礎の儀式のほとんどは人間の代わりに動物の生贄を使っていたが、なんと一八世紀までは教会の壁や土台に人間の死体を埋め込んだ例もあるのだ。

実際、人骨等が発見されている。たとえば、スコットランドのカークーブリにある教区教会、デヴォンのホルズウォージー教区教会、リンカンシャーにあるウィッケンビー教区教会の土台だ。

疑問と信憑性

フリーメイソン元第三三階級のジム・ショウが著書『恐るべき策略 The Deadly Deception』で明かしたように、一部ではフリーメイソンの最高幹部と見なされても、ピラミッド式階級で管理されている広義のフリーメイソンでは下層に位置するようだ。ショウはフリーメイソンで高位に就いているあいだに確証を集めた。それによると、ブラザーフッド［フリーメーソンなどを傘下とした悪魔崇拝の秘密結社イルミナティの別名と言われる］を支配していると自負するメンバーさえ知らなかったが、もはやブラザーフッドの地位は高まり、事実、フリーメイソンを裏で操っている最強の集団なのである。

不可解な事実

フリーメイソンがブラザーフッドの起源は古代エジプトにあると主張しているのは事実だが、テンプル騎士団の儀式がフリーメイソンの儀式に大きな影響を与えたことは間違いない。しかし、フリーメイソンが行う儀式の要素は、自身の感情やエネルギーをコントロールして神秘的な偉業を達成できるよう考案されており、はるか昔に立ち戻っているように思える。

疑いの目で見れば

フリーメイソンのメンバーのほとんどが尊敬すべき立派なプロフェッショナルやビジネスパースンで、公私ともに忙しい生活を送り、毎年、慈善事業に寄付している。また、フリーメイソンはすべての宗教に門戸を開いているため、聖職者や司教代理も大勢いる。これだけ多くの気品ある人間が実際に悪魔のために働いているとは思えないし、学校の慈善バザーに協力することが直接、邪悪な力の利になっているとは想像できない。他のことはさておき、メンバーが闇の力に気に入られるために協力する理由がない。ほとんどのメンバーは入会するまえからすでに成功を収めているのだ。フリーメイソンは世界最古、かつ、もっとも成功を手にした秘密結社のひとつであると同時に、陰謀論者からもっとも非難を浴びている組織だ。いちおう、慈善事業、人類愛、真実の追究に尽力する組織なので、いささか不当な批評かもしれない。とはいえ、著者の私がフリーメイソンのメンバーかどうか、読者のみなさんにはわからない……でしょう?

バイエルンのイルミナティ

アダム・ヴァイスハウプトは、一七四八年二月六日、ドイツのインゴルシュタットで生まれた。イエズス会で学び、一七七五年、二七歳でインゴルシュタット大学の自然法及び教会法の教授となり、一七七七年、ミュンヘンにフリーメイソンのロッジ「テオドール・オブ・グッド・カウンシル」を創設した。

ヴァイスハウプトは国際的な人物で、当時の聖職者がこだわる迷信を軽蔑していた。そして、不正に立ち向かおうとしてイルミネイティド（啓蒙的な）組織を立ち上げた。これがのちの一七七六年五月一日、「バイエルンのイルミナティ」創設につながるのだ。

もともと「完璧主義者組織」と呼ばれ、目的はメンバーが「至高の倫理と美徳を得るために、そして、道徳悪がはびこるのを阻止すべく善人が作る団体によって世界改革に向けた土台を築くために」結束することだった。

アダム・ヴァイスハウプト。1776年5月1日にバイエルンのイルミナティを創設したと言われている。

Das
verbesserte System
der
Illuminaten
mit allen
seinen Graden und Einrichtungen.

Herausgegeben von
Adam Weishaupt
Herzoglich Sachs. Goth. Hofrath.

Hic situs est Phaeton, currus auriga paterni:
Quem si non tenuit; magnis tamen excidit ausis.
Ovid. Met. B. 2.

Neue und vermehrte Auflage.

Frankfurt und Leipzig,
in der Grattenauerischen Buchhandlung. 1788.

新メンバーを募る初期のポスター

ヴァイスハウプトが、フォン・クニッゲ男爵、クサーヴァー・ツヴァイク、バッソス男爵など有力者と協力して組織を作ると、これが広く知れ渡り、まもなくメンバーは二〇〇〇人に達した。イルミナティのロッジはフランス、イタリア、ポーランド、ハンガリー、スウェーデン、デンマーク、ベルギー、オランダに設置されたが、バイエルン政府は一七八四年六月二二日に活動禁止令を出し、翌年三月と八月にも再び規制した。同一七八五年、ヴァイスハウプトは教授職を剝奪され、バイエルンから追放された。

いちど禁止令が出されたあと、イルミナティは勢いを失い、一八世紀末には完全に姿を消したかに思えた。一七八六年、政府は不法にクサーヴァー・ツヴァイクの自宅を襲撃し、押収した資料を結社鎮圧のために利用した。詳しく調査している解説者のほとんどが、この衰退を見た目どおりにとらえている。ブリタニカ百科事典もかろうじてイルミナティに触れているだけで、歴史的資料を見ても、大部分がこの団体は重要視する必要がないと判決を下した訴訟を支持している。いっぽう、イルミナティがフリーメイソンに溶け込んだとする説もある。まさにガン細胞が健康な体をむしばんでいくように浸透していったのだ。以来、イルミナティはフリーメイソンのなかにとどまり、権力を得て世界を操っているという。

奇妙な点

一九〇六年、ロンドンの大英博物館が『シオン賢者の議定書』と呼ばれる文書の写しを受け取った。これは一七七六年にバイエルンで作成され、弁護士兼作家のモーリス・ジョリーが一八六四年に執筆した作品『『マキャベリとモンテスキューの地獄での対話』』の一部に使われている。大英博物館が受け取った文書はロシア語で書かれていた。資本主義を説いたアダム・スミスの『国富論』、及び、アメリカ独立革命時に出された民主主義の独立宣言が同じ一七七六年に書かれたのも興味深い。ヴァイスハウプトは神秘的な黒装束の男で、アメリカ政府に独立宣言の草稿を進呈したと言われている。また、噂によると、ツヴァイクの自宅が襲撃された理由は、一七八四年、偶然、当局がある文書を発見したからだった。それはフランスのイルミナティのリーダー、ロベスピエール宛で、一七八九年にフランス革命を先導する手順が書かれていたのだ。だが、警告は無視され、革命は予定どおり開始された。

通説の黒幕

目的を達成するため、フリーメイソンは真のゴール――世界の全政府を一掃し、宗教を系統立て、平和と自由を普及させること――を隠しておかなければならないと悟っていた。そこで、自分たちに次々と向けられる疑惑をかわすため、また、悪事や欠点に対する批判や暴露話に対処するため、苦情処理組織としてイルミナティを創設した。これが二世紀ものあいだうまくいっている戦略なのだ。

ロバート・シェイとロバート・アントン・ウィルソン

一風変わった黒幕説

一九七〇年代、ロバート・シェイとロバート・アントン・ウィルソンは『イルミナティ三部作 The Illuminatus! Trilogy』を出版した。かつてない壮大な陰謀論をフィクションに仕立て、じつはイルミナティを根こそぎ暴露した小説だ。同書によってイルミナティが民衆の頭に蘇った。むろん、同書を優れたフィクションにすぎないと思う人はいない。また、ロバート・アントン・ウィルソンがイルミナティの現リーダーだと思う人もいないだろう……。いや、はたしてどうだろうか?

疑問と信憑性

一九〇二年、フリーメイソンのメンバー、イギリスの検死官ウィリアム・ウェストコットは同じくフリーメイソンのメンバー、テオドール・ロイスから「完璧主義者組織」、つまり、バイエルンのイルミナティへの入会を許可されたと記録している。同様に、オカルティストのエリファス・レヴィは、一九一三年、バイエルンのイルミナティとフリーメイソンに関係があることを裏づけている。

不可解な事実

イルミナティの錚々(そうそう)たるメンバーのリストには、コンスタンツォのサンジェルマン侯爵という名も載っている。おそらく、サンジェルマン伯爵のことだろう。世界でたったひとり、真の不老不死だといわれている人物だ。中世を通して、魔術師、錬金術師、賢者として、あちこちに姿を見せた神出鬼没の男。世界で大成功を収める秘密結社を設立するのに、彼ほど力を発揮できる人がいるだろうか?

疑いの目で見れば

今のところ、どんなに調べても、イルミナティが短命に散ったバイエルンの秘密結社だったということ以外、確かな証拠はひとつもない。あるのはたくさんの噂だけだ。もし『イルミナティ三部作』が出版されなかったら、バイエルンのイルミナティは今や歴史の片隅に忘れられた存在だっただろう。

クー・クラックス・クラン

とんがり帽子をかぶったいたずらっ子さながらのＫＫＫ（クー・クラックス・クラン）は、一八六五年のクリスマスイヴ、テネシー州プラスキーで誕生した。当初は、アメリカ南北戦争を終えて不満を抱いていた連合国の退役軍人が集まった小さな集団だった。

スコットランドの伝統を受け継ぎ、昔ながらの教育を受けた彼らの組織名クー・クラックス・クランは、ギリシア語で絆や輪を意味する「キュクロス」にスコットランドの一族を示す「クラン」を足したものだ。十字架を燃やすことはキリスト教の伝統に対する冒瀆だとして批判を浴びてきたが、実際、けっしてそういう意味合いはない。むしろ、昔は「火の十字架」と呼ばれ、スコットランド高地人が敵と戦う戦士を奮い立たせるまじないだった。

通説によると、ＫＫＫは一九二〇年代の終わりに向かって台頭し、やがて、大恐慌の波に呑まれて一気に勢力を失ったとされている。これは本当なのか？　いや、違う。結局、おかしな衣装をまとい、場所を問わずに燃える十字架の周りで踊っても品格を下げるだけだと気づき、さらに邪悪で恐ろしい組織へと進化していったのだ。ＫＫＫのような考えかたをする人間は、単に自分たちのクラブが低迷したからといって消えたりはしない。逆に、新たな抜け目ないメンバーたちが、立派なスーツを着て笑顔をたたえるようになったのだ。

一九二〇年代から三〇年代にかけて、先任上院議員ロバート・Ｃ・バードなどがＫＫＫを率い、最高裁判所裁判官ヒューゴ・ブラックとともに、「エグザルティド・キュクロプス（高貴なひとつ目の巨人）」という浅はかな肩書きの高位に就いたことを喜んだ。他の上院議員メンバーには、セオドア・G・ビルボー（ミシシッピ州）、ライス・W・ミーンズ（コロラド州）、ジョージ・ゴードン（テネシー州）、ジョン・タイラー・モーガン（アラバマ州）、エドマンド・ペタス（アラバマ州）、ジョン・ブラウン・ゴードン（ジョージア州）もいる。さらに、高位には州知事もいて、エドワード・L・ジャクソン（インディアナ州）、クラレンス・モーリー（コロラド州）、ビブ・グレイヴス（アラバマ州）、クリフォード・ウォーカー（ジョージア州）が名を連ねた。全員、地元では最高幹部の称号「グラン

KKKの燃える十字架と帽子をかぶったメンバーの姿は、アメリカ全土の少数民族に恐怖感を植え付けている。

ド・ウィザード」などの役職名で知れわたっていた。不穏なのは、ずっと消えることのない、事実に基づいた推測だ。ウォレン・ハーディング、ハリー・トルーマン、寡黙なカルヴィン・クーリッジら大統領三人も正体不明の新設KKKに所属していたという。

一九三〇年代から四〇年代前半にかけて、KKKはアメリカにいるドイツ政府の人間やナチスと偽の同盟を築いていた。おもな連絡を担当したのはアメリカに派遣されたドイツ特使で、ハインツ・スパンクノベルという変わった名前だった。陰謀論者たちはある程度の根拠をふまえて主張している。KKKとドイツ系アメリカ人協会は前述の政治家たちに圧をかけ、第二次世界大戦への参戦を遅らせたのではないか。この流れはここで終わらない。ルイジアナ州議会議員デイヴィッド・アーネスト・デューク(一九五〇年生まれ)は一九八八年の大統領民主党予備選に立候補し、一九九二年には進路を変えて共和党予備選に立候補した。一九七〇年代半ば、KKKのネットワークを支配していたころには、国の支配者として知られるより、どちらかといえばグランド・ウィザードとして知られたほうが嬉しいと語っている。そして、今こそKKKは「牧草地から抜け出してホテルの会議室に進出すべきだ」と公言したのだ。

奇妙な点

予想どおり、カルヴィン・クーリッジ大統領の擁護者は大統領がKKKのメンバーだったことはないと断言した。公平を期すれば、クーリッジの発言の多くは彼らの弁護内容と一致している。だが、ここでもまた、こうした発言は民衆に向けたものにすぎなかった可能性がある。もしクーリッジがKKKのメンバーでなかったとしたら、なぜ、一九二五年、彫刻家ガットスン・ボーグラムにワシントン、リンカーン、ジェファーソン、テディ・ルーズヴェルトの巨大な顔をラシュモア山に彫らせたのだろうか? 通説では、ボーグラムは一九一五年、ジョージア州のストーン・マウンテンに彫刻を施し、第二期ＫＫＫ創設の準備を整えたと言われている。同年、Ｄ・Ｗ・グリフィスが制作したＫＫＫびいきの映画『國民の創生』発表に鼓舞されてのことだった。また、周知のとおり、ボーグラムはストーン・マウンテンに巨大なＫＫＫの祭壇を彫ることを引き受け、一九二五年、「ＫＫＫ帝国評議会」の座に就くナイト六人のうちのひとりに選ばれている。となれば、クーリッジが、ボーグラムに仕事を依頼したら、国の記念碑に消せない汚点が残ると考えなかったのはおかしい。

CIAとFBI

通説の黒幕

ＫＫＫは人気のあった黒人の政治的リーダー、マーティン・ルーサー・キングやマルコムＸの殺害との関与が噂されてきた。ふたりともＫＫＫがアメリカに描くヴィジョン――つまりＣＩＡやＦＢＩの多くが描いているヴィジョン――にとって脅威だったからだ。キングが抱いた平和的な人種統一の夢も受け入れがたかったが、あらゆる点で黒人は白人より勝っているとするマルコムＸの見解は大きな波紋を呼んだ。ふたりはＫＫＫが理想とする黒人像に反論したため殺害されたのだ。キング暗殺はＫＫＫとＦＢＩの関与がとりわけ濃かったようだ。キングが死亡する前、ＦＢＩは公然とＫＫＫのメンバーを採用していた。

極秘任務の人種戦争

ＫＫＫは黒人やユダヤ人と直接対峙する人種戦争にかかわり、アメリカ政府の極秘任務を請け負ってＡＩＤＳウィルスを作り、ばらまいた。また、ＺＯＧ（シオニスト〈ユダヤ人〉占領政府）にかんする偽の陰謀論を広めたと考えられている。つまりユダヤ人がアメリカを乗っ取ろうとしていると吹聴したのだ。こうした噂がアメリカの真の敵から注意をそらす役目を担っている。真の敵とは、陰の政府とその秘密工作員である。

新世界秩序

一風変わった黒幕説

ＫＫＫは新世界秩序の隠れ蓑なのかもしれない。ひそかに新世界秩序の計画を着々と進めつつ、表面上は新世界秩序のあらゆる影響と戦うふりをしている。たとえば、ＫＫＫはブラック・ヘリコプターにもかかわっているらしい。民衆のパニックをあおり、人種間の緊張を高めようとしているのだ。

アメリカ政府

最近、アメリカ政府は自由主義を掲げているにもかかわらず、企業、政府、軍事関係の多くのリーダーがいまも上辺はＫＫＫと同じ保守的な姿勢を好んでいる。武器や極秘の政治支援だけでなく、資金もＫＫＫに流れているかもしれない。これは最高幹部だったデイヴィッド・デュークの政治生命を見ればわかる。彼はＫＫＫを去ったあと、上院、下院選挙等で落選した。

その他の黒幕説

バイエルンのイルミナティ、緑龍会（日本の秘密結社）。

疑問と信憑性

憎むべき組織が許されない時代にＫＫＫが存在し続けるのは、アメリカ政府と深く結び付いているからだろう。

アメリカ合衆国憲法では全国民の権利として言論の自由を保障しているが、これはアメリカ政府が過去に保障したことがあるというだけで、時と場合によっては無視される（たとえば、マッカーシー時代の赤狩りのように）。KKKは今も生き残り、ゆえに、現代社会でいったい誰がその利益に目を光らせているのか、疑問が湧き上がっている。

不可解な事実

ウッドロー・ウィルソン大統領はKKKのメンバーだったのではないかと長年疑われている。あるいは、少なくともかなり近しい存在だったのではないだろうか。一九一五年、ウィルソンの個人的な希望で、D・W・グリフィス監督の『國民の創生』がホワイトハウスで上映された。ホワイトハウスで映画が上映されたのはこれが初めてだった。夜間、精力的に活動するKKKを讃えたこの無声映画は、ウィルソンの親友であり政治的同志でもあったトマス・ディクスンが同趣旨で書いた小説『クー・クラックス・クラン——革命とロマンス』〔奥田暁代・高橋あき子訳、水声社、二〇〇六年〕が原案となっている。グリフィスの声なき叙事詩にはウィルソンの言葉をスチールで引用した場面もある。彼の擁護者からすれば我々全員に忘れてほしい言葉だ。「白人はただ自衛本能によって目覚めた。ついに南部を守るため、真の南部帝国、偉大なるクー・クラックス・クランが立ち上がったのだ」。そう、KKKの触手はあらゆるところに行き渡った。そして今も存続している。

疑いの目で見れば

人種嫌悪の根底にある無知無学を説明するのに陰謀などいらない。人類学の授業はKKKに人気がないはずだ。人類学によれば、我々の祖先は黒人である可能性がかなり高いのである。燃える十字架をかざすパフォーマンスもこれでは勢いが萎えてしまうだろう。

マフィア

二〇世紀を迎えて以来ずっと、マフィアはアメリカ地下社会において犯罪組織の中枢であり続けている。いまもアメリカだけでなく、イタリア、南フランス、ドイツ、ロシアで活動中だ。

マフィアが存在し、売春から不法賭博、麻薬取引、暗殺、奴隷制度まで、あまたの犯罪行為をしていることは疑う余地がない。あまり知られていないのは、マフィアが統制された一巨大組織だということである。

マフィアが誕生したのは九世紀のシチリアだ。当初のマフィアは何より忠誠心を重んじ、文化、家族、遺産を大事にしていた。メンバーはシチリア人に限定され、組織の目的はメンバーの利益を守ることだった。その後数世紀のうちにマフィアの信条は変わり、大切なのは各個人の正義、復讐、名誉となり、政治家として責任を果たすことではなくなった。とはいえ、政府はたびたび潜入者によって支配されていた。秘密は伝統ある『沈黙の掟』によって厳守され、組織の信頼を裏切った者は自らの死で償った。

一八世紀前半、マフィアは公然と罪を犯し始め、金は裕福なシチリア人からゆすり取った。シチリアの市民は極悪組織の実態を目の当たりにした。すぐに現金を用意できなければ、放火、誘拐、殺人が待っていた。

マフィアは一九世紀前半からアメリカ（とくにニューオーリンズ）でも活動するようになった。新世界で大金が手に入るという噂はたちまちシチリアに渡り、マフィアは急成長していった。一九二四年、ムッソリーニがイタリアとシチリアのマフィアを弾圧すると、多くのメンバーがアメリカに飛んだ。禁酒法時代に暴利をむさぼって以来、マフィアはアメリカの政治、司法、財政機関に多大な影響を与え続け、莫大な利益を手にしている。

奇妙な点

一般に、アメリカのマフィアはライバル同士のギャングの寄せ集めで、家族単位で構成され、互いに憎み合っていると考えられている。しかし、これは事実とは程遠いかもしれない。たしかに別グループのマフィアが争ってはいるが、二四ある組織のボスが「コミッション」という全国委員会を定期的に開いている。この会合で、縄張りやビジネスについて話し合い、その先数か月の方針を決める。「コミッション」は政府機関、とくにＣＩＡと、互いのプラスになるよう活動範囲について交渉している可能性もある。

ネットワーク

通説の黒幕

世界のおもな犯罪組織は最大限の利益を享受するため、チームを組んでいる。合法で運営している大企業しかり、犯罪帝国も協力して活動すれば儲けを増やせるのだ。マフィアは香港の三合会、日本のヤクザ、麻薬カルテルと手を組んでいる。ネットワークとして知られるこの同盟は、ジャマイカの犯罪組織ヤーディやアルジェリアの奴隷売買人など、底辺層も受け入れている。それぞれの組織がそれぞれの資財を巧みにコントロールできるため、連携したほうが持ちつ持たれつの関係が強まるのだ。たとえば、アメリカのマフィアは、必要とあらば、アメリカの銀行、法執行機関、司法システムへのアクセスを担当する。

既存政府

実際のところ、政府と犯罪組織はどう違うのか？　税金と見かじめ料［マフィアに支払う場所代や用心棒代］は似たようなものだ。犯罪組織が多くの一般市民を犠牲にすることもまずない。逆に、アメリカがヴェトナム対して、また、ロシアがチェチェン共和国に対して行ったことを考えてみてほしい。一部の陰謀論者によると、事実、既存政府が権力を振るい、マフィアを操っている。そうでなければ、犯罪社会を統制できないだろう。

複数の教皇がマフィアの『沈黙の掟』に最後の最後まで従った。

フリーメイソン

一風変わった黒幕説

マフィアはヴァチカンでひそかに活動するロッジP2を通して、長きにわたりフリーメイソンと深い関係を築いてきた。ロッジP2はヨーロッパで最強の力を持つフリーメイソンの集団だと言われている。聖職者一〇〇人以上がフリーメイソンのメンバーだと判明したとき、ヨハネ・パウロ一世はヴァチカンからフリーメイソンを一掃しようと決意した。そして、暗殺された。犯人はマフィアだと考えられている。近年、マフィアが情け容赦なく成長しているのはフリーメイソンの力によるものなのか？　たしかに、どちらのメンバーにも多くの裁判官や警察官がいる。

疑問と信憑性

マフィアの蔓延はじつに驚異的だ。アメリカではマフィアと政府要人が、イリノイ州を拠点とする銀行を犯罪企業として確保し、マネーロンダリングを行っている。この銀行はマフィアと関係があるとされるカトリック大司教、同州シセロ生まれのポール・マルチンクスが経営していた。マルチンクスは一九八九年までヴァチカン銀行総裁を務め、ＣＩＡの闇予算を仕切る議会議員と結託していた。

この一件を詳しく調べたドキュメンタリー番組が作成されたが、放映されるまえにアメリカの法執行官が制作者を脅し、家族が嫌がらせを受け、ひとりが不法逮捕された。

不可解な事実

マフィアは陰謀論を固く信じている。なかには、もともとマフィアは謎めいたポテーレ・オカルト、つまり、陰の力と戦うべくして結成されたと主張する者さえいる。彼らは陰の力が世界にはびこっていると信じているのだ。

疑いの目で見れば

犯罪組織は犯罪組織でしかない。むろん、マフィアが避けたいのは、日々、政府とやり合う些細なごたごただ。まあ、すでにマフィアのドンに雇われている政治家はごまんといるのだから、問題はない。

MJ12

一九四七年、今やすっかり有名となった事件が起こった。エイリアンの乗った宇宙船がニューメキシコ州ロズウェルに墜落し、アメリカ陸軍がその飛行体の残骸とエイリアンの死体数体を保管しているという。

ロズウェル空軍基地はこの発見を世界に発表したが、三日後、撤回した。ハリー・トルーマン大統領がオーソン・ウェルズの有名なラジオ番組『宇宙戦争』が引き起こしたパニックを思い出し、好奇心旺盛な市民に対して情報提供を控えるよう指示したのだ。大統領は軍事、戦略、科学のアドバイザーを集めて一二名のグループを作り、残骸の調査を進めさせた。このグループは超極秘組織として認定され、マジェスティック・トゥエルブ、略してＭＪ12と命名された。宇宙船はネヴァダ州ウォータータウンにある極秘試験地区に送られ、現在、ここはエリア51として知られている。

以来、ＭＪ12は数多くのプロジェクトを監督してきた。一九五三年と一九五四年には、アイゼンハワー大統領がＭＡＪＩ（統合情報局）の後援のもと、ＵＦＯを調査するプロジェクト・グラッジを立ち上げた。この計画はＭＡＪＩの機密取り扱い許可を得ている。つまり、極秘中の極秘なのだ。

ＭＪ12の仕事はアメリカ政府とエイリアンに契約を結ばせ、技術にかんする情報を提供してもらう代わりに動物や人間の実験を許可することだった。また、エイリアンの存在にかかわる全情報、及び、プロジェクト・ガーネットと名づけられた実験の証拠を隠蔽する仕事も請け負った。さらに、プロジェクト・デルタを立ち上げ、エイリアンの証拠を徹底的に隠蔽するチームを雇った。こうして生まれたのが、UFO目撃者に黙っているよう脅す、いわゆるメン・イン・ブラックだ。

奇妙な点

ある日、突然、著名なUFO研究家の自宅ポストに未現像フィルムが届いた。そこには大統領に提出する予定だったMJ12にかんする情報が収められていた。多くの人は深く考えもせず偽物だと決め付けた。しかし、この『MJ12文書』の内容を突き詰めてみたところ、偽物として捨て去ることができなくなった。MJ12創設時のメンバー一二名が会合を開ける数少ない日取りを特定していたのだ。悪ふざけでは知りえない細かな情報だった。

通説の黒幕

アメリカ軍

MJ12を支援しているのは、つねに実利を求める組織として知られるアメリカ軍である。エイリアンを歓迎してはいないだろうが、現状は変えられないと認めているのだろう。MJ12はエイリアンと戦う武器の開発を続けるいっぽうで、侵略者に好き勝手をさせぬよう自らの責任を果たすことに専念した。人間が誘拐されたりUFO研究者が殺されたりするほうが、全人類が奴隷になるよりましだ。

MAJESTY

MJ12には主導権がまったくない。怪しげにその上に立つのはMAJESTY（マジェスティ）としても知られる

ＭＡＪＩ（統合情報局）委員会で、大統領と諜報機関の上層部が成す合同協議会である。ＭＪ12は
ＭＡＪＥＳＴＹの顧問グループでありながら、上部組織の正体は把握していない。ＭＪ12にかんする情報は公開されているが、それは真実をヴェールに包み、ＵＦＯ調査のプロジェクト・グラッジを進行するＭＡＪＥＳＴＹ／ＭＡＪＩ委員会の実情をぼやかすために流布されているのだ。

一風変わった黒幕説

先住種族

ＭＪ12とＵＦＯの話は巧みに創られた似非物語だ。近年、人類は科学的な発展を遂げたが、この発展をもたらした真の源から注意をそらすために編み出されたのである。じつは、現在ある技術は、地球規模の大災害によって絶滅した高尚な先住種族の遺物から復活させたものなのだ。陰謀の裏にいる者は真実を覆い隠そうとしている。彼らが突き止めたのは、人類の起源と、そして、我々がいつか先住種族と同じ運命をたど

UFOの証拠はいつも突然現れる。MJ12はエイリアンの地球における活動を隠蔽しているのだろうか？

るという事実である。

疑問と信憑性

国防長官ジェームズ・フォレスタルはＭＪ12のオリジナルメンバーだと言われていた。ロズウェル事件後まもなく精神を患ったようだが、病院の一六階の窓から飛び降り自殺をしたという報道を信じる陰謀論者は少ない。とりわけ、彼の日記が政府に押収され、五〇年たったいまも機密扱いにされているのだから、なおさらである。

不可解な事実

ＭＪ12と契約を交わしたとされるエイリアンは、数千年にわたって人類を遺伝学的に研究してきたという。エイリアンがイエス・キリストを創り、歴史のどの時点でも画像が得られるタキオンスキャナーで磔刑を録画してあるとも言われている。このタイムトリップ映像は、エイリアンが地球にカオスをもたらしたいときに備え、出番を待っているのだ。

疑いの目で見れば

ＭＪ12や一連のプロジェクトにかんする資料はたまに見つかっているが、ほとんどの証拠に誤りが含まれている。情報が漏れたときのダメージを軽減するためにわざと疑わしく作成したという説もあるが、実際、書き手はそこまで手の込んだ策略が必要になるとは予測すらしていなかったのではないだろうか。

オデッサ

無数の戦争映画や企業に支配されたメディアによってイメージが定着したため、一般に、第二次世界大戦が幕を閉じたとき、連合軍がナチスを完膚なきまでに叩きのめしたと信じられている。

悪魔は敗北し、二度と起き上がることはなかった。いや、もしかすると多くのナチスが連合軍の手を逃れただけでなく、事実、彼らに救われたのか？　第三帝国が今も世界に影響を及ぼしている可能性はあるだろうか？　元ナチス親衛隊の逃亡を手助けする組織、オデッサにまつわる諸説によると、答えはイエスだ。

第二次世界大戦のさなか、風の流れを察した多くのナチス（オットー・スコルツェニー、ラインハルト・ゲーレン、マルティン・ボルマンらも含まれる）は、自分たちが確実に生

テキサス州アメリカ陸軍基地フォートブリスに集まったドイツ人ロケット科学者104名。ヴェルナー・フォン・ブラウン、ルートヴィヒ・ロートも写っている。

き残れる道を進み始めた。このとき、いわば救命ボートの役割を果たしたのがオデッサだった。

オデッサは三派に区分できる。ひとつめはスコルツェニー率いる派で、ナチスの要人をインドネシアや南アメリカなど世界中の安全な避難場所に密出国させるシステムを構築した。ふたつめは、第二次世界大戦中、ナチス諜報機関の長を務めたゲーレンの発案で結成されたナチスのスパイ組織であり、ミュンヘンに本部を設立し、やがて「ザ・オルグ」と名乗るようになった。三つめは、おそらくナチス存続においてもっとも重要な仕事を担当したグループだ。盗んだ金(かね)や金(きん)を、崩壊したドイツから運び出したのである。スコルツェニーはこの作戦にも携わった。

しかし、こうした壮大な計画は、犯人がどんなに賢く無慈悲でも助けがなければ成功しなかったはずだ。ここでオデッサにかんする話がいっそう闇深くなる。どうやら、救いの手を差し伸べたのはアメリカなのだ。事実、ナチスの介入がなかったらCIAは存在しなかったし、NASAも月面着陸を果たせなかったと言われている。

おそらく、ナチスの夢は消えていなかった。ただ、やりかたを変えただけなのだ。

奇妙な点

連合軍に捕らえられたオットー・スコルツェニーはナチ戦犯として裁判にかけられるはずだったが、出廷しなかった。一九四八年、アメリカ人が脱走を幇助したのだ。

OSSとCIA

通説の黒幕

戦後、アメリカOSS（戦略諜報局）のアレン・ダレスはラインハルト・ゲーレン率いるスパイ組織と契約を交わした。ナチスを雇うのは違法とするアメリカの法を堂々と破ってのことだった。アメリカの税金を使って（一億ドルと言われる）、ゲーレンはナチススパイの輪を磨き上げ、ゲーレン機関を創設した。また、のちの一九四七年に新設されたCIAで長官を務めるアレン・ダレス［在任は一九五三～六一年］と結託し、アメリカ国内外の政策を操作できる立場を手に入れた。

アメリカ政府

アメリカ政府は自国の計画のために第三帝国のドイツ人科学者を誘拐しようと企んだ。この悪名高きペーパークリップ作戦のもと、不正で非道な行為がいくつも実施された。アメリカの法を破ってどこよりも恩恵を受けたのはNASAだ。NASAは恐るべきV2ロケットを開発したヴェルナー・フォン・ブラウンの頭脳を手に入れ、宇宙開発計画に利用したのである。

新世界秩序

一風変わった黒幕説

ナチス政権は新世界秩序の先駆者だったのかもしれない。ヒトラーが複数の組織の協力を得て世界征服を目指していたのだ。しかし、ヒトラーは精神的にかなり不安定で、不名誉な自殺を遂げて権力の座から消えたため、第三帝国はあっというまに崩壊した。そこで、新世界秩序の背後にいる暗黒の力が、夢を実現する機会を待ちながら鎮座し、忠実な僕(しもべ)たちが仕事を進められるよう措置を講じたのである。

疑問と信憑性

アメリカ軍に捕らえられたあと、ゲーレンは自分の釈放と引き換えに、ナチス諜報員が集めたロシアの全データを収めたマイクロフィルムを渡すと申し出た。アメリカは取引に応じ、ゲーレンをナチス捕虜のリストから削除した。

不可解な事実

アレン・ダレスの兄ジョン・フォスター・ダレスはアイゼンハワー大統領政権下の国務長官であり、ＩＧファルベン・インドゥストリー社でアメリカ側の連絡係も務めていた。同社は化学産業トラストで、ナチスを支援していただけでなく、アウシュヴィッツ内にも工場を持っていた。ＩＧファルベンが製造したツィクロンB結晶はアウシュヴィッツのガス室で使用されたのだ。

疑いの目で見れば

戦後の報復を逃れたナチスはもはや自分たちの組織を必要としていなかった。欲しかった援助は、ロシア人、アメリカ人、イギリス人、ヴァチカンの要人からすべて手に入れていたからだ。それなのに、自身の「秘密結社」を、「元親衛隊のための組織」を意味するドイツ語の略語、オデッサと呼ぶだろうか？

定説によると、オデッサは自称ナチハンターのサイモン・ヴィーゼンタールが作り上げた架空組織らしい。ようは、できるだけ寄付金を手に入れようとした年配詐欺師が生み出したお化け組織でしかない。ヴィーゼンタールは一二〇〇人以上のナチ戦犯を追跡したと主張したが、実際は十数人だった。それも、ヒトラーのグロテスクな曲芸団からすると下っ端の団員ばかりだった。

つまり、こういうことだ。二〇〇七年、第二次世界大戦研究家のイギリス人ガイ・ウォルターズが『ナチ戦争犯罪人を追え』［高儀進訳、白水社、二〇一二年］の執筆のため調査を行ったところ、サイモン・ヴィーゼンタール・センターにある最重要指名手配者リストの七番目にエルナ・ワリッシュという名前を見つけた。ウォルターズはかつてラーフェンスブリュック強制収容所の看守をしていたワリッシュを、何げなくウィーンの電話番号帳で調べたところ、すぐ見つかり、難なく彼女と会い、コーヒーを飲みながらインタビューを行った。ワリッシュの名前と住所は、自宅アパート区画の入り口に貼られた住民リストにも載っていたという。

テンプル騎士団

テンプル騎士団は一一二〇年ごろエルサレムで誕生した修道士結社で、ヨーロッパから聖地を訪れる巡礼者たちを守る役目を果たした。

フランスの騎士九人によって創設されたテンプル騎士団の正式名称は「キリストとソロモン神殿の貧しき戦友たち」である。創設から数十年後には存在感を増し、教皇やヨーロッパで結束した君主たちから支援を受けるキリスト教結社となった。

テンプル騎士団の後援者であり、メンバーが従う掟や清貧の誓いを考案したのは、シトー会修道院長クレルヴォーの聖ベルナルドゥスで、全キリスト教徒の代弁者であり、「第二の教皇」と呼ばれていた。メンバーの清貧の誓いと、護衛した巡礼者から受けた寄付のおかげで、テンプル騎士団はまたたくまに裕福になった。財産があれば権力も手に入り、十字軍遠征のあと、ヨーロッパに戻ると、テンプル騎士団の影響力は増大していった。ローマ教皇インノケンティウス二世がテンプル騎士団を教皇令以外すべての支配から自由にしたため、法の規制も受けなかった。おかげで暴利を得る高利貸も可能となり、ヨーロッパ君主たちの財布をも握るようになった。こうした流れのなかで、のちの銀行や金融産業が生まれたのである。

おそらく、テンプル騎士団は法的免除を利用して極秘の会議や儀式を開き、ビジネスを手掛けていた。会議で実際に何が行われていたのかは長年議論の的になっているが、悪魔崇拝にしろ金融戦略作戦にしろ、結果は同じだ。一四世紀を迎えたとき、フランスの端麗王フィリップ四世はテンプル騎士団に多額の金を借りていた。フィリップは借金を返済せず、テンプル騎士団の台頭に怒りを感じていた教皇クレメンス五世と共謀を企んだ。一三〇七年一〇月一三日、フィリップは異端の罪でテンプル騎士団を逮捕し、全財産を没収し、拷問によって、悪魔崇拝、魔術、十字架踏み、不自然な性行為など、あらゆる悪行を自白させた。そして、一三一二年三月二二日、テンプル騎士団はクレメンス五世の教皇勅書「ヴォクス・イン・エクチェルソ（天の声）」を受け、正式に解散した。

奇妙な点

長年、フリーメイソンはテンプル騎士団の瀕死の生き残りによって結成されたと言われてきた。テンプル騎士団の多くはヨーロッパから制圧を受けないスコットランドへと逃げ延びた。テンプル騎士団は今も存続しており、フリーメイソンに属しながらも独立した組織として分離しているらしい。政府や財政を操作するために使われていた彼らは、権力の手綱を軽く握り続け、現在、再び表舞台に出るチャンスを虎視眈々とうかがいながら西洋社会の陰に居座り続けている。

フリーメイソン

通説の黒幕

フリーメイソンの位階や儀式の一部は明らかにテンプル騎士団のスタイルを受け継いでおり、そのまま使っている名称もある。テンプル騎士団がスコットランドに逃げ、フリーメイソンが行うスコットランド儀礼（あるいは派閥。三種ある儀礼は理論的に考えて別々の組織のものだ）があることをふまえると、テンプル騎士団がフリーメイソンとなって、二一世紀初頭、今なお権力を握り続けている可能性もある。

アサシン

一風変わった黒幕説

中東の有名なアサシン(暗殺教団)はイスラム教イスマーイール派の戦闘部隊で、現在はアガ・カーンが支配している。潜入活動で知られるアサシンは、十字軍遠征時代、西洋の基盤を得るためにテンプル騎士団に歩み寄り、以来ずっと、この拠点をもとに存続しているのかもしれない。

疑問と信憑性

テンプル騎士団が存続しているという動かしがたい証拠のひとつは、テンプル・リサーチ協会の存在だ。CIRCESインターナショナル(国際文化精神研究団体)という謎めいた組織の一部で、非営利の友愛慈善団体らしい。設立趣意書によると、テンプル・リサーチ協会は騎士道に献身するとあるが、もちろん、陰謀論者は疑念を抱いている。

不可解な事実

一三一四年三月一九日、テンプル騎士団最後の総長ジャック・ド・モレーが火刑となった。死ぬ間際、彼はフィリップ王とクレメンス教皇を呪い、おまえたちも年内にあの世へ行くだろうと言った。予言どおり、教皇はその五週間後、王は八か月後に死亡した。

疑いの目で見れば

貪欲な王と悪辣な教皇が敵を排除したがっていた。あれこれ罪をでっちあげ、テンプル騎士団を拷問して自白させた。そして、組織は壊滅した。

三合会

三合会（さんごうかい）は犯罪組織のなかでも歴史が古く、前身となったのは想像をかきたてる名称を持つ「赤眉軍」だった。赤眉軍（せきびぐん）は紀元前一世紀、漢王朝を倒すために創設された。

厳密な意味での三合会、つまり、現在まで直接つながっている組織の大本となったのは、一七世紀に台頭してきた洪門（ホンメン）だった。天地会とも呼ばれ、清王朝を倒して明王朝の権力を取り戻すために、五人の修道士が創設したと言われている。

現在、三合会は中国と香港でかなり積極的に活動しているが、犯罪の黒幕が仕切る大規模な組織というよりは小規模な犯罪グループの集まりに見える。権力を振りかざすのは一区画程度で、日々、些細な恐喝、売春、偽造、盗品販売、麻薬販売などを行っている。一九五六年、政府による厳しい取り締まりが実施されるまで、三合会はしっかり組織化され、統制や契約も比較的厳しく、ある程度の協力体制を整えていた。

香港や台湾からの移民によって、三合会はイギリスやアメリカにも渡った。政府の記録によると、両国のアジア人コミュニティで起こる犯罪の多くは三合会に関係しているが、香港や中国からの支配は受けていないという。しかし、こうした報告は既得権益層が促したものだろう。イギリスもアメリカも他国の犯罪組織が自国内にのさばっていることなど認めたくないはずだ。それに、三合会にとっては過小評価されたほうが都合がいい。

奇妙な点

中枢部はないと断言しているようだが、三合会はイギリスとアメリカ全土で由々しき問題を起こしている。クレジットカードの偽造だ。三合会のメンバーが中国料理のレストランで気弱そうなウエイターを脅し、食事代を払う客のカードの詳細をコピーさせているという。カードのデータは本部に送られ、極東に渡る。極東で盗んだデータをもとに大量の偽造カードを作り、世界中にばらまくのだ。こうした協力体制は危険をはらむため、もし政府が指摘するように三合会がばらばらで内部紛争の絶えない組織なら成しえないだろう。

ネットワーク

通説の黒幕

香港を中国に返還したあと、三合会は世界中で野放しになっていると恐れられている。新たな作戦本部はオーストラリアにあり、ヤクザ、堂(トン)(中国の秘密結社)、マフィア、ＩＲＡと結託して、政府や大企業から金を巻き上げているらしい。コンピュータウィルスやハッキングなどの電子テロも一手段となっている。

日本

一風変わった黒幕説

一九三〇年代、日本が中国に侵攻したとき、三合会に支援を頼んで報酬を支払った。結局、毛沢東率いる共産主義者が勝利したが、それでも日本政府は香港の三合会に金を払い(リー・ユエン・カンパニーという会社経由)、住民を監視させ、あらゆる反日活動を制圧させた。日本政府はこんにちも三合会の活動を陰で支援しているかもしれない。

疑問と信憑性

偽造クレジットカードのばらまきはイギリスで十分に立証されているが、そのおよぶ範囲にはショックを受ける。バーミンガムのレストランでは一九の事例があり、わずか一四日間のうちに極東で偽造カードの配布とそれに続く詐欺事件が発覚した。三合会が見事に組織化されている証拠だ。

不可解な事実

ジャーナリストのテリー・グールドが三合会の悪名高き運営者、通称ＢＣに行ったインタビューは有名で、マフィアの活動について情報が得られた。ＢＣによると、三合会には大圏帮と呼ばれる大組織があり、いくつかの部署に分かれているという。大圏帮についてては諸説あり、14Ｋ［香港を拠点とする犯罪組織］同様、複数の下位組織を持つ三合会傘下の一大組織なのか、あるいは、政策や活動をすべて統括する包括的組織なのかはわかっていない。

疑いの目で見れば

三合会に本部があるとする見方は説得力があるが、地元でライバル同士の紛争があることを考慮すると、協力体制を取るのはたまたま互いの利益につながるときだけだろう。ほとんどの事件は場当たり的で、三合会は今も下っ端ギャングの集まりだ。同じ名のもとで活動するのは、単に三合会の名を出せば相手がおびえるからにすぎない。

第四章——歴史

火薬陰謀事件

火薬陰謀事件はいざ実行するまえに暴露されたため、失敗したとする見方もある。徹底的に調査し、結論を導き、数々の歴史書に登場してきた陰謀事件だ。

だが、陰謀論者のなかには、事件全体をあれこれ疑い、イギリスの学校で教えている火薬陰謀事件ははるかに大きな陰謀の一部にすぎないと見ている者もいる。

事件の上辺となる事実はよく知られている。イングランド王ジェームズ一世が国会開催式を取り仕切る予定だった日の前夜、国会議事堂の地下室でガイ・フォークスが現行犯逮捕された。共謀者たちもその後すぐ

に逮捕された。逮捕に抵抗して殺害されなかった者は裁判にかけられ、反逆罪で有罪となり、死刑宣告を受けた。判決から一週間以内に全員が首吊り・内臓えぐり・四つ裂きの刑に処された。

一般に受け入れられている説（おおいに疑ってかかるべきだが）によれば、カトリック狂信者の小グループが単独でジェームズ一世の殺害を企画した。犯人たちは王が死亡したあとの混乱を利用して、カトリック教徒をイングランド王に就任させようと目論んでいた。ガイ・フォークスたちが、ジェームズ王がいるときを見計らって議事堂の上院議場を爆破しようとしていたことは間違いない。だが、裏で糸を引いていたのは誰なのか？　背後にいる黒幕は誰なのか？

「おい！　おまえがマッチを持ってくるはずじゃなかったのか！」

そして、これほど大量の火薬をどこから手に入れたのか？——国が貯蔵していた火薬の約四分の一にあたる量なのだ。二・三トンもの火薬を三六個の樽のなかに隠して運んだというが、いったいどうしたら誰にも見つからずに現場に運べるのだろう？　カトリックの活動家グループが上院議場の真下にある地下室を借り、二トン半近くある火薬を繰り返しせっせと運んだ、という説を信じろというのか？　少なくとも国王の重臣、初代ソールズベリー伯ロバート・セシルが彼らの動きに気づき、おかしいと感じたのではないだろうか？　セシルは、イギリス史上、かなり狡猾で有能なスパイのリーダーなのだ。

奇妙な点

一六〇一年、火薬陰謀事件（一六〇五年）の首謀者ロバート・ケイツビーはエリザベス一世に抵抗すべくエセックス伯が率いた反乱に加わった。負傷して捕らえられたケイツビーはロバート・セシルの手に落ちたが、妙なことに、処刑されずに解放された。このとき、セシルがカトリックの戦士を裏返らせ、したたかに利用したのだろう。セシルが火薬陰謀事件を先導したというのは無理があるが、この陰謀を知って計画をあおり、できるだけ多くカトリックの活動家が参加するよう監視していたに違いない。

ケイツビーの従者は死ぬ間際に最後の告解をし、何度も口にしていたことをさらに繰り返した。内容はこうだ。一六〇五年一一月五日、事件当日の数週間前、彼はうっかり自分の主人とロバート・セシルが話しているところに出くわし、セシルが地下室を貸す手筈を整えると約束しているのを聞いてしまった。

この陰謀は実行ぎりぎりになって暴露された。というのも、事件を密告する差出人不明の手紙がカトリック教徒モンティーグル卿のもとに届いたからだ。彼は偶然にも（そう、もちろん偶然だ……。）陰謀犯のひとり、フランシス・トレシャムの親戚だった。その手紙には、一一月五日はひどい一撃があるから上院議場には出向かないようにとの警告が記されていた。手紙が届いたとき、その場にいた他の者たちは驚いた。モンティーグルが、秘書に手紙を大声で読み上げるよう命じたのだ。内容が特定の個人、あるいは極秘事項にかんすることだったかもしれないのに。いっぽう、もしモンティーグルがそのような手紙が来ることをあらかじめ知っていて、他の人にも内容を知らせたかったのだとしたら、完璧な演技だったと言える。どちらにせよ、モンティーグルはその手紙を手にセシルを訪れた。手紙を書いたのは、十中八九、セシルだ。自分の目的を後押ししてくれる何らかの引き金を必要としていたのだ。

ソールズベリー伯ロバート・セシル

通説の黒幕

概して、恐ろしい陰謀がひとたび発覚すると、黒幕はさらに上手(うわて)の作戦を講じようとしてとりあえず計画通りに進ませる。そして土壇場で報復の天使として介入するのだ。セシルは一一月五日の早朝、地下室にいるフォークスを発見したことで利を得た。つまり、王がこの手柄を知れば、ずっと望んできた、カトリック教徒を弾圧する地位に就くことができる。現存する資料からすると、セシルはモンティーグルの名を、すべてではないにしてもほとんどの裁判記録から削除するだけでなく、モンティーグルがジェームズ一世を批判した手紙も処分した。また、モンモンティーグルの自白をまとめた記録を修正し、特定の名前や出来事にかんする記述を削除した。言ってみれば、裁判の手続きを簡素化したわけだ。まさに、現在のＣＩＡが、手なずけたテロリストが明るみに引きずり出されたとき、資料を改ざんするのと同じことである。

イングランド貴族

一六〇三年、スコットランド王ジェームズがイングランド王にも就任し、それまで平時より有事のほうがはるかに長かったふたつの国を統一した。この統一が多くの人を戸惑わせたことは想像に難くない。ジェームズはロンドンに到着するなり、スコットランド人貴族を権力の座に就かせた。追い払われたイングランドの貴族は秘密結社メオニアのメンバーたちで、サー・ウォルター・ローリーも含まれていた。ロバート・ケイツビーやトマス・ウィンターなど、火薬陰謀事件の犯人とつながりがあった人物だ。

タバコを宣伝する圧力団体

サー・ウォルター・ローリーが新世界から一世代早くタバコを輸入すると、喫煙の流行は山火事のようにまたたくまにイングランド中に広まった。タバコを扱う商人のなかには、かなり儲けた者もいた。王がタバコに重税を課し、どうしても欲しかった金を手に入れたという噂もあった。この税金はイングランドや生産地であるヴァージニア植民地に住む権力者の財政に大打撃を与えた。火薬陰謀事件は、大企業が力を誇示しようと決断した初めての挑戦だったのかもしれない。

一風変わった黒幕説

スコットランド貴族

イングランド王ジェームズ一世はスコットランド王ジェームズ六世でもあった。スコットランドは当時、まさにドラマさながら、反逆者があふれ、ばらばらになっていた。陰謀や暗殺事件が頻繁に起こり、敵やライバルを排除するために何より好まれた方法は爆殺だった。ジェームズ一世の父は爆殺され、王自身は敵を爆死で処刑するよう命じたことがある。ジェームズは祖国にたくさんの敵がいた。みな王を追放したいと望んでいたため、カトリック教徒が責を負わされてもかまわなかったのだろう。

疑問と信憑性

ジェームズ一世の治世時、サー・ウォルター・ローリーの失脚を目論み、暴露されたおもな陰謀がふたつある。メイン陰謀とバイ陰謀だ。どちらも火薬陰謀事件との共通点が複数ある。ふたつとも失敗に終わったのは、セシルが実行間際で暴露したからだ。これによって、体制側と王の権力はますます強くなっていた。

不可解な事実

一六〇四年一二月二八日、ジェームズ一世はモントゴメリー伯とロバート・セシルの姪の由緒正しき結婚式に出席した。驚くなかれ、社交界から招かれた華やかな客のなかにガイ・フォークスがいた。もしガイ・フォークスが多くの歴史家が描くようなカトリック狂信者で、ジェームズ一世を殺したいと願っていたのなら、なぜ、ナイフを手に結婚式に出席し、確実な方法で暗殺を実行しなかったのだろうか?

疑いの目で見れば

ときおり、公式見解は明確なだけでなく正しいようにも思える。フランスやスペインなどのカトリック国がイングランドを崩したいと考えていたことは疑いようがない。混乱を招くために聖職者の地下組織を介して動いていることも知られていた。おそらく、この事件は言われているとおりの単純な陰謀なのだろう。

ヒトラー

ナチスのリーダー、アドルフ・ヒトラーは人類史上もっとも非道で危険な権力者のひとりだった。これを否定する者はいない。

ヒトラーが残した死と苦悩の遺産は今も人の心に突き刺さる。約六〇〇万人のユダヤ人が、ほとんどは死の収容所で「最終的解決法」と称して虐殺された。世界にいたユダヤ人のほぼ三分の二だった。また、ヒトラーがジプシー、セブンスデー・アドヴェンティスト教徒、エホバの証人、社会主義者など、多くのヨーロッパ人を殺害したことも忘れてはならない。

第二次世界大戦中、六〇〇〇万人の兵士がヨーロッパ、南北アメリカ、ロシア、極東に動員された。そして、その三分の一が殺害された。第二次大戦による死者の合計は五二〇〇万人と推定されている。戦闘によって死亡した兵士一八〇〇万人と市民一六〇〇万人、そして、強制収容所で虐殺された一八〇〇万人だ。ヒトラーはこれらの死の裏側、戦争全体の根幹に潜んでいた。このあまりにおぞましい事実に匹敵する陰謀など存在しない。だが、次のような説もある。ヒトラーの真の目的はヨーロッパを支配下に収めることではなく、ただ、彼の師である魔王の要求を満たすために大量殺戮や破壊を行ったのではないか?

「死の同盟団」は、悪魔崇拝の組織を軸として世界中に広がっている連合らしい。各組織のロゴは、海賊で馴染みのある頭蓋骨と二本の骨でデザインされている。死の同盟団のドイツ支部にあたるのがトゥーレ協会だ。神話に出てくる古代の地トゥーレの伝説はアトランティスの伝説と共通点が多い。トゥーレはアーリア人の原郷だと考えられている。

一九一九年、ドイツ政府が第一次世界大戦を投げ出したことに嫌気がさし、ヒトラーはトゥーレ協会に入会した。当時、協会を率いていたのはディートリヒ・エックハルトだった。死の同盟団が野心に満ちた計画で社会を改革支配しようとしたとき最終目標となったのは、ますます孤立化して影響を受けやすくなっていた民衆の偵察や監視だった。ヨーロッパは有益な戦争の発火点だと見なされた。大戦で敗れたばかりのドイツはまさに崩壊寸前で、エックハルトが反キリストだと信じていたヒトラーは、次なる大戦を引き起こし、必要な殺戮を実施するリーダーに抜擢された。結果、人間の精神は深い傷を負った。みな発狂し、引き籠もった。いったん孤立したら、独裁制を受け入れ、操られ、死の同盟団やその悪辣な君主に従うほかなかった。

死の同盟団は固く信じていた。古代の精神悪の力――つまり悪魔――と接触することは可能であり、非常に望ましい。そして、魔王の命令に従えば、偉大な権力を手にして地球を支配できる。性的倒錯や性行為を通して魔力を磨けば、呪文や儀式の力は驚異的に増大し、悪の力と交信できる道が開けるのだ。

トゥーレ協会は悪の力を利用してドイツ人の意識を操作し、ナチスに優位性を持たせた。ナチスは人間の憎悪、恐怖、欲望といった心理を悪用し、日ごろ品行方正な人間の心に悪を植え付け、さらに、ヒトラーが台頭するような政治的風潮を生み出した。ひとたびヒトラーが権力を握ると、いとも簡単に世界大戦を誘発し、死の収容所は人間の意識を永遠に変えてしまうほどの信じがたい魔力をもたらしたのだ。

支持者に歓迎されるドイツ首相アドルフ・
ヒトラー。1933年、ニュルンベルクにて。

奇妙な点

エックハルトが行った最後の仕事は、ナチスのリーダー、ヒトラーを性的不能にする、非常にサディスティックな黒魔術の儀式だったようだ。以来、ヒトラーはサドマゾヒズムを解き放って性的満足を求めるようになり、この刺激がきっかけで二〇世紀最大のモンスターになってしまった。

通説の黒幕

もし、古代の悪霊の力が死の同盟団とトゥーレ協会の背後に存在するとしたら、むろん、悪魔も存在する。悪魔が指示を間違えることはよく知られている。よって、もし悪魔の計画が成功したら、死の同盟団は全人類とともに破滅するだろう。

バイエルンのイルミナティ

この歴史あるドイツの秘密結社はマフィアやテンプル騎士団を支配していると言われている。イルミナティは戦前のドイツに存在した多くのオカルト結社の裏に存在し、ヒトラーを陰で操った究極の黒幕だったのかもしれない。記録によると、ハインリヒ・ヒムラーがイルミナティと密接な関係にある複数の秘密結社と深くかかわっていたらしい。

シオン賢者

一風変わった黒幕説

信憑性は低く辛辣な説だが、シオン賢者［ユダヤ人長老］がナチスの活動を指示していたという見方もある。イギリスを拠点としたこのグループは、ユダヤ人の大量虐殺を誘導すれば、モーセの知恵の継承者だと主張しやすくなる。ホロコーストの恐怖はユダヤ教徒以外の信者にさえ同情を生むだろう。

疑問と信憑性

ディートリヒ・エックハルトは死に際に次のように言ったらしい。「ヒトラーに従え。さすればヒトラーは踊る。だが、これまで意のままに指示を出してきたのはこの私だ。私がヒトラーを極秘の教義に導き、開眼させ、権力者と対話する方法を教えたのだ」。今や社会はばらばらになり、凶暴化し、電子機器によって操られ続けているが、誰ひとり、世界中の政治家ですら恩恵を受けていない。死の同盟団はとりわけ効率の良い仕事をしたと言えよう。

不可解な事実

アメリカにも死の同盟団のロゴを持つ秘密結社がある。イェール大学のスカル・アンド・ボーンズだ。一八〇〇年代にドイツの大学を基盤に創設した組織のアメリカ支部らしい。大統領ジョージ・ブッシュ・シニアだけでなく、アメリカの社交界や政界の要人の多くもスカル・アンド・ボーンズのメンバーだった。

疑いの目で見れば

ホロコーストやナチスドイツ帝国の悪を、魔力を生んだ単純な道具として片づけてしまうのは、命を落とした人に対する冒瀆ではないだろうか。さらに、ナチスが台頭してきた環境は社会学的状況からも十分納得できる――これは悲劇だ。謎とは言いがたい。

仮面の男

仮面の男にまつわる謎は、一七世紀以降、純真なロマンチストや真面目な歴史家が注目しており、鉄仮面をかぶった男の身元について無数の説が生まれている。

だが、この悲劇の主人公が誰だったのか、解明されることはないだろう。年月が経つほど、彼（彼女）の正確な身元を突き止める確率はますます低くなってきている。

この囚人についてわかっていることは少ない。フランスに保管されている公式記録も大雑把だ。彼は一六六九年に逮捕された。当初はフランス・アルプスの高地にある要塞ピネローロに収監され、一六八一年にはピネローロから程近いエグザイルズに、一六八七年には南フランスの沖合にあるサント・マルグリット島に移された。囚人はこの島で一一年過ごしたあと、パリのバスチーユ監獄に送られ、そして、一七〇三年、死亡した。間違いなく、待ち望んだ解放だった。

収監中、二回だけ、監守以外にこの囚人を見た人物がいるようだ。エグザイルズからサント・マルグリット島に移されたときは鉄仮面を着けていた。バスチーユに移動するときは、ものものしい鉄仮面ではなく、一般に使用される黒いヴェルヴェット製マスクに変わっていたという。政府高官と監守サン・マールがやり取りした公文書によると、囚人が誰であれ、話すことも手紙を書くことも禁じられていた。この規則を破ったら、その場で処刑される運命だった。

仮面の男が握っていた、それほどの秘匿性を要する秘密とはいったい何だったのだろうか？

歴史家たちは、なぜ彼が生かされたのか、疑問を抱いている。もし、王や政府を脅かす何かを知っていたのなら、単純に殺害してしまったほうが安全ではなかったのか？

また、なぜ彼の顔を見た人にあれほどの関心が寄せられたのか？　一七世紀、印刷媒体がまだ揺籃期だったことを考えると、彼がフランス市民がよく知る人物に似ていたため、大騒ぎになったのかもしれない。それにしても、繰り返しになるが、やはり殺害したほうが理に叶っていたのではないだろうか。当時、フランスの裁判は死刑判決を下すことができたのだから。

三〇〇年たった今も、仮面の男の謎は解けていない。わかっているのは、ある罪――あるいは極秘事項――のせいで、とんでもない代価を払った

実際、仮面を着けた囚人が誰だったにせよ、1703年、彼（彼女）はかの悪名高きバスチーユ監獄で死亡した。

ということだけだ。他は推測するしかない。

奇妙な点

謎の囚人の監守に任命されたサン・マールは、仮面の男が収監された初日から、一七〇三年に息を引き取るまでずっとその役目を務めた。当時、政府による人事は定期的に異動があったため、ずっと同じ職に就いていたというのはどうも引っかかる。

ルイ一四世

通説の黒幕

フランス王を怪しむ人は多い。仮面の男はルイ一四世の双子の片割れで、ほぼ同時に誕生したのに、あとから生まれたため不幸な運命をたどったと言われている。彼は自分の身元を知らなかった。ルイ一四世が厄介な継承問題を避けるために収監したのだ。いっぽう、仮面の男はルイ一四世の母親が不倫をして生まれた異父兄だとする説もある。さらに別の説によると、仮面の男は医師で、ルイ一三世の検死に臨み、運悪く、亡き王に子供を作る能力がなかったことを証明してしまった。つまり、ルイ一四世の王位継承権が危険にさらされたのだ。こうして考えていくと、仮面の男はルイ一四世の本当の父親だった可能性もある。子供を作れないルイ一三世の代わりにベッドに入る役目を仰せつかったのかもしれない。

アントニオ・マッティオリ伯

囚人はイタリアの伯爵マッティオリで、かぶっていた仮面に特別な意味はなかったのかもしれない。当時、イタリアで仮面が流行っていたのだ。〔囚人は死亡した翌日、Marchiloyという名で埋葬されたため、マッティオリ(Mattioli)ではないかという説が持ち上がった〕

ルイ・オルデンドルフ

ロレーヌの貴族オルデンドルフは秘密結社テンプル騎士団のリーダーだった。テンプル騎士団の規則では、彼が生きているかぎり後継者を立てることが許されなかった。オルデンドルフの死後、別の男が仮面を着け、オルデンドルフが収監されているという状況をでっちあげて新たなリーダーの選出をはばんだのだ。

その他、推測される囚人の正体

イングランド護国卿リチャード・クロムウェル、モンマス公爵、ヴィヴィアン・ド・ビュロンド将軍。

ルイ一三世とアンヌの秘蔵娘

誕生したのが男児ではなかったことを恐れ、ルイ一三世は生まれた娘を隠し、男の乳児と交換した。娘は成長して自分の身元を知ったため、取り換えっ子のルイ一四世が彼女を幽閉した。

一風変わった黒幕説

モリエール

フランス市民とルイ一四世に愛された劇作家モリエールは、信心深さに欠け、フランス政府を軽侮していたため、敵が多かった。とくに、勢力と影響力のあるカトリックのグループ、聖秘蹟協会に怒りを覚えていた。一六七三年、モリエールは死亡したが、じつはこれが演出であり、その後は罰を受け、仮面の男として暮らした。

ニコラ・フーケ

フーケはある秘密を知って投獄された。キリストは磔刑で死んだわけではなく生きており、ひそかに直系の子孫が跡を継いでいるという。

疑問と信憑性

囚人を単純に死刑にしなかったことから考えると、王家に関係があったのだろう。そうでなければ、鉄環絞首刑に処され、人目につかない墓地に埋められたはずだ。

不可解な事実

フランスの政治家を脅しても、囚人の身元暴露に懸賞金を提示しても、記録を入念に調査しても、仮面の男の正体を示すものは何ひとつ見つからなかった。かかわった人物全員が秘密を守りとおしたのだ。

疑いの目で見れば

仮面の男の正体は完璧すぎるほどに隠されている。ようするに、もともと存在していなかったと考えることもできる。こういう事例を示しておけば、王政に対する反発が抑えられるからだ。一生、監獄で過ごすことを想像すると、到底文句など……。

クリストファー・マーロウ殺害事件

運命は天賦の才がある者に残酷ないたずらをする。クリストファー・マーロウ（一五六四〜九三年）も間違いなく天才だった。マーロウは『フォースタス博士』〔『エリザベス朝演劇集（一）』収録、小田島雄志訳、白水社、一九九五年〕などの傑作を生み、いちじはイングランドで第一線の劇作家として活躍した。

クリストファー・マーロウは筆以外にもさまざまな才能があった。短命だったが波瀾万丈な人生を送り、貧富のきわみも経験した。一五八九年、剣戟の罪で収監されたこともある。この戦いではウィリアム・ブラッドリーという評判の悪い殺し屋が死亡した。ブラッドリーを殺したのはマーロウだと言われているが、じつは違う。喧嘩を始めるなり、マーロウはブラッドリーに殴られて意識を失ったのだ。実際の犯人は、マーロウの友人、詩人のトマス・ワトソンが送り込んだ刺客だった。だが、喧嘩を誘発したのがブラッドリーだと立証されるまで、ふたりとも収監されていた。それはともかく、マーロウは一五九三年五月三〇日、非業の死を遂げた。ただ、実際は、神話さながら語り継がれているように低俗な居酒屋で死んだのではない。デトフォードにあるエレノア・バル夫人の家で死亡したのだ。バル夫人は個人のディナーパーティで使う部屋を貸していた。

表向きの発表では、マーロウは剣で目を刺されて死亡した。パーティの夕食代金の伝票を渡されたとき、誰が支払うのか口論になったかららしい。だが、この説を受け入れる者は少ない。というのも、マーロウたちはスパイだったからだ。他の三人は、ニコラス・スキアズ、ロバート・ポーリー、そして誰より興味深いのがイングラム・フライザーで、四人ともエリザベス女王下の主要スパイ、トマス・ウォルシンガムとフランシス・ウォルシンガム率いる入り組んだ組織のメンバーだった。

一六世紀のイングランドは怒濤のさなかにあり、国内外の敵に悩まされていた。アルマダの海戦で敗れたスペインは、イングランド征服という王が立てた真っ向からの軍事攻撃をあきらめ、作戦を陰謀に変え、卑しい方法でイングランドを攻撃し始めた。内部の脅威は宗教に集中した。何年にもわたってプロテスタントとカトリックの争いが続いており、双方のリーダーたちが火刑に処された。一五九三年、国は信教に対して寛容だったが、外国の権力と密につながっている積極的かつ激しいカトリックの地下組織が存在していた。

こうした脅威に立ち向かうため、イングランド王は効率的な対諜報システムを築かなければならなかった。エリザベス一世治世下のスパイリーダーはフランシス・ウォルシンガムで、彼はマーロウをケンブリッジ大学で勧誘した。こうした周知の経歴や幅広いコネがあったため、マーロウはいささか信頼性に欠けながらも有用な工作員になった。多くの秘密結社や機関に潜入し、任務を遂行した。

生涯が謎に包まれていただけに、マーロウの死が上辺どおりの単純な殺人だったとは考えにくい。

奇妙な点

殺害された当時、マーロウはデトフォードから約一五キロ離れたトマス・ウォルシンガムの屋敷スカッドバリー・マナーに住んでいた。ウォルシンガムは、スパイ活動に従事していないときは熱心にマーロウを支え、芸術活動や作家としてのキャリアにも資金援助していた。実際、マーロウの目に剣を刺したフライザーもこの屋敷に住んでいた。フライザーはウォルシンガムの右腕だ。マーロウをバル夫人の家の夕食会に付き合うよう誘ったのも彼だった。

フライザーは一五九三年六月一日の裁判で無罪になった。スキアズとポーリーが偽証したからだ。ふたりとも、「マーロウが剣を手に襲いかかったため、フライザーは自己防衛するほかなかった」と疑わしくもまったく同じ証言をした。さらにウォルシンガムが介入し、同月二八日にはエリザベス一世の恩赦を受けている。当時にしてはかなり手際の良い展開だった。

通説の黒幕

トマス・ウォルシンガム

一五九三年五月下旬、枢密院——ロバート・ポーリーの収入源のひとつ——はマーロウの逮捕状を出すことに決めた。理由は、マーロウが神を冒瀆する異端の冗談や意見を口にして悪評を得ていたからだ。もしマーロウが逮捕されたら、ウォルシンガムは高官でありながらすべての土地や財産を王に没収される危険があった。容疑者である異教徒に資金援助し、家まで提供していたのだ。この差し迫った不測の事態をポーリーにつつかれ、ウォルシンガムは部下のフライザーに頼んで問題を片づけようとしたのかもしれない。もしウォルシンガムが災難に遭ったら、フライザーの快適な暮らしも突如終わる。フライザーは、自身の悲惨な経済状態や今後の生活を保証するというウォルシンガムにそそのかされ、命令に従ったのだ。

ジョン・ディ

一五九〇年、フランシス・ウォルシンガムが急逝したあと、エリザベス一世下のスパイリーダーの地位はジョン・ディが引き継いだ。イングランドのスパイ活動を指揮していないときは、占星術、降霊術、天使との交信、錬金術にいそしんでいた。卑金属を金(きん)に変える錬金術は、彼の手元を通過したり、あちこちの会計係から受け取ったりする金の出所を説明するのに好都合だった。優秀な博士とは、罪の意識にさいなまれない人間だ。もしディが異端の罪で逮捕されそうなマーロウを邪魔だと感じていたら、あるいは、マーロウを二重スパイだと疑っていたら、フライザーに「ゴミを処分しろ」と命じても良心の呵責など感じなかっただろう。

ウィリアム・シェイクスピア

一風変わった黒幕説

一六世紀の劇場は人殺しにあふれていた。芸術協議会からの資金援助はなく、劇作家たちは自分でスポンサーを探さなければ餓死するほかなかった。シェイクスピアもマーロウも作家、役者、怪しい人物の集まり、いわゆる「夜の学派」の会員だった。いちじはこの怪しい人物のなかに、一七代オックスフォード伯、なかば背教者のエドワード・ド・ヴィアも加わっていた。一説によると、マーロウは、自身もなかなか立派な劇作家であるド・ヴィアがシェイクスピアの名で書かれた戯曲の本当の作者だと感づいた。この疑惑は現在も消えていない。世間から侮辱され笑われることを恐れたシェイクスピアが、マーロウを介して知り合ったフレイザーに仕事を依頼し、こっそり報酬を渡したのかもしれない。

フリーメイソン

エリザベス朝のイングランドで繁栄した数ある秘密結社のひとつがフリーメイソンだ。昔からマーロウは自身の戯曲のなかにフリーメイソンのイメージを織り込んでおり、間違いなくメンバーだったと言われている。メンバーでいることが劇作家としての経歴にプラスになり、さらに、スパイとして働けば内部情報を手にしやすかった。だが、マーロウは愚かな過ちを犯した。組織に宣言した秘匿の誓いを破ったのだ。そこでフリーメイソンはマーロウの仲間フライザーを雇い、剣で目を突くという報いの儀式を実行させたのである(考えてみてほしい、これは通常の処刑法とはまったく違う!)。つまり、マーロウが殺害されたのは、フリーメイソン版マフィアの『沈黙の掟』を過小評価したあげくの恐ろしい復讐だったのだ。

不可解な事実

剣で右目を刺す処刑など聞いたことがないが、他の儀式による殺害同様、どこかの誰かがメッセージを送ったのではないだろうか。フリーメイソンの重要なシンボル「全能の目」は、会員に「神はつねにすべての行動を監視し判断している」と念を押している。トマス・ウォルシンガムもフライザーも明らかにフリーメイソンのメンバーだった。マーロウに対してゴーサインを出されたフライザーは儀式的な見せしめとして任務を遂行したのだろうか？

疑問と信憑性

トマス・ウォルシンガムにはフライザーにマーロウを殺害させなくてはならない重要な理由がふたつあった。ひとつは土地や財産を奪われる恐怖だったが、もうひとつはさらに重大だ。ウォルシンガムと妻オードリーはエリザベス一世に忠誠を誓うふりをしながら、スコットランド女王メアリーの息子、カトリック教徒のスコットランド王ジェームズ六世を極秘に支持していたのだ。メアリーはエリザベス一世に処刑されたばかりだった。夫妻は通信を暗号化してジェームズと連絡を取り合い、エリザベスを失脚させてジェームズをイングランド王に就任させる陰謀を企てていた。ありそうなことだが、もしマーロウが異教の罪(当時は反逆罪だった)で有罪判決を受けていたら、ウォルシンガムも同罪と見なされ、スコットランドに送る情報を入手するためにどうしても出入りしなければならなかった宮廷から追い出されていただろう。

疑いの目で見れば

ここで伝えることはあまりない。ウォルシンガムの部下、スパイ四人が食事を取りに密室に入り、三人だけ出てきた。誰のために働いたとしても、フライザーは殺害を否定しなかったし、単に正当防衛を主張した。怒り狂ったマーロウが、フライザーが椅子に座るなり頭部を狙って剣を振りかざしたので、身を守ろうとしただけだ。そのときの傷の深さは六ミリ以上あったという——頭蓋骨上の皮膚は薄いので信じがたい——が、奇跡が起こったのか逮捕される二四時間前にはきれいに完治していた。しかし、裁判では誰もこの一件が質疑に値するとは考えなかった。たしかに、マーロウはフライザーに殺された。だが、殺害の裏にいた黒幕は永遠にわからないし、その真の動機を知るすべもない。

ヴォルフガング・アマデウス・モーツァルト

天才は恩恵を手にする反面、それだけ多くの敵にも遭遇する。この説を誰より深く体験したのは、素晴らしき作曲家ヴォルフガング・アマデウス・モーツァルトだ。彼は五歳で神童と呼ばれたが、音楽の才能で手にしたのは喜びより痛みのほうが多かった。現在、モーツァルトの作品は古典音楽の最高峰として楽しまれているが、当時はあからさまに罵倒され、同時代の人々が彼の破滅を企んだ。

年月が流れ、たしかにモーツァルトは名声を得たかもしれない。だが、生前、そんな心地良さを味わうことはいちどたりともなかった。史上もっとも偉大な作曲家でありながら貧困に苦しみつつこの世を去り、ウィーンの共同墓地に事務的に埋葬された。

一七五六年一月、オーストリアのザルツブルクで生まれたモーツァルトはすぐさま音楽の才能を見せた。四歳のとき、すでに父親からハープシコードを習っていた。五歳で作曲を始め、六歳になると父親が幼いモーツァルトを連れ、ウィーンやミュンヘンで演奏ツアーを行った。一五歳のときにはザルツブルク大司教のオーケストラでコンサートマスターを務めた。ずばぬけた若き天才の歩む道は整ったかに思えた。

しかし、大司教とモーツァルトのあいだには個人的な軋轢があった。モーツァルトが三年ものあいだ報酬をもらっていなかったことが一因だろう。一七八一年、モーツァルトは名誉ある(だが給与はほぼない)立場を去り、収入を求めてウィーンに移った。しかし、ウィーンでもザルツブルクの宮廷での付き合いと同様、他の作曲家と親しくなることはできなかった。状況が悪化の一途をたどったため、父親が皇帝ヨーゼフ二世に苦情を述べた。他の作曲家たちが故意に息子の曲が演奏されないようにしている、と。

モーツァルトは収入がなかなか得られなくても、スマートな金の使いかたができなくても、耐え抜いた。やがてコンスタンツェ・ヴェーバーと結婚したが、この結婚は財政的な困難と悲劇を生む危険をはらんでいた。授かった六人の子供も成人したのはふたりだけだった。モーツァルトはウィーンの宮廷でも気に入られず、作った曲は、たとえ演奏されても民衆には歓迎されなかった。一七九一年、モーツァルトは体調を崩し、借金もかさんでいたため、フランツ・フォン・ヴァルゼック伯爵からある依頼があったときは応じるほかなかった。最近、若くして亡くした妻アンナを弔うレクイエムを書いてほしいというのだ。しかし、同年一二月五日、モーツァルトは曲を仕上げることなく、わずか三五歳で夭折した。夫に先立たれ、ヴァルゼックが約束していた多額の作曲料をどうしても手にしたかった妻コンスタンツェは、モーツァルトの友人で作曲家のフランツ・ジュースマイヤーに曲を完成させてヴァルゼックに届けるよう懇願した。

奇妙な点

理由は理解しがたいが、『レクイエム』の依頼者の身元は明らかなので、作曲にまつわる陰謀論を考えた者がいる。黒装束の男が定期的にモーツァルトの家の戸口に現れ、曲を完成させるようせかしたという。事実とはかけ離れているものの十分楽しめる映画『アマデウス』(一九八四年)では、この正体不明のお化けがモーツァルトの嫉妬深いライバル、アントニオ・サリエリとして登場する。モーツァルトを死に至らしめたと言われている人物だ。そう、映画でも、観た者のほとんどがふたりの関係から考えて、モーツァルトはサリエリに毒殺されたと思い込む。しかし、モーツァルトはたしかに毒死したが、人間の手によるものではなかった。

アントニオ・サリエリ

通説の黒幕

当時のウィーンには音楽界におもな派閥がふたつあった。ドイツ派とイタリア派だ。モーツァルトとサリエリはそれぞれのリーダーだった。想像どおり、ふたりは激しいライバル関係にあったが、個人的な不和はなく、ウィーン時代はずっと仲良くやっていたようだ。敵に毒を盛られたと言い出したのはモーツァルト自身で、そのとき彼は死を目の前にして錯乱していた。ウィーンで音楽の敵となるのは誰から見てもサリエリだったため、いい加減な噂はまたたくまに街中に広まった。だが、モーツァルトの未亡人コンスタンツェはこの憶測に敵意さえ示し、のちに息子フランツ・モーツァルトをサリエリのもとに送って教育を受けさせている。フ

モーツァルトに嫉妬したライバル、サリエリは皇帝ヨーゼフ2世の宮廷に仕え、こすからい陰謀を企てていた。

ランツの父親を殺したのがサリエリだとほんの少しでも疑っていたらできなかったはずだ。それでも非難は消えなかった。陰で嘲笑されたサリエリは深く傷ついた。

サリエリは認知症を患って一八二三年に入院し、裸やパジャマ姿で施設内をとぼとぼ歩きながら「モーツァルトを殺したのは私だ」と叫んでいるところを何度も目撃されている。間違いなく、ロシアの劇作家アレクサンドル・プーシキンは「これはいける！」と確信し、史実だと謳ってメロドラマ『モーツァルトとサリエリ』（一八三〇年）〔『プーシキン・レールモントフ』収録、川端香男里訳、講談社、一九七九年〕を書いたのだ。すると、プーシキンの劇はピーター・シェーファーの戯曲『アマデウス』（一九七九年）〔江守徹訳、劇書房、一九八二年〕の土台となり、一九八四年には同タイトルで映画化された。ぜひ、御覧あれ！

シュトゥパッハのフランツ・フォン・ヴァルゼック伯爵

ヴァルゼックが『レクイエム』の見事な本質に気づいたとき、自分自身の作品ではないという事実を隠すためにモーツァルトを殺したという見方もある。作曲家志望だったヴァルゼックが多くの作曲家にひそかに依頼し、自作として発表していたことは周知の事実だが、そんな見え透いたことをして愛するアンナとの思い出を穢（けが）すようなことはしないだろう。アンナを深く愛していたまだ若き二八歳のヴァルゼックは、アンナが死んでから再婚もせず、パートナーを探そうともしなかった。さらに、ヴァルゼックが曲を受け取ったとき、モーツァルトはすでに死亡しており、その作品が依頼されたものであることは誰もが知っていたのだ。

一風変わった黒幕説

モーツァルトは最後の七年間、フリーメイソンに入会していたが、ウィーン・ロッジ(支部)にとっては厄介な存在だった。たしかに音楽の天才だったのだろうが、かなりわいせつなユーモアが好きだったのだ。『レクイエム』を生み出す心を持った人間が、たとえば、『俺の尻をなめろ』(ケッヘル目録番号二三一)というあまり知られていない変ロ長調六声カノンを作っている。また、他にもここでは記せないようなタイトルの曲も書いている。『魔笛』はフリーメイソンの秘密を暗示する多くの要素が含まれ、組織を苛立たせていたようだ。どちらにしろ、当惑したフリーメイソンが問題の大本を自分たちの手で抹消したのかもしれない。

フリーメイソン

皇帝ヨーゼフの宮廷にいた不機嫌な黒魔術師

ヨーゼフの宮廷にいた将軍が、モーツァルトは宮廷の礼儀に欠けていると皇帝に苦情を述べたという。皇帝は、将軍ならいつでも好きなときに雇えるが、モーツァルトの代わりはいないと返した。そのため、宮廷内の誰かが黒魔術を使ってモーツァルトを殺し、検死を担当した医師たちを混乱させたのかもしれない。

疑問と信憑性

前述したとおり、モーツァルトは毒によって死亡したが、人間の手にかかったわけではない。ブタに殺されたのだ!

モーツァルトが急に衰弱し始めたのは一一月二〇日で、一五日後、死亡した。当時の毒でも効くまでにそれほど時間はかからないし、モーツァルトが示した症状は毒殺によるものではない。住んでいた家は腐敗臭に満ち、モーツァルトは最後には人間とは思えぬほど膨れていた。豚肉が大好物で、確認されている症状は施毛虫症と一致する。施毛虫はよくブタの内部に住みつき、しっかり火を通さないと簡単には死滅しない。このトリキネラ属の寄生虫が特定されたのは一八六〇年だったため、モーツァルトの担当医たちは何も知らなかったのだろう。もし知っていたとしても、当時の薬ではその破壊力と戦うことはできなかったはずだ。

不可解な事実

モーツァルトは一八歳のときフリーメイソンのウィーン・ロッジに入会し、そのすぐあとで父親もメンバーとなった。不思議だが、モーツァルトは、つながりがあったにもかかわらず、ウィーン音楽家協会から入会を拒否された。興味深いことに、モーツァルトの最後の演奏はロッジの新しい神殿に捧げるカンタータ［独唱・重唱・合唱と器楽伴奏から成る声楽曲］だった。

疑いの目で見れば

最期の日、モーツァルトは健康の面からすると死刑囚だった。すでに梅毒、気管支炎、天然痘、腸チフス、肺炎の他、リウマチ熱も三回以上発症しており、衰弱しきっていた。つまり、問うべきは、なぜ死んだのかではなく、なぜそこまでもったのか、である。とにもかくにも、天才モーツァルトは嫉妬するライバルに殺されたのではなく、事実、ポークチョップに殺されたのだ。

ラスプーチン

ラスプーチン殺害の裏に陰謀があったことはほぼ間違いない。だが、ほとんどの人が知っている、あるいは、知っていると思っているような陰謀ではない。まずは舞台背景を確認することが重要だ。一九〇五年一一月、ラスプーチンが足を踏み入れ、主役を演じる舞台となったのはロシアの宮廷だった。

二〇世紀を迎えたロシアは基本的にまだ中世を引きずっている国だった。ヨーロッパの他国がとっくに捨て去った封建制度を排除したばかりで、サンクトペテルブルクにある宮廷の住人は、豊かさゆえに孤立し、オカルトに取りつかれていた。神とのつながり役を担ってくれる真の「奇跡の人」を求めていた。皇帝ニコライ二世は、神が狂人の口を介して人間に真実を伝えると確信していた。

この奇怪な信念のせいで、皇帝は「裸足夫人」のような得体の知れぬ人物を次々と宮廷に引き入れた。裸足夫人は泣き叫びながら宮廷を走り回っていたが、落ち着いているときは皇帝に仕え、国内外の政策について助言した。一九〇五年半ば、アメリカの魔術師で脱出芸を専門とするハリー・フーディーニが宮廷でショーを開いたとき、本人が「すべてトリックがある」と主張しているにもかかわらず、皇帝はそれを無視して彼を本物の「奇跡の人」だと言い張り、宮廷でその能力を発揮してほしいと懇願した。のちにフーディーニは、無理やりペットにされることを恐れ、孤立した宮廷を逃げ出したと語っている。フーディーニが去ったあとすぐ、今度はグリゴリー・エフィモヴィチ

——通称、怪僧ラスプーチンのほうがわかりやすいだろう——が宮廷に旋風を巻き起こした。言いえて妙、ラスプーチンとは「道楽者」という意味である。

もちろん、ラスプーチンと聞いてまず思い浮かぶのは、皇帝の息子が罹患していた血友病の症状を緩和した能力だ。治療がうまくいったのは催眠術か魔術療法を施したからだとする説もあるが、どちらも証拠はない。それよりも可能性が高いのは、自分が祈禱しているあいだ皇帝の息子とふたりで部屋に閉じ込もり、宮廷の医師を寄せ付けなかったからだ。もし医師たちが皇帝の息子を治療していたら、夢の新薬を投与したに違いない。現在でいう抗凝血剤だ。この薬は血友病患者に何より与えてはいけない薬である。ようするに、ラスプーチンが怠慢でなにもしなかったことが功を奏したのだ。ただ、皇帝夫妻の目から見ればラスプーチンは完璧だった。しかし、史上のペテン師がみなそうであるように、ラスプーチンも度を越してしまった。

一九一五年、ラスプーチンはドイツ政府にある提案をした。陰の平和仲介者として自分を売り込み、皇帝を第一次世界大戦から撤退するよう説得すると申し出たのだ。むろん、報酬のためだった。ドイツ政府からゴーサインが出ると、ラスプーチンは皇帝に向かって、紛争から手を引き、ヨーロッパから離れ、悲惨な状態から抜け出すようひっきりなしに助言した。その結果、三五万のドイツ兵が東部戦線から撤退し、西部戦線に向かうことが可能となった。これだけの兵士を導入すれば、西部戦線では間違いなくドイツが有利になる。これはイギリスにとって由々しき事態だった。イギリス課報員からすれば、「怪僧ラスプーチンを抹消せよ!」である。

若き諜報部工作員、MＩ6のオズワルド・レイナーは、フェリックス・ユスポフ公とのよりを戻すよう命じられた。ユスポフには派手な女装癖があり、レイナーはともにケンブリッジ大学で学んでいたころの恋人だった。ひとつ重要な点がある。ユスポフは他の多くのロシア人エリート同様、ラスプーチンを殺したがっていることで知られていたのだ。一九一六年一〇月、レイナーはユスポフと密に連絡を取るようになっており、来たる一二月三〇日の暗殺に向け、舞台は整った。

奇妙な点

ラスプーチンの娘マリアによると、事件当日の朝、ラスプーチンに匿名の電話が入り、おまえは殺されると警告されたらしい。策略者側から情報が漏れたのか？　だが、ラスプーチンは日ごろから同じような電話や手紙を多く受けていたので、単なる偶然かもしれない。マリアは自分の命を偶然に預けたくないため、父親の死後、ヨーロッパの土地を転々としたあげく、アメリカに落ち着き、とりあえずサーカスに入団し、ライオンの調教師として巡業した。こんなときは誰もが安住の地を求めるものだ。だが、一九三五年、マリアはクマに重傷を負わされて退団を余儀なくされ、アメリカ海軍の造船所で溶接工として働き、一九七七年、ロサンジェルスで生涯を閉じた。

ユスポフ夫妻もアメリカで死亡した。娘のイリーナは、縁あって、マリアの娘タティアーナと友達になっている。一九三二年、ユスポフ夫妻は映画『怪僧ラスプーチン』の演出に対して映画会社ＭＧＭを訴え、勝訴した。夫妻は巨額の賠償金を受け取り、以降、映画の免責条項には今やお馴染みとなった「登場する人物は架空であり……。」というフレーズが加えられるようになった。

フェリックス・ユスポフ公と友人たち

通説の黒幕

ユスポフ犯人説は繰り返し語られてきたため、多くの人が真実だととらえている。だが、とんでもない。しまいにはユスポフ自身さえ信じるようになっていた！　言い伝えによると、一九一六年一二月三〇日の夜、ユスポフはモイカ宮殿にラスプーチンを招待した。あらかじめ一行を殺すのに十分な青酸カリを入れたつまみとワインを用意していた。しかし、幸せそうな被害者が、もう明日などないかのように（事実、ないのだが）オードブルをほおばり、ワインを流し込んでいるので、ユスポフの警戒心と焦りは絶頂に達した。人間とは思えない怪物が宴に興じている姿にうんざりし、ユスポフはラスプーチンの胸部を数発撃ち抜いた。だが、あろうことか、ラスプーチンを怒らせただけだった。ご想像のとおりだ。

歩く死人から攻撃される側となったユスポフに共謀者が手を貸し、今度はラスプーチンをナイフで刺し、再び銃で撃ち、鉄の棒で殴りつけ、鎖のムチで打ち、喉元を踏み付けた。ここまでやればさすがに死んだだろうと思った彼らは、部屋を出てカーペットを運んできた。それで死体を包み、近くのネヴァ川まで運んで凍てつく水の中に捨てた。だが、彼らがいなくなると、ラスプーチンの死体はカーペットから抜け出し、宮廷の中庭を駆け抜けた。すべて皇帝夫妻に話すぞ、と叫びながら。そこでユスポフたちは再びラスプーチンを撃ち、交代で鉄の棒や鎖で殴りつけた。とにかく徹底的に傷めつけた。それでもラスプーチンは生き延びた。ネヴァ川に張った氷の割れめから水中に沈めようとすると、うなり声をあげた。まさに悪魔の化身だ！

しかし、これらはすべてユスポフが編み出した空想物語だ。彼は皇帝夫妻に自分を母なるロシアを悪魔の呪いから救った人間だと宣伝し、国内に潜入している海外の諜報員とつながっている事実は隠していた。

一風変わった黒幕説

イギリス軍諜報部

一九一六年一二月三〇日、暗殺団の首謀者レイナー（のちにラスプーチン殺害における自分の役割を白状した）は、かなり早めにモイカ宮殿に到着していた。やがてラスプーチンとふたりの諜報員、スティーブン・アレー大尉とジョン・スケール大尉が待合所となっていた隣の部屋に通された。ラスプーチンが到着したとき、蓄音機から最大のボリュームで『ヤンキー・ドゥードゥル』〔アメリカ独立戦争時の愛国歌。日本では『アルプス一万尺』として知られる〕が流れ出した。レイナーたちがお客様に不審な音が聞こえないよう工夫したのだ。ラスプーチンはペテン師だったかもしれないが、かなり鋭く抜け目がなかった。それに、朝、例の匿名の電話を受けていたため、ネズミの気配も感じ取っていた。いざラスプーチンが逃げようとしたとき、ユスポフは二二口径の銃で撃ったが、かすり傷を負わせただけだった。そこでレイナーは部屋に乗り込み、軍用銃で眉間を撃った。命乞いをする悪魔などいない。銃で撃つだけでは――普通は死亡するが――ラスプーチンを倒すことはできなかった。

ユスポフが一〇発撃ち込んだあと、レイナー、アレー、スケールは落ち着いて死体をカーペットで包み、ネヴァ川に捨て、立ち去った。

疑問と信憑性

ラスプーチン殺害にかかわったというレイナーの言葉以外にも証拠が残っている。サンクトペテルブルクに住むレイナーの運転手がモイカ宮殿を訪れた大勢の客のリストを持っていた。殺害があった晩と、リストの最後となる翌日の分だ。さらに、ラスプーチンの検死を担当したディミトリ・コソロトフ医師は、ユスポフの話をもとに重点的に青酸カリを調べたが、体内からは発見されなかった。コソロトフ医師は死因を、大口径の銃から額に受けた一発だと断定した。この検死は一九九三年にウラジミール・ジャーロフが、さらに二〇〇五年にダンディー大学法医学教授デリック・パウンダーが再評価したが、当初の所見に誤りは見つからなかった。帝国戦争博物館の火器部も当時撮られた写真を調査し、頭部の射入口はイギリス将校用の「・四四五口径ウェブリー」のものと一致すると認めた。当時にしては珍しい銃で、銃弾は昔ながらの被覆していない重たい鉛弾だった。

不可解な事実

ついに、ラスプーチンは生きているときよりもはるかに危険な存在となった。ロシアを戦争から撤退させる希望の星をイギリス人が殺害した。これに怒ったドイツは翌二月、当時スイスに追放されて機嫌の悪かったウラジミール・レーニンに焦点を合わせた。赤色革命はすでに始まっていたが、まとまりはなく混乱していた。そこで、ドイツはレーニンを五〇〇〇万金マルクとともにかの悪名高き封印列車に乗せ、ペトログラード〔現サンクトペテルブルク〕に追いやって支配の座に就かせ、革命軍を結集させた。ロシアを国内の問題で手いっぱいの状況にもっていけば、ヨーロッパで起こっている他の戦争にかかわる余裕などない。この作戦がうまくいった！　ラスプーチンのおかげで——あるいは、ハリー・フーディーニのせいで——ロシアはドイツとブレスト・リトフスク条約［単独講和条約。ロシアは領土を大幅に失ったが、東部戦線の戦闘を終結させた］を結び、資本主義者が資金援助する共産主義革命に集中することができるようになった。もちろん、これはどう考えても矛盾しているが、ドイツは出費の元を取っており、世にはすでに冷戦の気配が漂っていた。

疑いの目で見れば

ラスプーチンは神秘家ではない。治療師でもない。催眠術の腕もない。ただの年老いた農民だった。サンクトペテルブルクの宮廷に住む人間がだまされやすかったため、偶然、うまいタイミングでうまい場所に居合わせただけだ。めんどり小屋に招待されたずる賢いキツネ、ラスプーチンが観客の前で神秘家に化けることなどたやすかった。ボブ・ディランの歌詞さながらに響く実存主義のうんちくを口にするだけでよかった。自分のはったりに「なんだって？」と怒りをぶつけ、自身の愚かさを露呈するやつなどいないとわかっていたのである。

切り裂きジャック

一八八八年の切り裂きジャック殺人事件にまつわる謎は、一世紀以上、犯罪学者、陰謀マニア、ハリウッドの映画制作者を引きつけ、じらしてきた。

一説浮上すると反論が現れ、相反する本物の日記、告白、メモが発見されては出版されてきた。今後、明確な答えを出せる人は出てこないだろう。

一八八八年八月三一日、金曜日、ポリー・ニコラスが殺害された。続いて、九月八日、土曜日にアニー・チャップマン、九月三〇日、日曜日にキャサリン・エドウズとエリザベス・ストライド、さらに一一月九日の金曜日、メアリー・ケリーが続いた。みな喉をかき切られ、体は切断されていた。内臓は外科手術をしたかのように摘出されていることが多く、現場から持ち去られていた。妊娠四か月のメアリー・ケリーは裸で発見され、衣服は近くにあった椅子の上にきちんとたたんで置かれていた。これ以前に犠牲者がいた可能性もある——八月七日の火曜日にマーサ・テイブラムが殺された。前述したエリザベス・ストライドは切り裂きジャックの被害者ではないかもしれないが、以上六人全員がロンドンのイーストエンドにいた売春婦だった。被害者にさらに三人を加えている研究者もいる。

切り裂きジャックは一貫して同じ殺害方法を用いた。被害者がスカートをめくると、飛びかかって首を絞め、意識を失わせ、地面に押し倒した。そこで喉をかき切り、たいていは、おそらく戦利品として内臓をひとつ摘出した。摘出の正確な手順から考えて、外科医の研修を受けた経験があるはずだ。たとえば、他の臓器を傷つけずに腎臓を正面から取り出している。これには外科手術の腕が不可欠だし、夜の暗がりでは至難の業だ。人が通るかもしれない場所に殺したばかりの死体といっしょにいるのだから、プレッシャーもあっただろう。

スコットランドヤード(ロンドン警視庁本部)の報告書には、切り裂きジャックを名乗る人物から中央通信社宛てに手紙二通が送られてきたと記されている。一通は「ボスへ」、もう一通は「地獄から」というタイトルだ。どちらも異様な文章で、勝ち誇ってほくそ笑んでいる様子がうかがえる。調査した者のほとんどが、二通とも本人が書いた手紙ではないと推察している。また、「キャサリン・エドウズのものだ」と記した手紙とともに、病に侵された腎臓が自衛団のもとに送られてきた。当時、正確に検査するすべはなかったが、腎臓の状態はエドウズが罹患していた病の兆候と一致していた。

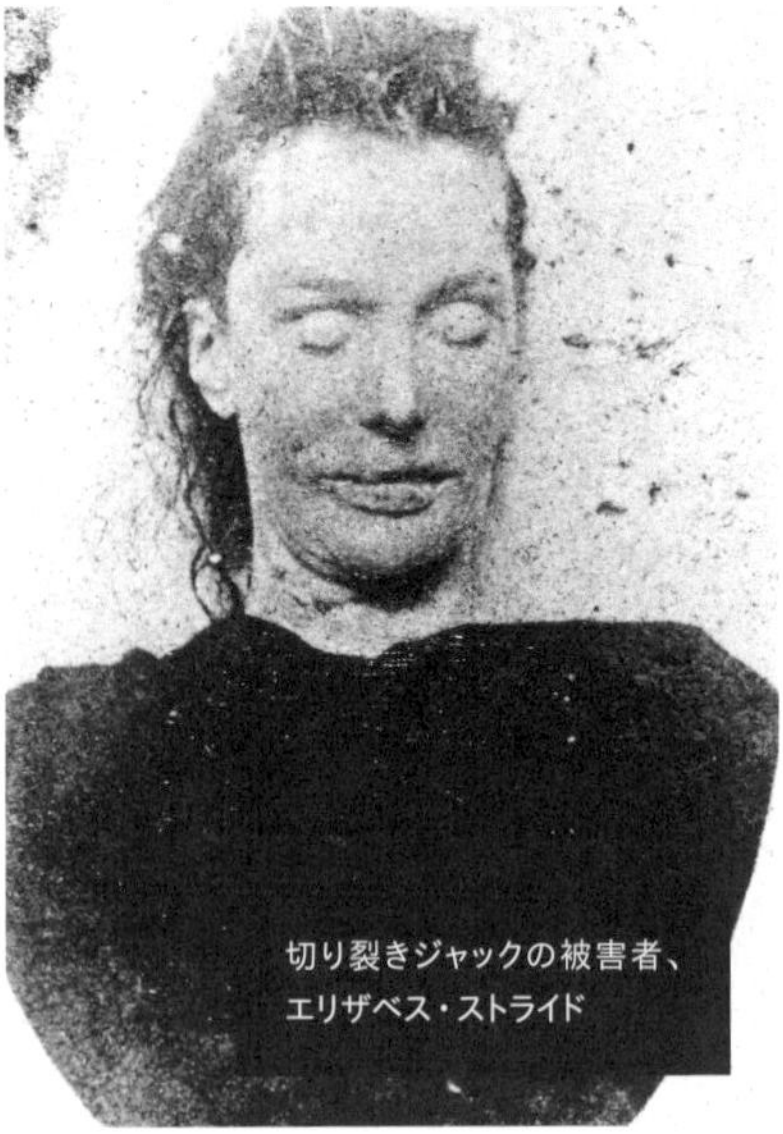
切り裂きジャックの被害者、
エリザベス・ストライド

奇妙な点

九月三〇日の夜、捜索中の警官がキャサリン・エドウズのエプロンの一部を発見した。切り裂きジャックがナイフを拭いて捨てたのだ。場所は玄関口のすぐ近くで、壁面に「ユタヤジンはみだりに非難されるべキではない」というメッセージが残されていた。発見した警官の上司は、反ユダヤ主義の暴動が起こることを恐れ、この文章を消した。表現が奇異で綴りもおかしく、差出人はフリーメイソンではないかという疑いが浮上したため、警察は事実をもみ消したのだ。

通説の黒幕

アルバート・ヴィクター公

ヴィクトリア女王の孫息子、アルバート・ヴィクター公、通称エディは精神疾患を抱えていて、当時のある王室解説者に「水晶の鉢で泳ぐピカピカの金魚だ」と揶揄(やゆ)された。エディは当時のイギリスでは犯罪だったホモセクシャルになることもあったようで、一八九二年、噂によると梅毒で死亡した。エディの狂気が売春婦を殺す原因だったのかもしれない。スキャンダルを恐れた結果、王子の罪を隠蔽する陰謀を企んだのだろう。また、エディがある売春婦を妊娠させたという説もある。彼女が政府を脅迫したため、王室は殺し屋を雇い、調査されても本当の殺害理由がわからぬよう仲間の売春婦たちも手にかけたのだ。

フランシス・タンブルティ医師

事件捜査中、スコットランドヤードの極秘調査部長ジョン・リトルチャイルドは女性嫌いの詐欺師、アメリカ人医師タンブルティをかなり疑っていた。タンブルティがアメリカ

アルバート・ヴィクター公は、切り裂きジャックの陰謀でどんな役割を担ったのか?

に戻ると、スコットランドヤードは彼を尋問するため刑事を派遣した。

ロズリン・ドンストン・スティーブンソン

一風変わった黒幕説

大酒飲みのオカルティスト、スティーブンソンは警察に出向き、切り裂きジャックとその殺害について持論をぶちまけた。結局、一部の陰謀論者はスティーブンソン自身を容疑者に挙げている。というのも、一八九〇年、彼と同棲していた作家メイベル・コリンズがある物を発見したからだ。コリンズは彼の部屋で、殺害に使った血だらけのネクタイを七本見つけたと主張した。証拠品かもしれないこのネクタイは、結局、イギリスでもっとも有名なオカルティスト、アレイスター・クロウリーの手に渡った。コリンズのレズビアンの恋人ヴィットリア・クリーマーズから受け取った。

次元間移動するインヴェーダー

ヴィクトリア朝のロンドンはもうひとりのジャック、バネ足ジャックに悩まされていた。鎧、マント、ヘルメットを身に着けた奇妙な姿で建物の屋根から屋根へと飛び回っていたという。目撃者は数百人いて、イギリスでもっとも有名な兵士、かのウェリントン公爵率いる自衛団が追跡していた。バネ足ジャックは次元間移動するインヴェーダーで、じつは切り裂きジャックだとする説もある。

疑問と信憑性

一九七〇年、トマス・ストーウェル医師は、殺人事件のあった夜、アルバート・ヴィクター公の主治医ウィリアアム・ガルがホワイトチャペル周辺でいちどならず目撃されていることを示す資料を入手したと発表した。その資料には、警官とメディアがガルを訪れて尋問し、ガルが自白したことも詳しく記されていた。ストーウェルは、これは真犯人を守るための大胆な隠蔽工作だと確信していた。本当の切り裂きジャック。それは、正気を失って梅毒に侵されたアルバート・ヴィクター公であると。

不可解な事実

ストーウェルの発表が大勢の関心を集めると、彼は証言を撤回し、アルバート公が犯人だと示唆したわけではないと主張した。だが、ストーウェルは撤回が文書で発表される前に死亡した。家族は彼の見解が検証されないよう慌ててメモや資料を焼き、さらに、彼がフリーメイソンのメンバーだったことを示す証拠もすべて焼き払った。偶然だろうが、ストーウェルは切り裂きジャックの被害者メアリー・ケリーの命日である一九七〇年一一月九日に死亡した。

疑いの目で見れば

切り裂きジャックは悪魔の代表となり、不可解な殺人の世界を超えて闇夜の伝説となった。俗説製造業界はこの事件を軸に事実を歪め、影を伸ばして成長してきた。そう考えると、陰謀論が次々と誕生し、いまだ納得できる解答が得られていないこともうなずける。

第五章——悲劇

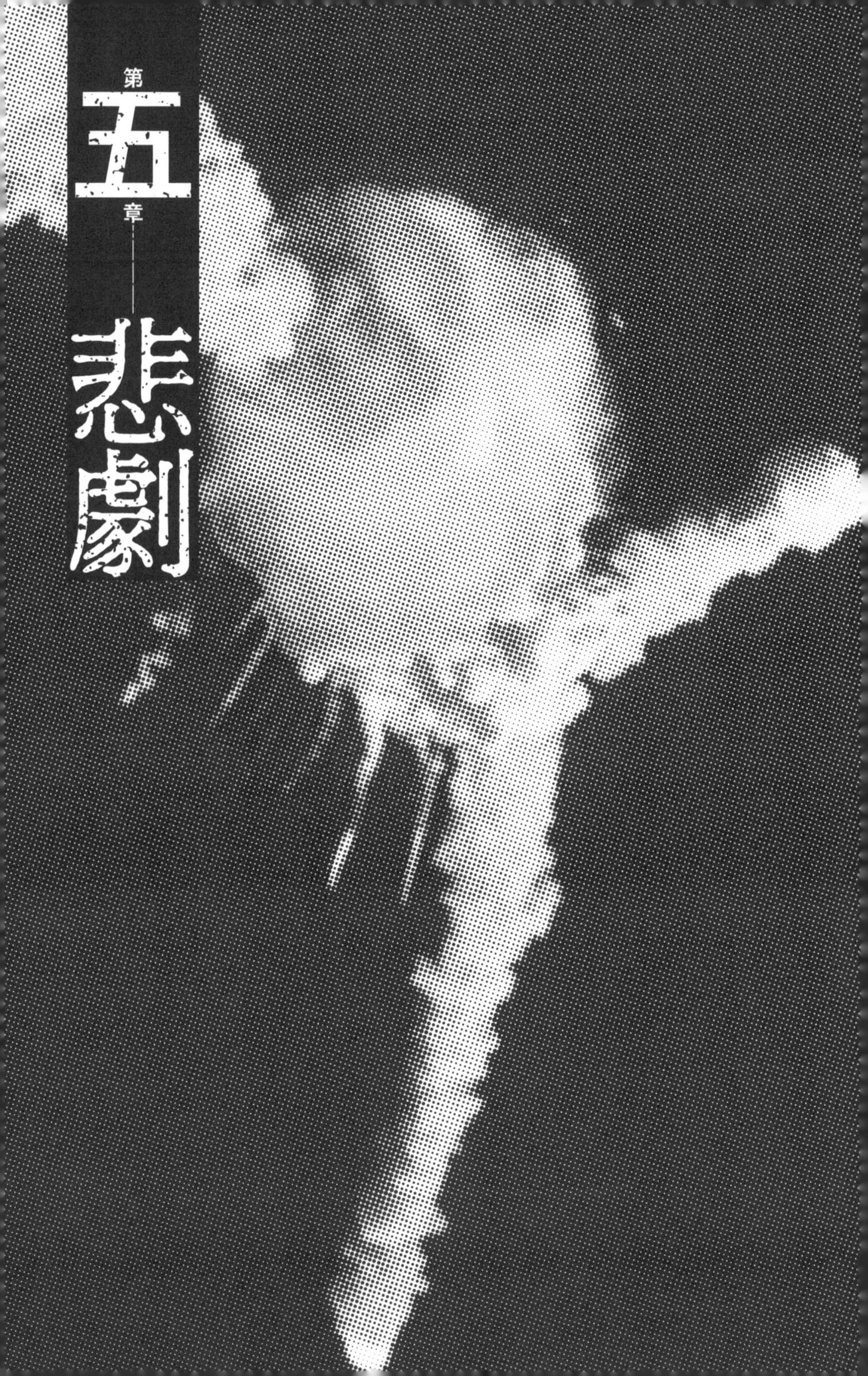

AIDS

当時、医学界でGRID（ゲイ関連免疫不全）として知られていたAIDS（後天性免疫不全症候群）／HIV（ヒト免疫不全ウイルス）は、一九八二年、フランスのウイルス学者リュック・モンタニエによって同定された。かなりの偏見により「ゲイの疫病」として知られていたため、ウイルス学者たちはゲイのサブカルチャーに的を絞って菌を探した。このとき大量に発見されたため、誤って、男性ホモセクシャルの行為だけがかかわる病だと推定してしまった。

当時のウイルス学者は気づいていなかったが、ゲイのグループにAIDS／HIVが蔓延するのは、おもに、彼らの乱交と、彼らが好む性交によってできる内部の傷が原因で増殖が促進されたからだ。また、多くの女性が同じように導火

ニューヨークシティにあるセント・パトリック大聖堂の向かい側で、ゲイ・プライド・マーチに参加する信心深い抗議者たち。1985年。

線に火のついた爆弾を抱えて歩き回っていることもまったく理解していなかった。さらに、この症候群はすでにアフリカの発祥地ではびこり、組織を破壊することから「痩せる病」として知られていたことも知らなかった。

　事実を把握していなかったため、一九八〇年代前半の研究では、カリフォルニアで盛んだったサブカルチャー、ゲイに的を絞ってＡＩＤＳ／ＨＩＶ患者を探した。もちろん、このときも探し物はすぐに見つかった。また、誤ってカナダ人のフライトアテンダント、

ガエタン・デュガに「アメリカにＡＩＤＳを持ち込んだ張本人」というレッテルを貼ってしまった。デュガは研究対象外の人物で、職業柄、ときおりアメリカに入国するだけの訪問者だったため、外部（outside）の人間という意味で「患者Ｏ（オー）」と呼ぶことにした。ところが、誤字で「患者０（ゼロ）」（集団感染の最初の患者の意）と公表されたため、デュガが感染元になってしまったのだ。ＡＩＤＳ／ＨＩＶが初めて同定されたのは一九八〇年代で、誰もがそのウイルスは当時発生したものだと推測した。しかし、状況が一変する出来事があった。一九六九年、ミズーリ州セントルイスで、一六歳の少年ロバート・レイフォードが不可解な症状を呈して死亡した。実際、治療に携わった全員がその症状や兆候に驚き、困惑した。そして、レイフォードの検死解剖で採取した組織サンプルで遡及的試験を行ったところ、死因はＡＩＤＳ／ＨＩＶだったと立証されたのだ。当時はまだ、ＨＩＶがＳＩＶ（サル免疫不全ウイルス）の変異株であることはわかっていなかった。サル免疫不全ウイルスは、アフリカで一九二〇年代後半から三〇年代前半にかけて行われていた一連の実験中、あるまじきことなのだが、種族の壁を超えた。これら実験は耳を疑うような極秘項目リストに沿って行われていた。

通説の黒幕

神

テレビに出演した説教者の多くは、すかさずお決まりの対応を示し、この病気は罪深きゲイを罰するために神が与えたのだと主張した。堕落したゲイの頭上に神の怒りが降り注いだのだ。わずか数年前の二〇一四年、アリゾナ州にあるフェイスフルワード（信頼できる言葉）・バプティスト教会の牧師スティーヴン・アンダーソンは、アメリカの聖地を浄化するため、ＡＩＤＳ／ＨＩＶ患者全員を処刑するよう要求した。

陰謀論者の中には、ＡＩＤＳが世界に広まったのはＣＩＡがアフリカで戦うキューバ兵を襲うための生物兵器が原因ではないかと見ている者もいる。従来の生物兵器をキューバ兵に感染させたところ、現在ＨＩＶと呼ばれる病原菌に突然変異し、本来のターゲットを越えて感染し、不測の事態に陥ったのだ。

ＣＩＡ

ソ連政府

一風変わった黒幕説

ＡＩＤＳ／ＨＩＶで非難を浴びるのは、間違いなくヨシフ・スターリンだ。一九二六年、スターリンはロシアの動物交配専門家イリア・イワノフをアフリカに派遣し、ヒトとチンパンジーの掛け合わせ、ヒューマンジーを創る実験を行わせた。イワノフは、当時、フレンチ・ニューギニアと呼ばれていたコナクリに研究室を設立し、アフリカ人女性にチンパンジーの精子を授精させ、その影響について日々研究を重ねていた。実験台となった女性はみな地元の売春婦で、報酬に引かれて参加した。誰ひとり実験の内容や体への影響については口にせず、異種交配が失敗に終わると元の生活に戻っていった。

一九二七年には、現地にいたフランスの役人がイワノフの計画をかぎつけた。噂では、アフリカ人男性を雇って報酬を払い、いわば伝統的な性交でメスのチンパンジーを妊娠させる実験を行っていた。イワノフは即刻国外に退去するよう命じられた。彼はロシアに戻り、スターリンの故郷ジョージアでフランケンシュタインさながらの実験をしたが、どれもうまくいかなかった。しかし、まもなく世界は彼がアフリカに残してきた遺物でとんでもない代償を払うことになる。

疑問と信憑性

　ＡＩＤＳの父として非難を浴びたイワノフとおどろおどろしい不穏な計画は、ＳＩＶ（サル免疫不全ウイルス）の感染を助長した。イワノフがモンキービジネスに専心しているかたわら、数百年ものあいだチンパンジーが保有してきたＡＩＤＳの源ＳＩＶが、突然、ヒトに感染したのだ。最初のＡＩＤＳ／ＨＩＶ感染をはっきりと確認できたのは、一九三一年、やはり西アフリカで、宿主はカメルーンに住む女性だった。

不可解な事実

　なぜ、スターリンはこのような奇怪な実験を認可したのだろう？　一説によると、スターリンは奴隷のように従う兵士や頑健な労働者を創造できると期待していたようだ。また別の説では、合図ひとつでヒト類似生物の新種を生み出し、ダーウィンやキリスト教徒の唱える種族の創造や進化論が間違っていることを証明したかったのだという。だが、本当の理由は永遠にわからない。

疑いの目で見れば

　これら一連の流れを詳述した文書では、一九八〇年代にＡＩＤＳ／ＨＩＶが生物兵器として製造されていた可能性を否定しており、さらに、ＡＩＤＳの症状はどの生物兵器に侵された場合とも一致しない。潜伏期間は軍部が興味をそがれるほど長く、人間の通常の性行為を通してひとたび開発者の手を離れたら、感染ルートも感染者もまったくコントロールできなくなる。開発者の国で暴れまくる生物兵器など、どんな規模であっても意味を成さない。

チャレンジャー号爆発事故

一九八六年一月二八日、チャレンジャーは飛び立ってまもなく、メディアが見守るさなか爆発した。乗組員のひとり、クリスタ・マコーリフは宇宙に到達する初の民間教師になるはずだった。彼女はＮＡＳＡから高く評価され、特例で選ばれた宇宙飛行士で、その美しさと陽気な性格もあり、たちまちメディアの人気者となっていた。

だが、離陸して七三秒後、アメリカはマコーリフの夢が爆発炎上とともについえるのを目撃し、恐怖におののいた。機体からは煙が天に向かってもうもうと立ちのぼり、破片が大西洋に飛び散った。国中がショックに包まれた。なにかがとてつもなくおかしくなっていた。乗組員七名全員が崩壊するチャレンジャーとともに非業の死を遂げた。ＮＡＳＡが乗組員を失ったのはこれが初めてではない。アポロ一号計画では三人が死亡している。だが、これは開発初期段階の事故であり、ＮＡＳＡはチャレンジャーの悲劇が起こる前にこうした事故もガタ落ちした評判も過去のものになると願っていた。宇宙開発計画に伴う楽観主義は、まるで防御盾のように周囲を覆っていたが、チャレンジャー爆発によって砕け散った。さらなる宇宙探索を望むＮＡＳＡの夢は、事実、二年近く停滞した。

奇妙な点

その後の調査で、爆発の原因はＯ（オー）リングにあることが判明した。Ｏリングは単純なゴム製の輪で、地球の重力

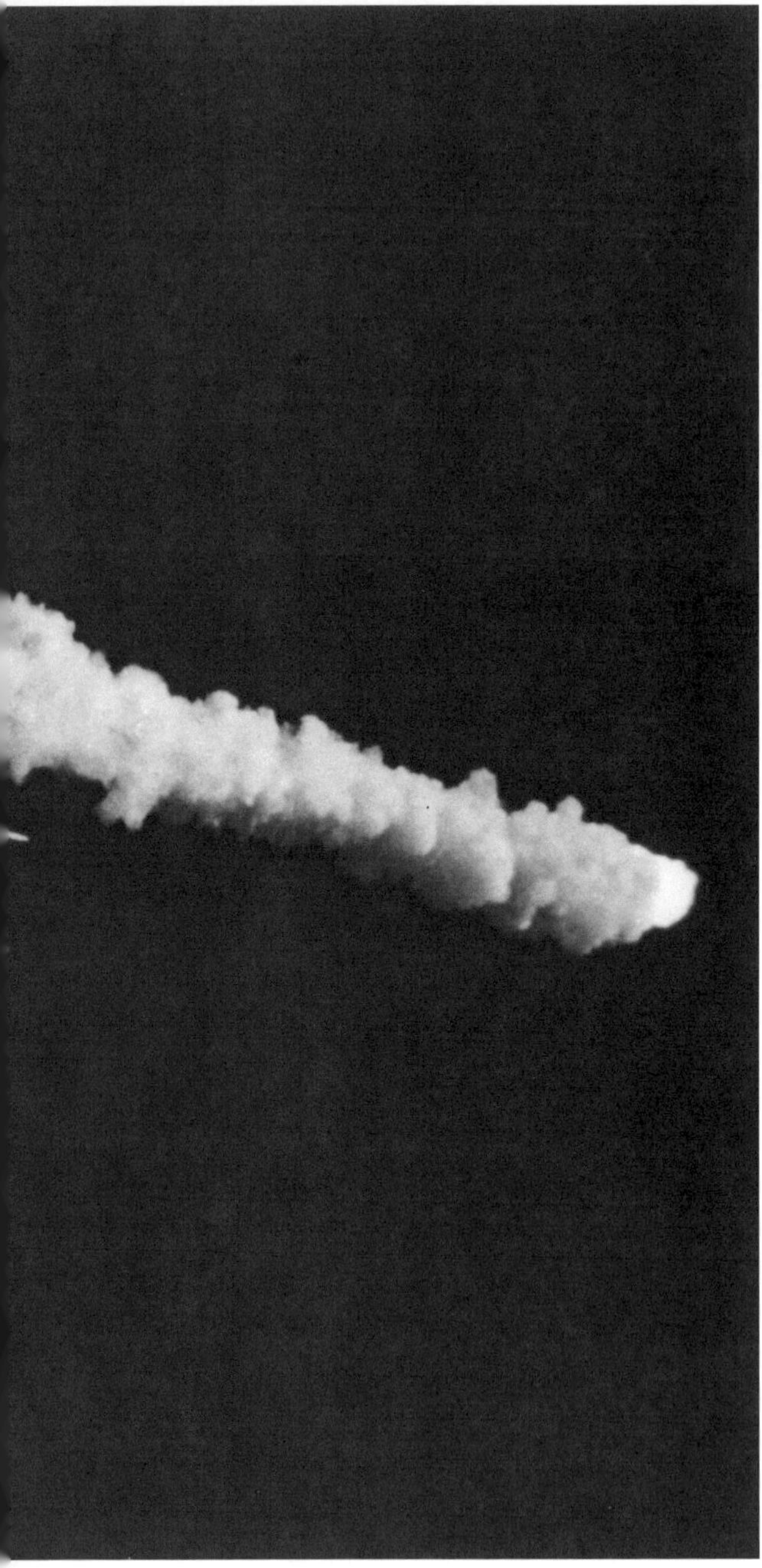

に負けず推進力を生む二機のロケットブースター（固体燃料補助ロケット）を接合するシール部品だ。なぜOリングが破損したのか？　原因はチャレンジャーが発射された日の気温だった。その時期のフロリダにしては珍しく気温が低く、マイナス二度近くまで下がっていた。Oリングは氷点下で使用できるよう考案されていなかった。結果、点火した主要液体燃料タンクから出る熱いガスに耐え切れなくなっていたのだ。まぎれもなく、この欠陥が爆発を引き起こした。NASAの技術者が以前から把握していた問題点だった。

大惨事の波紋は世界を駆け抜けた。

NASA

一説によると、悲劇の源は間違いなくNASAの怠慢や横柄な態度だ。NASAはそれまでスペースシャトルのミッションで成功を収め、民衆から称賛されていたため、自信満々、独りよがりになっていた。チャレンジャー打ち上げで盛り上がり、カメラやテレビの取材でにぎわうなか、Oリングの欠点は些細な問題として見逃されたのだ。技術者たちはOリングが通常より低い気温に対応できないことを重々承知していたが、とにかく発射させることにした。マニュアルからすれば、絶対に発射を中止すべき状況だった。さらに腹立たしいのは、NASAがOリングの問題を経験したのはこれが初めてではなかったからだ。Oリングの破損はその五年もまえに、数回の飛行により発覚していた。それなのに、何の対処もしていなかったのである。

部品製造会社

すでに一九七七年には、Oリングを設計した部品製造会社は低温時に現れる欠陥に気づいていた。同社は新ロケット製作の依頼元にその旨きちんと報告している。だが、このときも何ひとつ対処しなかった。チャレンジャーのケースでは、NASAが同社に圧力をかけていたと言われている。低温時、Oリングに問題が起こるとわかっていながら使用を許可すること、そして、打ち上げ計画を進めること。同社はどこより儲かる契約相手を怒らせるわけにはいかず、同意したのだ。

一風変わった黒幕説

ＵＦＯや地球外生命体に精通しているＭＪ12がＮＡＳＡの内部で活動するのは理にかなっている。さらに、一説によると、チャレンジャー爆破を計画したのもＭＪ12が操っているＮＡＳＡ局員だという。ＮＡＳＡは人類が太陽系の支配権を握れるよう尽力している。宇宙開発が進めば、エイリアンが存在する証拠をつかんでしまうかもしれない。そこで、ＭＪ12はＮＡＳＡの発展を阻止する任務を請け負ったのだ。チャレンジャーを爆破し、ＮＡＳＡの評判を落とし、職員を大幅に入れ替えた。さらに、ＮＡＳＡの活動をしばらく停止させ、次の打ち上げの際にはＮＡＳＡ全体を支配下に置いていたのだ。

大銀河の悪鬼

アメリカとソ連は宇宙探索を数回経験し、技術者を困惑させる奇妙な問題や壁にぶつかってきた。とりわけ火星へのミッションは難題が多かったが、比較的単純な地球軌道への飛行にも問題があった。これほど問題が続くのは悪鬼のせいだとされている。悪鬼とは謎の力であり、グレイかもしれないし、未確認の何かかもしれない。彼らはガラスの天井で地球を囲んでいるのだ。

その他の黒幕説

原理主義のキリスト教徒、ＭＪ12に支配されたＮＡＳＡの極秘部署。

疑問と信憑性

アメリカ政府及びOリングを製造したモートン・サイオコール社から巨額の金（数百万ドル規模らしい）がチャレンジャー乗組員の遺族に支払われた。あまりに早い手続きを考えると、罪の意識の他に、事件すべてをできるだけ早く消し去りたいという意図が垣間見える。政府がからむ訴訟のほとんどは、原告の市民が笑われ、出費のかさむ道に誘導される。原告を精神的にも経済的にも叩きつぶしてやろうとする弁護士が住むジャングルに引きずり込まれるのだ。だが、このケースは違った。

不可解な事実

失ったスペースシャトルが一機だけなら、大惨事として納得できるかもしれない。だが、二機となれば……。そう、何らかの陰謀が存在するはずだ。二〇〇三年二月一日、コロンビアが地球帰還に向けて大気圏に突入しようとしたときにも、機体が崩壊して乗組員七名が死亡した。チャレンジャーを失って以来、最悪となる宇宙船の事故だった。公式発表によると熱シールドの欠陥が原因だったが、チャレンジャー爆発に対して湧き上がった多くの疑問や説が、不気味なほどコロンビアにもぴたりあてはまった。しかし、なかにはこの事故にぞっとするような意味を見出す者もいる。事実、イスラエル人を載せていたスペースシャトルの破片はテキサス州パレスタイン［パレスチナと同じスペル］に散ったのだ。

疑いの目で見れば

何をしても許されるのか？　被害者を英雄と呼び、アメリカ大統領は彼らを讃えた素敵な詩を詠む。陰謀の証拠はほとんどないが、ひとつ確かなことがある。政府はつねに人命の犠牲に無関心なのだ。

SARS

二〇〇三年三月、中国南部の広東省に住む六四歳の医科大学教授、劉剣倫(リュウチャンリン)は親戚の結婚式に出席するため香港に飛んだ。自分が数週間後に死亡するとは想像もしていなかった。ましてや、SARS（重症急性呼吸器症候群）の殺人ウィルスを広めた死の天使として非難されるなどとは夢にも思っていなかった。

SARSは二一世紀の世界的伝染病第一号となった。肺炎に似たウイルス性疾患で、たちまち人間の住む大陸ほぼ全域、三〇か国以上に広まった。八〇〇〇人あまりが感染し、約一〇パーセントが死亡した。SARSは重度の呼吸困難を引き起こし、苦しみもがき、死を迎える。当初、世界の人口から考えてSARSの患者数が少なかったため誰もが安心していたが、科学者がSARSウイルスは謎の突然変異を遂げる「スーパー病原菌」に属すると発表したとたん、大混乱となった。また、科学者はこのウイルスは大物になるかもしれないという不安を口にした。大物とは悪性の風邪を引き起こすインフルエンザ・ウイルスで、一九一八～一九年に流行ったスペイン風邪のように、数千万から一億人の命を奪うかもしれないウイルスなのだ。

WHO（世界保健機関）はトロントはじめ、SARSが発生した都市への旅行を控えるよう注意を呼びかけた。経済的打撃は数十億ドルまで膨れ上がっていった。世界中の科学者が研究を開始し、SARSの発症地は広東省であり、中国から海外に広まったのは香港の結婚式に招かれた悲運な男性が原因だと突き止めた。また、SARSのコロナウイルスは動物とヒトのウイルス遺伝子が組み換えられたときに発生し、いまのところ治療法がないことも確認した。

じつは、中国軍はSARSの存在を知りながら二〇〇二年一一月から隠していた。この事実が発覚すると、医学界のみならず政界も大混乱に陥った。中国の衛生局長兼北京市長は退任を余儀なくされた。温家宝首相は胡錦濤国家主席とともに軍の非協力体制と当初の隠蔽を非難し、前国家主席の江沢民を暗に批判した。江沢民は国家中央軍事委員会主席の座を手放すまいとしていたのだ。

意外にも、政府によるSARS隠蔽を暴露した元中国軍医師は口を封じられることもなく、中国の

事実、SARSコロナウイルスは非常に小さいため、医療用マスクでも難なく通過する。

公式メディアから先例のない取材を受けた。つまり、暴露は胡錦濤国家主席によって仕組まれた計画の一部で、軍を牛耳る敵を倒そうと目論む権力抗争の一環だったのではないだろうか。また、胡錦濤は西側が中国を攻撃するためにＳＡＲＳを発生させたという説を広めようとしていたらしい。ＳＡＲＳに向けられた怒りの矛先を政府の隠蔽やずさんな危機管理からそらそうとしたのだ。

ＳＡＲＳが下火になってきたころ、各政府が世界に向けて説明を続け、ＳＡＲＳウイルスが発生したのは広東省にある動物市場だと念を押した。だが、数多く寄せられた質問に対し、公式な回答は発表されなかった。

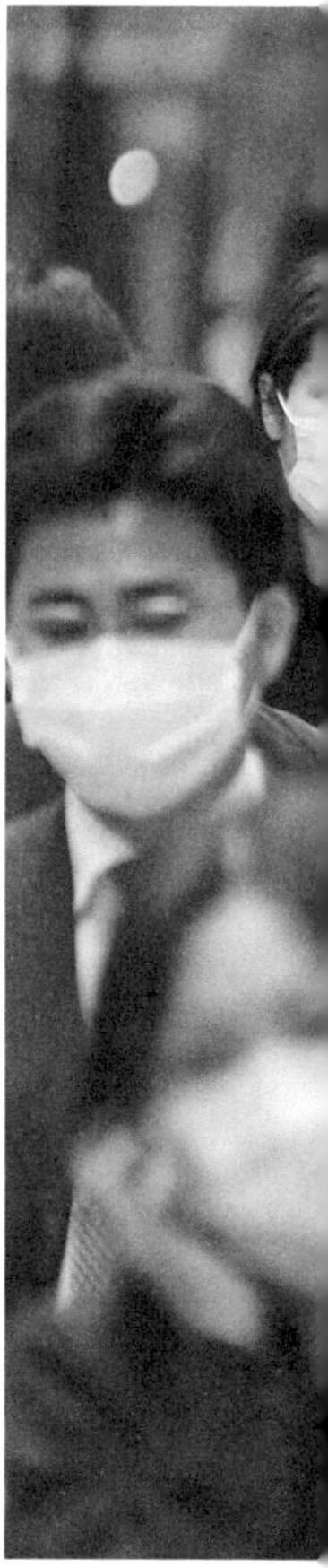

奇妙な点

ロシアの多くの科学者は、ＳＡＲＳは人間が生み出した疾患だと信じている。モスクワの疫学センター長ニコライ・フィラトフはこの説を初めて発表し、時を移さずセルゲイ・コレスニコフ教授が後押しした。コレスニコフの研究によれば、ＳＡＲＳウイルスは実験室の環境でしか発生しない。シベリアの生物兵器研究家も、ＳＡＲＳはおそらく中国のどこかにある実験室から偶然漏れ出したのだろうと考えている。

通説の黒幕

中国軍

中国で生物兵器を研究している主要施設はＳＡＲＳが発生した広東省にある。当然ながら、疑いの目は中国の生物兵器研究者や彼らを指揮する中国軍の上司に向けられた。さらに疑惑が深まるのは、中国軍の病院からウイルスが広まったという事実があるからだ。軍部の強硬派が、SARSによって中国が孤立し、戒厳令が敷かれれば、自由化政策を逆転する言い訳ができると期待したのかもしれない。

医療機関

SARSは中国経済だけでも一六〇億ドル以上の損失となったが、死者が続出して恩恵を受けた分野がひとつだけある。医学界だ。SARS発生により、医療、薬学、ウイルス研究にたずさわる機関の予算は劇的に増加した。また、保安や法執行機関の関係者もしかりだ。道徳観念に欠けた科学機関の一部署がSARSウイルスを作ってばらまき、金儲けをするために危険性を吹聴したのだろうか？

アングロ・アメリカン陰謀団

SARSのパニックが最高潮に達したのは、ちょうどイギリス・アメリカ軍がイラクに侵攻しているときだった。アングロ（英）・アメリカン（米）陰謀団が世界のメディアを戦争から遠ざけ、中国の利得を邪魔するために、SARS問題を展開させたのだろうか。中国はイラク侵攻に反対し、経済面でもライバルになっていた主要国のひとつだった。

アルカイダ

一風変わった黒幕説

アルカイダがテロ作戦で使用する生物兵器を研究していたことはよく知られている。SARSは実験初期に試験し、西側だけでなく共産主義の中国も標的にしていた。中国は都心から離れた地域でイスラム教分離主義者の活動を弾圧し、アルカイダの怒りを買っていたのだ。

WHO

微量のSARSウイルスをばらまいたのは、WHO（世界保健機構）かもしれない。ウイルスがどのように広がるか、そして市民が大物にどう反応するかを調査する大規模な社会的実験の一部だった。大物とは世界の人口の半分を一掃できる生物剤である。

ビルダーバーグ会議

陰謀論に取りつかれている研究者によれば、世界中の実業家や大富豪がビルダーバーグ会議と称して定期的に集まり、人口調整プログラムの試験を行うためにSARSをばらまいたという。最終目標？　それは、地球の資源を無駄使いする貧困層を減らし、残った者を確実に支配することだ。

疑問と信憑性

オランダ、ユトレヒト大学のペーター・ロティィエ教授はオランダ人科学者を集めて研究チームを立ち上げた。彼らはネコを死に至らしめるコロナウイルスを、マウスから採取したコロナウイルスの一遺伝子と置き換え、マウスの細胞に感染するコロナウイルスに変換させた。ロティィエはこの研究を通してほぼ確信した。つまり、SARSコロナウイルスは、ヒトと動物が持つウイルスを操作して遺伝子を交換すると発生するのだ。南カリフォルニア大学のマイケル・レイはこの説を裏づけた。「納得できる理論です。コロナウイルスはそう簡単に遺伝子組み換えが生じるものではありませんから」。

不可解な事実

カーディフ大学のチャンドラ・ウィクラマシンゲなど有力な科学者の説によると、特異な性質を持つSARSウイルスは宇宙塵を媒体として地球外から届いたと考えるほかないようだ。科学者は壁にぶつかって簡潔な解説ができなくなると、地球外理論に夢中になる。となれば、世界中の科学者がSARSの背後にある真実をつかめずに降参したことは火を見るより明らかだろう。

疑いの目で見れば

新型ウイルスより速く世界を駆けめぐるものがあるとしたら、それはそのウイルスにまつわる陰謀論だ。スーパー耐性菌にかんする浅はかで滑稽な噂は、深刻に受け止めた者を追い詰め、医療用マスクやいんちき薬から不当利益を得ている者をおびやかす。むろん、飛び交う陰謀論など気にも留めない幸せいっぱいの政府には害を与えない。それどころか、本来なら国の指導者に向けられるべき怒りをそらす手助けをしているのだ。

ジョーンズタウン大虐殺

一九七八年のジョーンズタウンを撮った画像を見るとぞっとする。南アメリカの直射日光にさらされて膨れ上がった死体は数百体に及んだ。明らかに集団自殺だった。周囲の友と手をつないでいる死体もあり、まるで仲良くあの世を見に出かけたかのようだ。全員、「人民寺院」と呼ばれる宗教団体のメンバーだった。

報道によると、全員が粉末ジュース「クールエイド」に青酸カリを入れて飲むよう命じられたようだ。指示を出したのはジム・ジョーンズというカリスマ的なアメリカ人宗教リーダーで、かつては信仰療法士だった。ジョーンズの死体もいっしょに見つかったが、信者とともに青酸カリを飲んだわけではなく、銃で自殺したと見られている。

多くの死者(のちに九〇〇人以上と推定された)が出たこの事件にも不可解な点があった。ジョーンズは容赦ない人種差別をするＫＫＫ(クー・クラックス・クラン)の会員の息子だが、驚いたことに、ジョーンズ自身は各人種が調和した平和な世界を求めて遊説していた。ユートピアを設立することが夢だったのだ。ジョーンズは自分をイエス・キリストだけでなくウラジミール・レーニンの生まれ変わりだと考え、カリフォルニアのユカイアに人民寺院を創設した。信者はあらかたが黒人で、ジョーンズ率いる治安部隊に監視されていた。治安部隊はメンバーの持参金すべてを没収した。ほとんどが政府助成金の小切手だった。

人民寺院から逃げようとした者は体罰を受け、ときには死亡したらしい。こうした出来事が報道されると、ジョーンズはサンフランシスコの辺ぴな土地に引っ込んで人民寺院を増設した。それでもメディアに追われたため、一九七七年にはユートピアを南アメリカのジャングルの奥深く、ガイアナに移すことに決めた。もちろん、信者はついていった。そしてジョーンズは、ここガイアナで、かの非道な「ジョーンズタウン」を作った。彼自身が唯一の法となる集落だった。

虐待問題は後を絶たなかった。一九七八年、騒ぎが大きくなったため、アメリカ下院議員レオ・ライアンがガイアナに飛び、自ら調査を開始することにした。一九七八年一一月一八日、ライアンは興味をそそられたレポーター

欺かれた信者のごく一部。彼らは最後の最後までジョーンズの命令に従った。

数人を引き連れ、在ガイアナアメリカ大使館副館長リチャード・ドワイヤーとともにジョーンズタウンに入った。取材を終え、近くの空港からアメリカに帰ろうとしたとき、事件が起こった。なぜかドワイヤーをのぞき、調査団全員が射殺されたのだ。

空港で殺害事件が起こったすぐあと、いや、調査団の殺害命令を出したあと、ジョーンズは自分に自殺命令を出した。数時間後、人民寺院は遺体安置所と化していた。ジョーンズタウンはカルトリーダーが人命さえ操れる一例となり、世界を混乱させた。だが、時間がたつうち、ジョーンズタウンが単なる狂信者の本拠地ではないことが明らかになってきた。さっそくアメリカ政府高官の関与がささやかれ、ただでさえ胸の悪くなる悲劇が脅威すら感じさせるようになった。

奇妙な点

銃で自殺したとされるジョーンズの死体はジョーンズタウンで見つかったが、使った拳銃は死体から六〇メートルも離れたところにあった。そうなると、ジョーンズは他殺だったのか、あるいは、そもそも死んだのはジョーンズ本人だったのか、疑問が残る。死体を詳しく調べたところ、ジョーンズが入れていたはずのタトゥーがなかった……。

ジム・ジョーンズ

通説の黒幕

ジョーンズの経歴を見ると、単なる信仰療法士ではなかったようだ。弾劾された大統領リチャード・ニクソンはじめ、政治家のために資金集めをしていた。偉そうにユートピア論を語りながら、共和党を熱く支持していた。一九六一年、ブラジルで一年間働いたのはＣＩＡのためだという噂もある。この仕事のおかげで、というより、この仕事で得た一万ドルのおかげで、ジョーンズはユカイアに最初の人民寺院を創設した。ジョーンズタウンで暮らす信者は、麻薬で感覚を奪われ、食事はほとんど与えられず、奴隷のように働き、自殺の予行演習まで強要されていた。ジョーンズはＣＩＡの支援を受けながら、ジョーンズタウンで大掛かりなマインドコントロールの実験をしていたのかもしれない。ライアンが訪問したあと、この一件が報道されるかもしれなかった。ジョーンズはただただ証拠を抹消したのだ。

ＣＩＡ

ＣＩＡとジョーンズには複数のつながりがある。ブラジルでの任務はさておき、ジョーンズの仲間にはＵＮＩＴＡ（アンゴラ全国独立民族同盟）のメンバーや、ＣＩＡが援助するアンゴラ軍、ＣＩＡが融資する別の団体、国際警察学校で働いていたダン・ミトリオーネがいた。ジョーンズがガイアナで実験したマインドコントロールは、まさにＣＩＡが実施したＭＫウルトラ計画の拡張版だ。詮索好きなメディアを避け、遠く離れた場所で実施したのだろう。事実、ＭＫウルトラ計画で使用した麻薬がジョーンズタウンで見つかっている。興味深いのは、ライアン率いる一行で唯一生き残ったドワイヤーがＣＩＡの名士録に載っていることだ。

アメリカ政府

アメリカ大使館はジョーンズが人民寺院をガイアナに移転したとき、協力している。信者が（服毒したのではなく）撃たれたという報告が入ったとき、アメリカのグリーンベレー（陸軍特殊部隊）がすでに現地に入っていた。グリーンベレーは暗殺の腕で評価されており、ヴェトナム戦争で活躍した部隊だ。事件の隠蔽が疑われた主因は、アメリカ政府が死体を家族に返すのを拒否したからだ。何百もの死体が誤って火葬されたのである。

ワールドヴィジョン

一風変わった黒幕説

世界に広まる福音主義組織、ワールドヴィジョンはCIAと手を組んでいると長年疑われてきた。ジョーンズタウンの事件後、ワールドヴィジョンは元CIAのラオス人傭兵とともに現地に人を住まわせた。ワールドヴィジョンの元メンバーには、ジョン・ヒンクリー・ジュニア(レーガン暗殺未遂犯)、マーク・デイヴィッド・チャップマン(ジョン・レノン暗殺犯)がいる。ふたりとも、犯行に及んだときマインドコントロールを受けていたとする陰謀論者はひとりではない。

プロセス教会

新たな証拠が持ち上がった。ジョーンズはカリフォルニアで過ごしていた若いころ、イギリスの宗教団体プロセス教会のメンバーとつながっていた。プロセス教会はサイエントロジーという親団体から派生したグループで、脳洗浄の技術とグノーシス主義の信条を融合させていた。プロセス教会はジョーンズタウンの事件発生時にはすでに姿を消していたが、ジョーンズに与えた影響はあまり前向きなものではなかったようだ。同じように感化されたカルト指導者チャールズ・マンソンも女優シャロン・テートを惨殺している。

疑問と信憑性

検死官C・レスリー・ムートゥーはジョーンズタウンの死は自殺ではなく殺人だと主張し、検死を要望したが、アメリカ軍は拒否した。死体は直射日光が当たるなか放置され、腐敗した。

不可解な事実

ジョーンズタウンにかんする真実を暴けるのは、元ジョーンズの助力者マイケル・プロークス、作家のジーニー・ミルズとアル・ミルズ夫妻だ。だが、三人とも死体で発見された。

疑いの目で見れば

ジョーンズは信者のほとんどを貧困層や少数派民族から選んでいた。当初、大騒ぎにならなかったのもうなずける。宗教信者の集団自殺は悲劇だが、考えられなくもない。ジョーンズタウンの事件の前後にも繰り返し起こっているし、これからもなくなることはないだろう。ジョーンズのような人物に当局が注目したときは、時すでに遅し、誰ひとり救えないのだ。

オクラホマ連邦政府ビル爆破事件

一九九五年四月一九日、オクラホマ州オクラホマシティで大爆発が起こり、マラー連邦政府ビルの大部分を破壊し、ビル内にいた大勢の人が死亡した。

爆発の瞬間まで、アメリカはテロからの攻撃など受けないと思い込んでいた。一九九三年の世界貿易センタービル爆破事件同様、テロ攻撃を軽視し、保安に対する認識を誤り、安心していたのだ。しかし、オクラホマの爆破事件は多くの死傷者を出し、世界の注目を浴びたため、アメリカ国民の精神に深い傷を負わせた。

湾岸戦争の退役軍人ティモシー・マクヴェイはこの爆破事件で有罪判決を受けた。たしかに、マクヴェイが爆破を実行したという証拠は奇妙なほどたくさんある。事件を起こすかなりまえから姉に何通もの手紙を送り、自分の「怒りと疎外感」について綴っていた。これらの手紙は、自殺、社会からの脱落、ひきこもり、腹黒い王が仕切る政府についても触れていた。内容に不安を感じた家族は、オクラホマ爆破事件の犯人はマクヴェイだと直感した。彼の姉いわく、マクヴェイが政府を恨む狂人となったきっかけは、陸軍がマクヴェイに余分に払った金一〇〇〇ドルを返すよう執拗に要求したからだという。

マクヴェイは特殊部隊の訓練を志願し、査定段階で落ちた経験がある。ある手紙には、「フォート・ブラッグ基地でもらった評価だと、合格すればいくつかの嫌な任務に就くことになる」と書いてあった。マクヴェイの言葉を借りると、特殊部隊の隊員は民間警察と協力し、危険だと見なした人物の口を封じ（殺さ）なければならない。さらに、「CIAは極秘作戦を実行するために麻薬を全国にばらまいて資金集めをしているので、それにも協力しなければならない」と記されていた。マクヴェイはこうした任務の非道な本質を知り、政府に反感を持つようになったのだ。

しかし、本当にマクヴェイが犯人なのだろうか？　この爆破事件には中東のテロリストがかかわっているという証拠も複数ある。調査熱心なジャーナリスト、ケリー・パトリシア・オメーラは、マクヴェイの共犯で有罪判決を受けたテリー・ニコルズが一九九〇年代前半にフィリピンのミンダナオ島で行われた会合に出席したことを突き止めた。ミンダナオ島は原理主義者の温床で、その会合にはラムジ・ユセフの顔

テロリストの別の顔。ティモシー・マクヴェイはオクラホマ爆破事件で死刑判決を受けた［2001年に執行された］。

もあった。ユセフはのちの一九九三年、世界貿易センタービル爆破事件の首謀者として有名になる男だ。会合の議題は爆破活動で、火器や銃弾を支給し、爆弾の作りかたや扱いかたを訓練した。

多くの人が、爆破直前、中東系と思われる複数の人物がマラー連邦政府ビルから小型トラックで走り去るところを目撃している。また、マクヴェイが少なくともひとりのイラク人といっしょにいたという証言もある。このイラク人はクリントン大統領がイラク人数千人をアメリカに再定住させる計画の一環でオクラホマシティに連れてこられた難民だった。

奇妙な点

ジャイナ・デイヴィスの見事な調査を客観的に見ることもなく、オクラホマシティとアメリカのメディアは、ビル・クリントンと司法長官ジャネット・リノの見解を受け入れた。結果、オクラホマシティの爆破は国内の右派による攻撃だと断定された。爆破と海外のつながりを示す証拠はどれも無視された。そこで我々がデイヴィスがあちこちから収集した証拠を慎重に検討し、独自の調査を進めたところ、迷いなく確信できた。彼女の主張は確固たる証拠に基づいている。いっぽう、司法省やＦＢＩは数千人におよぶ職員を調査に導入していたにもかかわらず、オクラホマのイラク人コミュニティを取材した者もいなければ、マクヴェイとつながりのあるスパイにあたった者もいなかった。

CIA

通説の黒幕

ここ数年、軍高官や諜報員からなる陰謀団が、クリントン政権の政治腐敗と経済崩壊に嫌気がさし、大統領を失職させようとしてクーデターを計画していた証拠が次々と挙がっている。爆破の二日前、この陰謀団の多くを乗せた飛行機がアラバマで墜落した。一説によると、オクラホマの大惨事を企てたのはＣＩＡで、目的はクーデターの調査から注意をそらし、国の統一に集中するためだったという。当時、また軍事的反乱が起こったら、大統領職は危険にさらされる状況にあった。

ＫＫＫ

事件前、ＫＫＫ（クー・クラックス・クラン）オクラホマ支部の有名なグランド・ウィザード（最高幹部）で、白人アーリア人抵抗運動の地元リーダーを務めていた人物がマクヴェイに会っていた。彼はテリー・ニコルズの仲間で、カナダとイギリスへの入国を禁じられ、国際警察からテロリストに認定されていた。だが、尋問はいちども受けたことがない。となると、不穏な結論にたどりつく。ＫＫＫは爆破に関与しただけでなく、極秘諜報機関から何らかの支援を受けていたのかもしれない。

クリスチャン・アイデンティティ

一風変わった黒幕説

クリスチャン・アイデンティティはいわばブリティッシュ・イスラエル運動のアメリカ版で、白人のアメリカ人こそモーセの子孫だと説いている。たしかに、クリスチャン・アイデンティティは熱狂的右派に人気が高く、爆破に関与していたかもしれない。マクヴェイがクリスチャン・アイデンティティの権力あるリーダーから指示を受け、キリスト再臨の預言を実現するために爆破を実行したという説もある。

疑問と信憑性

ＦＢＩは明らかな容疑者に対して簡単な尋問すら行わず、怪しい人物も追跡しなかった。尋常ではない不安を覚える。任務を怠った犯罪だ。もしくは、この爆破は国内にいる右派の不満分子が起こした単純な事件で、あえて、該当する容疑者はすでに確保したと訴えたのだろうか。

不可解な事実

二〇〇二年、ペンタゴン（国防総省）の一部の職員が、ティモシー・マクヴェイはイラク人と手を組んでいると確信していたことが明らかになった。理由は、マクヴェイがイラク人の電話番号を複数持っていたからだ。しかし、この暴露はカムフラージュで、調査の矛先をそらすためだったのかもしれない。チャンドラ・レヴィ失踪事件とマクヴェイの処刑のつながりを示唆する説が浮上したからだ［第一〇章「チャンドラ・レヴィ」参照］。

疑いの目で見れば

オクラホマ爆破事件には公式に発表されていない事実がある。そう考えると、無実の政府職員が大勢死亡した事件には当局の共謀がにおう。少なくとも、真犯人を逮捕しようとはしていない。たしかに、現在入手できる証拠だけをたよりに飛び込むには、闇が深すぎる。

ウェイコ事件

一九九三年二月二八日、日曜日、午前九時半ごろ、アメリカのBATF（アルコール・タバコ・火器及び爆発物取締局）が捜索令状を手に、宗教団体ブランチ・ダヴィディアンが占拠した場所に向かった。テキサス州ウェイコにあるマウント・カルメル・センターだ。BATFは黙示録を説くブランチ・ダヴィディアンがこの本拠地に爆発物や火器を大量に不法所持していないか捜査するとともに、カリスマ的リーダー、デイヴィッド・コレシュを逮捕することが目的だった。

何かが狂っていた。捜査員とブランチ・ダヴィディアンのメンバーの銃撃戦が勃発し、捜査員は四名が死亡、一六名が負傷した。ブランチ・ダヴィディアンのメンバーにも死傷者が出た。BATFはいったん撤退し、今度はマウント・カルメル・センターを包囲した。包囲は五一日間に及んだ。FBI、司法長官ジャネット・リノ、ビル・クリントン大統領も作戦に加わった。結局、事件は謎の火事で終結した。マウント・カルメル・センターは燃え尽き、その様子をCNNが放映した。調査員が焼け跡の灰の中から子供一七人、大人六〇人以上の死体を発見した。その中にはコレシュの死体もあった。

すぐさま疑問が湧き上がった。五〇日間、比較的温和な交渉が続いていたのに、なぜ急に膠着状態から急展開したのか。FBIはCEV（戦闘工兵用車両）から施設内に催涙ガスを投げ入れ、戦車等で壁を撃破した。おそらくこのとき、中にいた子供たちが死亡した。政府はメディアに対し、子供は守ると繰り返していたのに、だ。さらに、突入後しばらくして、いきなり銃撃戦が始まったことにも疑問が残る。どちらも相手が先に仕掛けたと非難しているのだ。

一九九三年、あの運命の日以来、ウェイコ事件はさまざまな現実を象徴してきた。狂信的な宗教の犠牲、自らの過ちを隠蔽しようとする政府のむごたらしさ……。

奇妙な点

マウント・カルメル・センターに催涙ガスを投げ入れた正当な理由について、新たに司法長官に就任したばかりのジャネット・リノが説明した。ブランチ・ダヴィディアンのメンバーが施設内の乳児を殴っていたかららしい。ジャネット・リノは情報をＦＢＩに頼っていたが、後日、ＦＢＩはリノの発言を裏づける証拠はないと認めた。

ＢＡＴＦとＦＢＩ

通説の黒幕

疑問はまだまだある。包囲したあと最初に発砲したのは誰なのか？　ＢＡＴＦは撃ち合いをしたがるとか、襲撃の準備をきちんと整えていなかったとか、そういった噂もある。包囲作戦がぞっとするような結

末を迎えたあとで開かれた議会聴聞では、予想どおり、ＢＡＴＦの捜査員はブランチ・ダヴィディアンが先に発砲したと主張した。しかし、襲撃直後、ひとりの捜査官が先に発砲したことを認めていた——犬を撃ちました、と。のちに彼はその話を撤回した。ブランチ・ダヴィディアンは撃たれたから撃ち返したという主張を変えなかった。さらにＢＡＴＦは、コレシュたちが覚醒剤メタンフェタミンを製造していたと主張したが、これものちに嘘だと判明した。

ＦＢＩも事態を悪化させた。あるチームは夜通し大音量で音楽（チベットの歌やクリスマスソング）を流し、施設にぎらぎらした照明をあて続け、施設を停電させて、ブランチ・ダヴィディアンを追い詰めた。交渉

ブランチ・ダヴィディアンの施設は炎に包まれ、コレシュほか信者75人が息絶えた。

チームはこんなやりかたでは包囲作戦を穏やかに成功させることは難しいと感じていた。ＦＢＩはジャネット・リノに正確な報告をしていなかった。伝えられるところによると、リノは施設襲撃に不安を抱いていたが、ＦＢＩから子供が虐待されている可能性があると聞いて方針を変えたという。結局、虐待は立証できなかった。ＢＡＴＦの短絡的な復讐願望も事件の大きな引き金になったのかもしれない。

デイヴィッド・コレシュ

コレシュは自分をイエス・キリストの生まれ変わりだと信じていた。施設を包囲されたとき、黙示録的なヴィジョンが目に浮かんだのだろう。『ヨハネの黙示録』に魅せられたコレシュは、包囲されているあいだ、「『七つの封印』の意味を解説する原稿を書く」と繰り返し話していた。神とつながれば試練を通して助言が得られるらしい。ＦＢＩはコレシュが電話でだらだらと説教するのを何度も我慢した。施設の焼失は救世主コレシュからすれば見事な終焉だった。お気に入りの『黙示録』ではこの世が火に包まれて終わるからだ。だからこそ、ブランチ・ダヴィディアンの信者たちは「炎が待っている」と書いた紙を見せたのだろう。

ビル・クリントン

クリントンは施設内の子供を心配していると述べたが、催涙ガス投入の決断はジャネット・リノの独断だと言い張った。非難を逃れたクリントンはウェイコの悲劇を利用して、大統領としての政治的イメージを改善したかったのかもしれない。私はナンセンスではない、と。

一風変わった黒幕説

新世界秩序

極右が好む説によると、ウェイコ事件はアメリカ人の武装を解除するために国連が陰謀を企んでいた証拠らしい。恐るべき新世界秩序の単一世界政府は今にも誕生しようとしており、それに備えているのだ。テキサスのような州はひとり最低一丁は銃を持っている。そんな土地で、他にどんな理由があって、銃捜査のために施設を襲撃するというのか？

ネオナチによる陰謀

デイヴィッド・コレシュとブランチ・ダヴィディアンは世界規模のナチス陰謀団のメンバーだったのかもしれない。第三帝国を再建し、市民が抱くヒトラーのイメージを一新するのだ。他のメンバーには、パット・ブキャナンのような右派や、あちこちで見かける人種差別主義者の反体制派がいる。間違いなく、「ウェイコを忘れるな」はアメリカにいるネオナチの戦闘スローガンになっている。

銃規制支持者

ウェイコ事件はおそらく、クリントン率いる民主党と手を組んだ銃規制支持者によって計画されたのだろう。誰であれ、銃を持つと危険だということを警告しているのだ。

疑問と信憑性

議論を呼んだのは映画製作者マイク・マクナルティが撮ったドキュメンタリーだった。映っているのは施設を銃撃するヘリコプターだ。また、戦車の突撃場面や特殊部隊デルタフォースの姿もある。火を吹く銃口は、政府の部隊が施設を攻撃している証だ。これら画像すべてが、「最初に攻撃したのは相手で、我々は防衛のためにのみ反撃した」とする政府の主張を根本から揺るがせている。

不可解な事実

ガンで夭折する直前、喜劇俳優兼有名な陰謀論マニアだったビル・ヒックスは、ＦＢＩが主張した事件最後の数時間の状況を丸ごとひっくり返すような証拠映像を入手した。いつもヒックスは冗談を言っていた。もし真実を知ったら、今度はきみが百発百中の魔弾を浴びるよ。

疑いの目で見れば

もしコレシュが自身のテレビ番組を持ち、貧相なスーツを着て出演していたとしても、誰もかかわらず、ただ宗教団体のリーダーでしかなかっただろう。

湾岸戦争症候群

一九九一年の湾岸戦争はメディアやアメリカ政府にとっては成功だった。サダム・フセイン率いるイラク軍は、アメリカや連合国の卓越した軍事力によってクウェートから追放された。しかし、ジョージ・ブッシュ・シニアとコリン・パウエルが勝利の余韻に浸っているいっぽう、戦闘に従事した数万の兵士がつらい後遺症に苦しんでいた。潜行性の疾患で、医師を悩ませ、患者の命さえ奪っている。GWS、湾岸戦争症候群だ。

GWSが示す一連の症状からわかるのは、極度の衰弱である。寝汗、神経系障害、腫瘍、急激な体重減少、下痢、不眠、慢性疲労、重度の関節痛、異様な発疹、不可解な性格の変化、認識力の低下。多量失血の報告もある。GWSはひどい苦痛を伴うため、当然、多くの患者が重度の鬱状態になり、自殺するケースもある。

兵士が祖国のために戦っているあいだに罹患したことは議論の余地がない。だが、GWSの存在自体、アメリカはじめ多くの政府が否定している。人間の自由より原油価格を考えるような戦争に自らの命を危険にさらした兵士たちは、今、政府に見捨てられたと感じている。

奇妙な点

二〇〇三年、イギリス兵はGWSをかなり恐れていた。イラク侵攻のためペルシア湾に向かう準備をしていた兵士の多くは、炭疽菌などのワクチン接種を拒否した。誰もが不安にかられ、国防総省がワクチンはすべて安全だと保証しても信じられず、生物兵器の攻撃にあったほうがましだと考えていた。

通説の黒幕
サダム・フセイン

フセインは第二次湾岸戦争では目立つほどの大量破壊兵器を所持していなかったようだが、第一次湾岸戦争ではたしかに所持していた。すでに生物兵器を製造し、敵への攻撃に使用していたのだ。有名なのはクルド人虐殺で、村を丸ごと一掃した。また、一説によると、フセインは連合軍に対しても生物兵器を使用した。スカッドミサイルに致死量の毒物を搭載したのだ。化学工場や爆撃されたイラクの武器貯蔵庫から出る煙からも致死量の毒物が排出されてい

2004年、湾岸戦争の退役軍人2万4000人を対象に行った調査で、一様な生殖能力の低下と平均より高いガン発症率が明らかになった。

ため、風に乗って砂漠を流れてきた毒素が連合軍兵士に感染した可能性もある。フセインは自軍の兵士をも感染させ、あとでその死体を埋めにやってきた敵兵に感染すればいいとさえ願っていたかもしれない。

強制予防接種

生物兵器攻撃――アメリカ政府によると実施されなかったが――に備え、兵士は服薬や予防接種を強制された。配給された錠剤は臭化ピリドスチグミンと考えられ、ワクチン（炭疽菌も含まれていた）接種はまさに綱渡りのような実験だった。予防接種がGWSの直接の原因ではないとしても、蔓延を助長したと思われる。

ソ連

一風変わった黒幕説

フセインは一九八九年以前に、伝染力の高い生物兵器をソヴィエトの武器庫から手に入れていたようだ。そのなかには恐ろしい「ノビチョク」シリーズも含まれていた。当時、何より恐れられていた毒である。これが真実なら、GWSの症状にも納得がいく。

疑問と信憑性

罹患した多くの兵士が自ら名乗り出た。GWSの患者は推定で一五万人以上、そのうち一万人がすでに死亡している（これでも控えめな数字だ）。GWSを調査した結果、自然界には存在せず、実験室でしか作れない特徴を数多く示すウィルスが検出された。GWSを誘発する第一の容疑者はマイコプラズマ・ファーメンタンス（別名インコグニタス）という人工ウィルスだ。これはHIV（ヒト免疫不全ウイルス）のエンベロープ（被膜）遺伝子を多く含み、実験室で組み込まれたと思われる。湾岸戦争にかかわった国のなかで、フランスだけが予防接種を拒否した。今のところ、フランス人兵士は誰ひとりＧＷＳを発症していない。

不可解な事実

多くの兵士がＧＷＳは放射能の被曝が原因だと考えていた。二〇〇〇年、湾岸戦争の退役軍人スティーブン・チャイルズがガンで死亡した。彼は検死官に宛てて遺言を残し、自分の死について調べてほしいと依頼している。だが、検死官はその遺志を無視した。チャイルズは自身のガンが、数度の予防接種とウラニウムに汚染された戦地での任務に誘発されたかどうかを確認してほしかったのだ。また、検死官は、なぜチャイルズの汗が戦闘から戻ってきて以降、ゴム臭くなったのかについても調べようとはしなかった。

疑いの目で見れば

ようするに、すべては金なのだ。各政府は湾岸戦争で生物剤などいっさい使用していないと豪語し、強制予防接種はＧＷＳの原因ではないと主張し続けている。もし認めたら、法的責任を問われる。そんなことは起こらない。

トランスワールド航空八〇〇便

飛行機に乗る者にとって、口に出さずとも何より恐れているのは墜落事故だろう。たいていは平気なふりをするが、飛行中、ひとつも怖くない人などいないはずだ。このぞっとするような恐怖を現実として味わったのは、一九九六年七月一七日、トランスワールド航空八〇〇便に乗っていた乗客と乗務員だった。

フランスのパリに向け、ニューヨークのケネディ国際空港を離陸して一一分後、ボーイング七四七型機がロングアイランド沖約一六キロの上空で爆発し、乗客と乗務員全員が死亡した。

大惨事の調査はすぐ開始され、ボートを出して飛行機の残骸を収集し、爆発の原因を究明するヒントを探した。のちに発見されたブラックボックスの録音記録によると、爆発の危険を察した様子は残っていなかった。結局、国家運輸安全委員会はＦＢＩやＣＩＡと協力して調査したのち、八〇〇便は中央燃料タンクが爆発したため墜落したと結論づけた。電気回線がショートし、揮発性の高い燃料に引火したことが原因だと思われる。そして調査は終了した。

多くの人が公式発表に異議を唱えた。爆発の目撃者は、八〇〇便の後ろから弧を描いて飛んでいく物体を見たと証言している。それが地対空ミサイルに見えたというのだ。八〇〇便はテロにあったのか？　それとも、もっと闇深い襲撃で、たとえば、アメリカ陸軍がミサイルを発射したのだろうか？　アメリカ政府の目から見ればもう過去の事故だったが、軍部や航空会社の人間も含め、陰謀論者にとっては事故調査など皆無で、ただ闇に葬られただけだった。

奇妙な点

国家運輸安全委員会の航空事故分析家ヴァーノン・グローズは、委員会が発表した八〇〇便事故の公式発表を支

回収された800便の残骸は事故調査委員会の管理下にある。

15
TON

持していた。だが、のちに、実際に隠蔽工作があったのではないかと考えるようになった。グローズはＦＢＩに疑いの目を向け、八〇〇便がミサイルに攻撃されたという目撃証言を押しつぶしたのではないかと指摘した。

通説の黒幕

アメリカ軍

アメリカ軍はロングアイランド南東沖に位置するＷ－一〇五地区でミサイル発射等の演習を行っている。Ｗ－一〇五は海軍が活発に活動している現場で、八〇〇便が謎の爆発を起こした場所から五〇キロ弱しか離れていない。事故の概要を最初に発表したのはおそらく国防総省で、その後すぐ隠蔽に取りかかるという致命的な失態をやらかしたため、この事故でも怪しまれている。あの晩、八〇〇便の周囲には軍用機が多く飛んでおり、またしても軍部が関与している可能性が浮上したのだ。

リンダ・カボットが撮影した写真がパリ・マッチ誌に載った。八〇〇便が爆発した瞬間、近くを飛行しているミサイルがはっきり映っている。筒状の物体が後部から炎を噴いて飛んでいるのだ。この写真は当局から無視された。理由は、写真を撮った瞬間、カボットが八〇〇便とは違う方角を向いていたから、というものだった。つまり、違う見方をすれば、アメリカ上空にはつねにどれだけのミサイルが飛び交っているのか、という穏やかならぬ疑問が生じる。さらには、ＦＢＩが調査中にこうした目撃証言に注意を払わなかった点も興味深い。

テロリスト

想像しやすいのは、小型船舶からテロリストがロケットを発射した図だ。ほぼありえないが、だからといってテロリストの犯行ではないとは言い切れない。アルカイダのような組織が地対空ミサイルをたびたび使用しているため、テロリストと八〇〇便墜落との関係を支持する陰謀論者も増えてきている。

一風変わった黒幕説

八〇〇便はひそかに軍事活動を調査していたＵＦＯと衝突したのかもしれない。正体を見られたＵＦＯが真実を隠すために飛行機を撃墜したのだ。

ＵＦＯによる攻撃

軍の隠密作戦

八〇〇便が墜落した現場の近くには秘密基地があると噂されている。「フェニックス計画」という極秘作戦がモントーク空軍基地の地下で進められているらしいが、現在、基地自体は廃墟になっているようだ。八〇〇便がこの基地から発射された秘密兵器で爆破された可能性もある。となると、アメリカの国家安全という名のもと、隠蔽が行われたのも納得できる。

疑問と信憑性

近くの管制塔から入手したデータでは、レーダースクリーンにはっきりと輝点が現れている。この輝点は突然現れ、八〇〇便を追跡し始めた。その後、八〇〇便の前方に移動し、航路が重なった。

不可解な事実

海軍は位置表示無線標識が壊れていたことを理由に、一週間、ブラックボックスを回収しなかった。その後の調査でこれは事実と違うことが判明した。ブラックボックスは報告よりも早く発見されており、軍部の発表に合うよう改ざんされたのだ。

疑いの目で見れば

次の二語に尽きる。訴訟。回避。

墜落事故は悲劇だった。だが、これも陰謀なのか?

九・一一アメリカ同時多発テロ事件

二〇〇一年九月一一日、アメリカン航空一一便は、午前七時五九分、ボストンのローガン国際空港を離陸し、午前八時四六分、世界貿易センタービルのツインタワー北棟に激突した。ユナイテッド航空一七五便は、午前八時一四分、ロサンジェルスに向けてローガン国際空港を離陸し、午前九時三分、南棟に激突した。

アメリカン航空七七便は午前八時一〇分にワシントンのダレス国際空港を離陸し、午前九時四三分に国防総省に突っ込んだ。ユナイテッド航空九三便はニューアーク国際空港を離陸し、午前一〇時一〇分、ペンシルヴァニア州の野原に墜落した。国籍八〇以上、世界中の罪なき三〇〇〇人以上の命が数時間のうちに奪われた。これを機に世界は変わり、多くの人がその様子をテレビのライブ中継で目の当たりにした。

その後、ジョージ・W・ブッシュ大統領がアメリカや西側諸国の悲嘆を感じ取り、このテロ事件を「現在の真珠湾攻撃」と呼んだ。悪夢に苦しんだ二日後、国務長官コリン・パウエルは、第一容疑者はオサマ・ビン・ラディンだと発表した。後日、大統領が「対テロ戦争」の開始を宣言したとき、驚く者はいなかった。

なぜこんな悲劇が起こったのか？　その答えを必死に求める我々のほとんどは疑いもなく公式発表を受け入れた――ハイジャックは防げないし、アルカイダのテログループが単独で計画した攻撃であるため、外部者が事前に知ることはできない。この悲劇を受け、ブッシュ・ジュニアは断言した。「九・一一にかんする無礼な陰謀論は容赦しない」。おおかたの人はこれを道理に適った心からの願いだととらえたが、一部の人からすれば必死の試みに映った。公式発表の矛盾を追及し続ける者を怖がらせ、巧みに脅しているように思えたのだ。

我々のなかには、はっきり筋が通っていない出来事に意義を持たせるため、陰謀論を必要とする者もいる。だが、ほとんどの人は、九・一一のように胸をえぐられるような大惨事の場合、当然ながらどんな陰謀論も信憑性はゼロだと切り捨てる。しかし、簡単には無視できない疑問も生じる。九・一一を取り巻く陰謀論の多くは、ひとつの疑問に集約される。テロ攻撃を防げたかもしれない通常の安全対策を、中止したり軽減したりする力を持っていたのはいったい誰なのか？　九・一一の陰謀論など何も聞きたくないと思っている一般人でさえ、どこかおかしいと感じるはずだ。旅客機二機が世界貿易センタービルに激突したあと、別の旅客機が最高度の警戒態勢を敷いているはずのエリアを通過した。だからこそ、史上最強軍の本部に突入できたのだ。軍部が真剣に阻止しようともせず、いったいなぜこのような事件が起こったのか？

さまざまな疑問が熱を帯びてきたのは、あの運命の日以来、多くの証拠が挙がっているからだ。これらの証拠によると、NORAD（北アメリカ航空宇宙防衛司令部）やアメリカの防衛や諜報にたずさわる機関のほとんどが、テロが迫っていることをあらかじめ知っていた。アメリカ司法長官アシュクロフトは、九月一一日はかならずプライベートジェットを利用するよう助言を受けていたし、事件前夜は国防総省の高官たちが、突然、九月一一日に予定されていた出張を、明らかに安全面の懸念からキャンセルしているのだ。

二〇〇二年三月二五日、ジョージア州民主党下院議員シンシア・マッキンニーはラジオのインタビューでこう述べた。「九月一一日に起こるだろう事態について、何度も警告があったことは確かです。あの事件について、政府はいつ何を知ったのでしょうか？　他にも知っている人はいたのでしょうか？　なぜ、ニューヨーク市民に警告しなかったのでしょうか？　伝えていたら、罪なき市民が殺されずに済んだはずです」。大統領の代弁者に「陰謀論界の殿堂入りに立候補なさるのかな？」と揶揄されたが、数か月後にはマッキンニーが正しいことが証明された。大統領自ら二〇〇一年八月六日に包括的な報告会議を開き、ビン・ラディンがアメリカを攻撃すると決断し、その方法がハイジャックになるだろうと説明していたのである。

その他、次々と驚くべきことが明らかになった。アメリカ政府と諜報機関、とりわけＣＩＡとＮＳＡ（国家安全保障局）はテロ攻撃が迫っていることを知っていた。つまり、警告すべき立場にあったのだ。だが、そうしないと決断した。なぜなのか？　テロを警告するのみならず、テロを阻止できる力を持つ誰かが存在したというのか？

奇妙な点

ブレア首相のもとで六年間環境大臣を務めたイギリスの政治家マイケル・ミーチャーは、アメリカ政府はニューヨークを狙った九月一一日の攻撃を知っていたが、戦略として警告しなかったのだと主張した。ミーチャーはこう述べた。「アメリカが九・一一を回避しなかったのは、テロをうまいこと口実にして、じっくり練り上げてきたアフガニスタンへの攻撃を開始できるからです。政治的隠蔽を謀る決定打となったのは、アメリカとイギリスで炭化水素エネルギーの安定供給が危うくなり始めたことでしょう」。

ＣＩＡとアメリカの石油会社

通説の黒幕

アメリカのおもな石油事業者はタリバンと交渉してパイプラインを敷設し、アフガニスタン経由で豊富な石油を内陸のカザフスタンや新たに独立した旧ソ連の共和国に輸送していた。クリントンが対タリバン政策を強化したため、石油会社とＣＩＡが手を組んで九・一一を目論んだのだ。そうすればアメリカがアフガニスタンに侵攻し、首都カブールに、アメリカの石油不安に優しい傀儡政権を樹立できる。

イスラエル

モサドはアメリカの防衛機関や諜報機関に送り込んだスリーパー（潜伏スパイ）の広大なネットワークを利用して、つねにビン・ラディンを最大のカモにし、アメリカをイスラム世界との長引く戦争に巻き込んだ。報復に出るアメリカと、湾岸諸国やそれに仕える近東の連合国とのあいだに不和が生じれば、イスラエルは恩恵を受ける。アメリカは、現在イスラム教過激派と戦争中でその前線にいる国に近づくのだ――そう、イスラエルである。

中国

問題――イスラム教過激派は中国の辺ぴな地域で問題を引き起こし、アメリカは中国が計画した台湾はじめ東南アジア諸国への侵攻を阻止している。
解決策――中国のライバル二か国を互いに戦わせて行き詰まらせ、それをどっしり座って観察し、ほくそ笑む。

麻薬男爵

一風変わった黒幕説

アフガニスタンのタリバン政権は、かつて生産量が世界最大だったケシ（アヘンの原料）の栽培を禁止していた。おもな麻薬カルテルのリーダーが九・一一を計画してアルカイダを巻き込み、アメリカを戦争に突入させる。結果、タリバンを追い出してアフガニスタンのアヘン生産と輸出を凍結させせないように守る。もしこれが実際の計画だったのなら、じつにうまくいったようだ。

疑問と信憑性

驚くほど無能なＮＯＲＡＤ（北アメリカ航空宇宙防衛司令部）は北アメリカの空を守る組織だが、多くの人が疑いを持っている。なぜ、七七便を調査するためにワシントンから二〇〇キロ以上離れたラングレー空軍基地から戦闘機を緊急発進させたのか？　なぜ、手順に従って、ワシントンからわずか一五キロの、首都を守るために設立されたアンドルーズ空軍基地から向かわせなかったのか？　これは重要な疑問だ。なぜなら、政府を守るはずの戦闘機なのに、七七便が突入した国防総省に到着するまでに一五分近くもかかっているのである。

不可解な事実

なぜ、九・一一の前夜、大統領の父ブッシュ・シニアはオサマ・ビン・ラディンの兄シャフィグとワシントンのホテルリッツで密会したのか？　なぜ、そのときの内容は明かされないのか？　なぜ、事件の三日後、リムジンの列が、アメリカに住むビン・ラディン家のおもなメンバー二四名を拾い、何の尋問もせず、サウジアラビア行きの飛行機まで送り届け、安全に出国させたのか？　なぜ、シークレットサービスとＣＩＡの拠点である世界貿易センタービルの第七ビルは、飛行機に激突されていないのに最初の攻撃から七時間後にほぼ崩壊したのか？　まるで計画された爆破ではないか。もちろん延焼はあったが、ロンドンのグレンフェルタワーは数日間燃え続けても崩壊はしなかった。さらに疑問に思うのは、信じられないほど（あえてこう言わせてもらおう）運よく、ハイジャッカーのパスポートが見つかったことだ。そのおかげでアメリカの情報機関が犯人を正しく追跡できたのか……？

北棟を火の玉にした飛行機をジャックしていたのはモハメド・アタだった。彼のパスポートが、サインのないきれいな状態で、現場から二ブロックほど離れた場所で見つかったのだ。疑問はしばし脇に置いておくとして、このパスポートがアタのポケットからこぼれ、爆破の二秒前に飛行機から落ち、地面に舞い降りたとしよう。もしこの奇跡が実際に起こったとしても、現場は紙くずや文具などオフィスの小物が散乱し、くるぶしの高さまで積もっていた。パスポートはその中に埋もれたはずだ。燃えかすの上に真っさらなパスポートが乗っていたとは考えられない。だが、実際は誰かが都合よく近くを通り、勝ち誇ったように叫んだのだ。「おい、あった！　見ろよ！　ハイジャッカーのパスポートを見つけたぞ！」。

疑いの目で見れば

九・一一でアメリカはかなりひどい精神的ダメージを受けた。自国の政府が悲劇の裏で糸を引き、中東諸国を攻撃する言い訳を作ったかもしれない――そんな図をアメリカ市民は想像もしたくなかっただろう。だが、この可能性を、誤った情報に基づいたナンセンスだと片づけるまえに、ノースウッズ作戦（「序論」参照）の正当性について考えてみてほしい。この一九六二年の偽旗作戦は、キューバ政権を倒すため、アメリカ政府が真剣に考案し、事実、統合参謀本部全員が同意のサインをした。同作戦の詳細を読めば、誰もが呆気にとられるだろう。ときに権力者は、私腹を肥やす政治的なご都合主義でのみ動くのである。

マレーシア航空MH三七〇便

二〇一四年三月八日、午前〇時四一分、マレーシア航空MH三七〇便は乗客と乗務員計二三九名を乗せ、北京に向けてクアラルンプール空港の滑走路三二Rを離陸した。誰なのかは特定できていないが、同機の操縦室から届いた最後の交信は男性の声で、マレーシアの管制空域を出ることを確認し、こう言った。「おやすみなさい。マレーシア三・七・〇でした」

最後の交信が行われたのは午前二時二二分だった。そして、午前八時一九分、インド洋上の衛星を介して電子機器で握手を交わしたあと、同機は跡形もなく消えた。

続く捜索救助計画は、航空史上、最大規模かつ最高額となった。最終的には南インド洋に焦点を当て、海上船舶、航空機、ソナー画像水中ドローンを装備した潜水艦を駆使したが、それまで知られていなかった海底火山をいくつか発見しただけで、行方不明になったボーイング七七七型機を思わせる物は何ひとつ出てこなかった。まもなく目的は回収に絞られ、関与してきたマレーシア、中国、オーストラリア政府は二〇一七年一月に作業停止を発表した。

だが、捜索は今もひそかに続行中である。

奇妙な点

航空会社の公式発表によると、同機には乗客二二六名、乗務員一二名、計二三八名が搭乗していた。二三九名ではない。つまり、謎の乗員が一名いたのか？　後日、乗客のふたり、イラン人のポーリア・メフルダドとデラヴァル・ムハンマドレザは盗んだパスポートを使って搭乗していたことがわかった。離陸の三分前、ザハリエ・アフマド・シャー機長が携帯電話から短い電話を受けており、のちにその携帯電話は身元を偽った人物が購入したものだと判明した。これだけならとくに気にならないが、シャー機長について明らかになった背景を考えると、内密の電話はまったく違った意味を帯びてくる。

CIAとアメリカ軍

通説の黒幕

このふたつの機関にとって興味深い人物が搭乗していたと仮定して、まずネット上で出回った陰謀論のひとつは、同機がインド洋ディエゴ・ガルシア島にあるアメリカ軍基地によってサイバー攻撃されたか、あるいは、シャー機長

今となってはもう誰も、MH370便と乗員の運命を明かすことはできないだろう。

が故意に低空飛行をしたというものだった。グアンタナモ基地ほどの悪評はないが、ディエゴ・ガルシアはCIAのきわめて活発な秘密軍事施設だ。この説に、イギリスやアメリカの全国紙が食いついた。各紙によると、シャー機長は自宅に六スクリーンある飛行シミュレーターを設置し、ボーイング七七七型機をディエゴ・ガルシア基地などの短い滑走路に着陸させる技術を練習していたという。さらに、モルディヴのハヴィール紙もこの説を支持し、二〇一四年三月八日、インド洋に浮かぶ島クダウーヴァッドホーの住人数名の証言を載せた。彼らは三月八日の朝六時ごろ、上空を通過する飛行機の音で目が覚めた。その飛行機は機体が白く、MH三七〇便と同じ赤と青のラインが入っていたという。同機はレーダーで探知できない低空飛行で彼らの頭上を通り、南東のアッドゥ方面に向かった。その先にはディエゴ・ガルシアがある。

二〇一五年七月下旬、レユニオン島の沿岸でボーイング七七七型機の残骸が発見され、MH三七〇便の一部だと公式発表された。意見はふたつに割れた。この発表を信じた者は見解を変え、アメリカ軍は、低空飛行していた三七〇便をインド洋の基地を狙うテロリストの威嚇だと誤認して撃ち落としたのだと主張した。かたや、持論を曲げなかった者は、その残骸は偽物だと言い張った。

一風変わった黒幕説

シャー機長

MH三七〇便が消息を絶つ前日、機長ザハリエ・アフマド・シャーの妻と三人の子供は自宅を引き払っている。シャーのスケジュールは公私とも二〇一四年三月八日以降、何も入っていなかった。通常なら埋め尽くされるはずの電子手帳の予定表は、以前から決まっていた用事がすべて削除され、空欄になっていた。

シャー機長はマレーシア反体制派リーダー、人民正義党の創設者兼総裁アンワル・イブラヒムの熱心な支持者だった。人民正義党はイスラム教徒が優勢なマレーシアで深遠な人権の歴史を築いており、与党連合にとってはトゲのような存在だった。与党連合は執拗にイブラヒムを同性愛者に仕立て上げ、二〇〇八年七月、異常性交の罪をでっちあげて逮捕させた。しかし、裁判では提出されたDNAの証拠に捏造の疑惑がかかり、不起訴処分となった。ところが、二〇一四年三月七日、シャー機長が忘却のかなたへと離陸した前日、イブラヒムの無罪判決は撤回され、再び起訴されている。世界中が当選を信じていた三月二三日の選挙戦から引きずりおろすためだった。

不可解な事実

二〇一七年八月二四日、マダガスカルのマレーシア名誉領事ザヒド・レザが銃殺された。警察はプロによる狙撃だと発表した。マレーシアとマダガスカルが合意した予定によると、MH三七〇便のものと思われる残骸はすべてレザに渡す予定で、その後、国際宅配便で自国に送るはずだった。死の直前、レザはアマチュアのアメリカ人墜落事故調査家で友人のブレイン・ギブソンにメッセージを残していた。ギブソンはMH三七〇便の残骸をいくつか発見していたが、レザがそれよりはるかにすごいものを入手したと記されていたのだ。それが何だったとしても、レザの家には痕跡すらなかった。現場検証の専門家によれば、プロ中のプロが徹底的に捜索したらしい。

疑いの目で見れば

ここで仮定してみよう。CIA／アメリカ軍がMH三七〇便のある乗員に何らかの関心を持っていたため、同機に「サイバー攻撃」を仕掛け、すべての機器を停止させ、遠隔操作でディエゴ・ガルシアへ向かわせたか、あるいは、シャー機長に命令を出して従わせた。その場合、ほかの乗客や乗務員はどこにいるのか？　全員が今もディエゴ・ガルシア基地にいるのか？　それとも、処刑されて埋められたのか？　まずありえない。では、シャー機長が自身の英雄イブラヒムが政治的策略にはめられたことへの抗議として、MH三七〇便を大洋に沈めたのか？　これは可能性があるが——一九七六年以降、民間機における「機長の自殺」は一七例ある——動機を示した遺書はどこにあるのか？　壮大な意思を行動で表すなら、理由を明かさなければやる意味がない。つまり、自殺で抗議するなら理由を書いた遺書を残したはずだ。もしかしたら実際に手紙を残していて、現マレーシア政府が発見し、隠しているのだろうか？

第六章——技術

クローン

スター・ウォーズシリーズで銀河を引き裂いた『クローン・ウォーズ』からアーノルド・シュワルツェネッガー主演『シックス・デイ』の狂人的な恐るべき陰謀まで、三〇年以上にわたり、クローン技術はハリウッド映画の主要テーマになっている。通常、映画やSF小説では問題を引き起こす原因として描かれているため、とりわけ信心深くない人でもクローン技術に対して恐怖感や嫌悪感を抱くのは当然だろう。

一九九六年、世界初のクローン羊ドリーがスコットランドのロスリン研究所で誕生したとき、世界の意見は即ふたつに割れた。いっぽうではドリーの誕生を二〇世紀における何より意義深い科学的大躍進の幕明けだととらえ、かたや、人類はついに危険な闇の時代に足を踏み入れてしまったと嘆いた。フィン・ドーセット種の羊ドリーの名はカントリー&ウェスタンの歌手ドリー・パートンにちなんで名づけられた。初めて成熟細胞からクローン化に成功した哺乳類で、雌羊の乳腺細胞からDNAを採取し、別の雌羊の卵細胞に移植して、ついに誕生したのだ。それから科学者たちが安楽死を決断するまで(獣医たちは、ドリーが年齢にしては早すぎる肺疾患と関節炎を発症していると判断した)の六年間、クローン論争はかつてないほどヒートアップした。

科学者たちはドリーの安楽死は早老と関係があるのか、また、ドリーと同じ方法で創る人間のクローンが子宮内で恐ろしい異常をきたすのか、さらに、ティーンエイジャーのうちに人工股関節置換の手術が必要となったり、一八歳までに老年性認知症を発症したりする可能性があるのか、検討した。科学界以外では、政治家がクローン化の法的禁止を検討した。一九九七年、クリントン大統領は安全面でも倫理面でも問題があると考え、アメリカ生命倫理諮問委員会の見解に従い、今後五年間は人間のクローン研究に連邦予算を充てないことに決めた。しかし、研究自体は禁止せず、複製目的のクローン化を法律で禁止したのは四州(ロードアイランド、ミシガン、カリフォルニア、ルイジアナ)だけだった。国連でさえ、世界的に禁止するかどうか決めかねていた。

ゆっくりだが確実に、日々、クローン人間誕生の実現は近づいていた。いっぽう、クローン技術に対する賛否両論は激化していった。そして、陰謀論者でさえ不意を突かれたショッキングな発表があった。二〇〇二年一二月二六日午前一一時五五分、クローンエイドという会社が、初めてのクローン人間を誕生させたと発表したのだ。この会社はラエリアン・ムーブメント「人類はエイリアンがクローン技術に

羊のドリー。クローン技術の象徴。

よって創造したと信じる新興宗教団体」に信頼を寄せる地球外生命体が創設した会社で、誕生したクローンの名前は「イヴ」だった。

奇妙な点

イヴの誕生に続き、クローンエイド社は次々とクローン誕生を発表した。同社の科学部長ブリジッド・ボワセリエ博士は、必要ならクローン化で生まれた子供の身元を明かさないという条件のもと、DNA鑑定の実施は可能だと述べた。科学的に疑われ、倫理的に軽侮され、メディアからは嘲笑の的になったが、以前、大陪審が行ったクローンエイド社の調査や、二〇〇一年、資金援助者に向けて行った説明によると、クローン技術が実現可能なレベルに達しているということを否定できる証拠はひとつも見つからなかった。

エイリアン

通説の黒幕

ラエリアン・ムーブメントの目標のひとつは、クローン技術を完成させて不死を得ることだ。彼らが尽力する理由は、人間を創造したエイリアン——エロヒム——の種族もまさに同じ方法で不死を得たからだ。ラエリアンのなかには、将来の地球帰還に先立ち、すでに自分たちはエロヒムと交信していると信じている者もいる。異星人エロヒムは、永遠の命を求める友ラエリアンに手を貸し、クローン技術を伝授したのだろうか？

新世界秩序

クローン化が成功したら、最初に恩恵を受けるのは世界の富豪エリートだろう。クローンエイド社は、クローン人間について世間に公表したら、民衆がそのアイデアを受け入れるかどうか、反応をテストするために利用されたのかもしれない。もし、たいして反対されなかったら、正統派の科学者（すでに新世界秩序のために技術開発を行っている）が突破口を見つけたと発表するだろう。不妊や臓器提供の問題を解決できると謳えば、新世界秩序は反駁されずに人間のクローン化を実施できる。

第四帝国

一風変わった黒幕説

二〇世紀前半を通して遺伝子学や完璧なクローン人間創造の可能性を追求していた先駆者と言えば、ナチスに属し、歪んだ優生学を研究していた科学者だった。一部の研究者はＵＦＯの謎の裏には第四帝国が存在すると主張している。エイリアンになりすまして月に移住した第四帝国民が、ラエリアンをだまして自分たちのクローン研究をやらせているというのだ。

オールファーザーズ

強硬路線をいくフェミニストの陰謀論者によると、育ちのいい科学者が作る陰のグループ、オールファーザーズがクローン技術を合法化して普及させようと企んでいるらしい。彼らいわく、これは卑劣な計画の第一段階にすぎず、最終目標は従順な女性クローンを創り、持ち主である男の言うなりにさせることらしい。クローンのメイドは男のために創られ、不要な女性は強制収容所に送られるのだ。

疑問と信憑性

クローンエイド社に対して合法的調査が実施されたが、クローン人間は創造できるという同社の主張を打ち消す証拠はひとつもつかめなかった。フロリダ州地方検察が行った合法的調査のおもな目的は、イヴが存在するかどうかではなく、特殊な事情で誕生したイヴが危険にさらされていないか、州の保護下に置かなくて大丈夫かということだった。少なくともフロリダ当局は世界初のクローン人間の存在を確信している。

不可解な事実

クローン化や官能瞑想とともに、クローンエイド社を支えるラエリアンがとくに重要視しているのは、エルサレムに地球外生命体の政府認可大使館を創設することだ。二〇三五年、エロヒムが地球に帰還する前にイスラエル政府から同意を得ることはまずありえないし、彼らのクローン化にかんする主張はほとんどの科学者が信じないだろう。

疑いの目で見れば

生まれた赤ちゃんを見せてくれ！　もしくは、その赤ちゃんとドナーのDNAデータを見せてほしい。もしふたつのDNAがまったく同じなら、主張の一部は真実なのだろう。そうでなければ疑うことを許してほしい。すべてPR詐欺だ。フランス人司教ボワセリエを追いかける性欲過剰なグルーピーが、率直に言って不気味な信仰に興味を引こうとしただけだ。まともな人間ならそんなリーダーに敬意など払わない。

ヴァリス

一九七四年二月二日、カルトSF作家フィリップ・K・ディックに奇妙なことが起こった。ディックは、ノンフィクションさながら、マニアックな技術と陰謀満載の小説を出して人気を博し、『アンドロイドは電気羊の夢を見るか?』〔浅倉久志訳、早川書房、一九六九年〕や『追憶売ります』〔『模造記憶』収録、深町真理子訳、新潮社、一九八九年、他〕はそれぞれハリウッド作品でも有名な『ブレードランナー』、『トータル・リコール』に映画化された。そのディックがピンク色の光線を照射されたのだ。薬局から配達人の少女が来てドアを開けたときのことだった。

それ以降、ディックの頭には驚くべきヴィジョンが浮かび、彼は自分にはテレパシーの能力があり、ときおりヴァリスと交信していると信じるようになった。ヴァリスとは「Vast Artificial Living Intelligence System(巨大にして能動的な生ける情報システム)」の頭文字だ。いつも頭の中にいて、ロボットのような機械的な声で話しかけてくるヴァリスは、ディックに正確無比なアドバイスを送って彼の暮らしを変え、神秘的な洞察力を与えるだけでなく、仕事の質を高めてくれる新たな著作権代理人まで探し出した。だが、ヴァリスと交信するようになったのを機に、ディックは自分の手紙が読まれ、電話も盗聴され、家に物盗りが入り、自分が監視下に置かれていることに気がついた。闇政府の工作員や国防総省のために科学的調査を行っている企業と関係のある人間に見張られていたのだ。

ディックは一九八二年に亡くなるまで、自分に何が起こったのか理解しようと必死に努力した。『釈義』という二〇〇万語以上に及ぶ資料も書き残し、ヴァリスについて可能な限り分析しようと試みた。自身に起こった出来事の本質についてはさまざまな解釈をしたが、もっとも強烈な体験は一九八〇年の『ヴァリス』〔大瀧啓裕訳、サンリオ、一九八二年〕に描かれている。同書に登場するヴァリスは未来の地球軌道からやってきた感覚を持つコンピュータで、選んだ人間に、メッセージを乗せた光線を照射している。

ディックに何が起こっていたとしても、ヴァリスの経験によって本来なら知らなかった情報を得ていたことは確かだ。以前たまたま読んだ本に書かれていた言葉や歴史が脳のどこかに記憶され、ふと思い浮かんだ可能性もあるが、理論的に説明できない事例もある。ディックはヴァリスを通じて、まだ診断がついていなかった息子の先天性疾患だけでなく、その命を救う適切な治療法もわかっていたのだ。ディックはヴァリスの存在を否定しようとする気持ちがすっかりなくなった。というのも、タイムトラベルをする人工知能が自分以外の著名人にも接触していたからだ。

ユリ・ゲラー。かつてはイスラエルのパラシュート部隊に属し、マイケル・ジャクソンの親友でもあった。

一九七三年、世界的に有名な超能力興行師ユリ・ゲラーも多くのメッセージを受け取り、何度もＵＦＯを見ていた。このUFOは自身をスペクトラと称し、地球の軌道上を周回しているスーパーコンピューターだと名乗った。ユリ・ゲラーは自身の風変わりな信念については多弁だが、スペクトラの経験についてはなぜか寡黙だった。彼の特異な職業に対してCIAが報酬を支払ったとする公開記録があるが、これと関連があるかどうかはわからない。

いっぽう、世界的に有名な型破りの物理学者ジャック・サーファッティは、彼の言葉でいう「ヴァリスのような存在」が接触してきたと公表し、失業を覚悟した。笑い者にされ、科学界で磔刑に処されるのを覚悟しながら、サーファッティは詳しい記録を取り続けた。発端は、一九五二年、一三歳のとき、彼のもとに電話がかかってきたことだった。人間とは違う金属的な声の主は、未来から飛行船でやってきた感覚を持つコンピュータだと自己紹介し、サーファッティに科学の道へ進むよう命じたのだ。

奇妙な点

サーファッティがティーンエイジャー時代にヴァリスから電話を受けたことを公表すると、同じような体験をした科学者が他にもいることが判明した。最近の調査によると、国際的な科学の学会に属する少なくとも十余名の名士が未来のコンピュータや生命体から謎の電話を受け、科学を勉強するよう奨励されたという。

ソ連の科学者

通説の黒幕

一九七八年、ディックは六〇年代の急進派で殺人事件の容疑者アイラ・アインホーンと手紙をやりとりし、ヴァリスとはロシアが開発したシステムであり、衛星を介してディックの脳に極秘のマイクロ波を照射したのだろうと推測した。陰謀論研究家の多くは、ディックたちは極秘冷戦のモルモットで、情報を直接大脳皮質に照射されて正気を失い、マインドコントロールを受けたと信じている。

タイムトラベル・コンピュータ

ヴァリスは未来の出来事や交信に対して優れた技術を駆使していると思われる。おかげで、陰謀論研究家の多くがディック、ゲラー、サーファッティの経験を額面どおりに受け取って心から喜んでいる。この理論では、アメリカの情報機関、とくにＮＳＡ（国家安全保障局）が隠蔽に関与し、ヴァリスと接触した人物をあざ笑いながらも、裏では詳細を調査し、利用しようとしている。ヴァリスの真の目的は今も謎だが、一説によると、過去の特定人物——とくに科学者——に接触してタイムループ［同じ時間を繰り返すこと］を起こし、未来においてヴァリスを製造してもらえるように操作しているらしい。

高次元スピリチャルパワー

ヴァリスが与えた多くの情報の本質がいくぶん宗教的かつ霊的だったことを考えると、革新的なＡＩ（人工知能）とかけ離れたヴァリスは、事実、人類を高尚な世界へと導く高次元スピリチャルパワーの現代版なのだろう。この説に固執する陰謀論者は、昔のヴァリスは天使のような姿で現れたと主張している。

一風変わった黒幕説

ＭＫウルトラ

ヴァリスはソヴィエトのマインドコントロールプログラムの一部ではなく、アメリカが極秘で進めている遠隔マインドコントロールの研究プロジェクトを巧みにカムフラージュしたものだという説もある。ＭＫウルトラを担当した科学者はヴァリスを利用して、非道な計画の真の姿を隠すだけでなく、自分が被験者だと気づいていない人に対する効果を研究しているのだ。

エイリアン

エイリアンは人間を誘拐し、飛行船に乗せて連れ去り、奇妙な実験に利用するらしいが、その代わりに安全な遠方から高度な技術を駆使して、狙った人間を操作しているのかもしれない。

疑問と信憑性

ヴァリスと接触したと思われる個人やグループは非常に多い。「ヴァリス」は数ある名称のひとつにすぎず、接触方法が一貫しているので、地球外世界は実在するのだろう。この説が信憑性を増すのは、一部の人間が興味津々だからだ。そう、アメリカの防衛機関、軍部が資金援助している科学者、そして、コンタクティ（地球外生命体と接触した人）を長年苦しめてきた情報機関の工作員たちである。

不可解な事実

ディック／ゲラーがヴァリス／スペクトラからメッセージを受け取っていたとき、世界中で同類の存在が多くのコンタクティと交信していたことは明らかだ。スタートレックの生みの親ジーン・ロッデンベリーも似たような体験の持ち主で、受け取った情報をもとにテレビシリーズ『ディープ・スペース・ナイン』を制作し、ヒットさせた。遠い惑星の軌道を周回する宇宙ステーションについて描いた同番組のメインテーマのひとつは、「預言族」と呼ばれる生命体――タイムトラベルをして人間の脳に直接情報を照射することができる――が主人公に与える影響だ。

疑いの目で見れば

現実をチェックせよ！　もしヴァリスが接触した相手が有名人ではなかったら、頭の中で声を聞いた狂人の集まりにすぎないと思うだろう。ディックは自身に起こったことを解明できなかった。大胆な想像力があり、自ら薬物中毒者だと認めている者は未来のコンピュータが自分に話しかけてきたと思い込む。ディックが書いた多くの小説のプロットとなんだか似ているではないか。

バーコード

一九六九年、アメリカの小売業組合である全米フードチェーン協会が売買の精算にかかる時間を短縮するシステムの導入を要求した。オハイオ州シンシナティでバーコードを試験してみたところ、コーディングのための業界基準が必要になった。

同案は一九七〇年に進められ、一九七三年、アメリカ政府はＵＰＣ（共通製品コード）の符号を定義し、これは現在も世界中で使用されている。翌一九七四年には一部のスーパーマーケットがＵＰＣリーダーを使用していたが、バーコード自体が普及したのは一九八一年になってからだ。この年、国防総省がＵＰＣを採用し、軍部に販売する品物すべてにバーコードを付けるよう要請したのだ。以来、ほとんどの製品にバーコードが付けられるようになった。

奇妙な点

なぜアメリカ軍はあれほどバーコードの普及に熱心だったのだろうか？　軍部に導入するなら他のコーディングのほうがはるかに便利だったかもしれない。理由は何であれ、アメリカ軍部が適用したからこそ、現在、西洋で販売されている九五パーセントの製品にバーコードが付けられているのだ。

通説の黒幕

右派の宗教団体に属する狂信者がバーコードを恐れているのは、悪が生み出したものだからだ。『ヨハネの黙示録』一三章一六〜一八節にはこうある。「また、小さな者にも大きな者にも、富める者にも貧しい者にも、自由な身分の者にも奴隷にも、すべての者にその右手か額に刻印を押させた。そこで、この刻印のある者でなければ、物を買うことも、売ることもできないようになった。この刻印とはあの獣の名、あるいはその名の数字である。ここに知恵が必要である。賢い人は、獣の数字にどのような意味があるかを考えるがよい。数字は人間を指している。そして、数字は六百六十六である」(日本聖書協会、新共同訳聖書より引用)原理主義を唱えるキリスト教陰謀論者は、バーコードは獣の刻印であり、それが普及するのは世の終焉が近づいている前兆だという。

悪魔

エイリアン

一風変わった黒幕説

バーコード・スマート・カードを導入しようという政府の計画は、じつは裏でグレイが強引に進めている。人間の正体を明らかにするためだ。このシステムにより、エイリアンは位置表示チップを通じて我々の居場所を追跡できる。今後付ける予定のバーコードはエイリアンが設定した遺伝子コードに基づいており、つまり、今までのように時間を割いて人間を誘拐したり実験したりしなくても、人間にかんする生化学的情報を正確に把握できるのだ。

疑問と信憑性

ＵＰＣバーコードは一二の数字からなっており、両端と中央にある三本の境界線、ガードバーによって二区画に分かれている。ガードバーにUPCの機能はなく、UPCで表す六を少しだけ長くした線になっている。ということは、どのバーコードにも三つの六、「六六六」、つまり、獣の刻印が入っているのだ。

不可解な事実

マイクロチップ技術が発達し、小売業界におけるバーコードの全盛期は過ぎたようだ。だが、軍部には他のシステムが入り込む隙間はないように思える。おそらく、マイクロチップとは違い、バーコードは核爆発が生む電磁波の影響を受けにくい識別システムだからだろう。

バーコードは小物売買には非常に有用な手段だ。精算の時間を大幅に短縮し、コンピュータが在庫を即座に調整し、購買パターンを分析し、容易かつ単純に商品を仕分けできる。言い換えれば、我々にかんする情報を追跡する場合にも役に立つ。誰がどこで何を買ったのかも筒抜けだ。ビジネスならそれでいい。しかし、悪魔や小型宇宙人グレイがやっているとしたら、当然、由々しき問題が出てくる。

疑いの目で見れば

バーコードは人間を追跡する油断ならない手段だ、という説には証拠がない。採用する目的は代金計算と在庫管理だけだからだ。購買者の身元につながるような情報は何ひとつない。それはさておき、ヨークシャーのハロゲイトにあるNSA（国家安全保障局）のメンウィズヒル空軍基地では、誰がバーコードを必要としているのか？　毎日、NSAは三億件もの電子通信を監視しているが、一個人がどこでカップ麺を買おうと、そんなことはどうでもいい。ただ、誰かが友人に、ホワイトハウスを狙ったテロを思わせるような電話をかけたり、メールを送ったりしたら、数分としないうちに黒いスーツを着た無口な男たちが玄関を突き破って突入してくる。

フリーエネルギー

「フリーエネルギー」という言葉にはふたつの意味がある。ひとつは、動力やエネルギーをほとんど、あるいは、まったく加えなくても、機械的及び電気的工程を経て生まれる余剰エネルギーをさす。つまり、事実上、無料（フリー）で入手できる。

もうひとつは、入力より大きな出力を生む、またはそう見えるシステムを指す。使用するより多くのエネルギーが得られるため、純益が出る。このフリーエネルギーを生み出す装置は現在のところ理論上でしか存在しないが、「超効率」装置として知られている。

後者の定義はかなり議論を巻き起こしている。熱力学の法則によると、エネルギーは作ったり破壊したりできず、ただ移動させるだけだ。つまり、一般論からすればフリーエネルギーを生み出すことはできない。しかし、熱力学の法則を宇宙全体にあてはめて考えると、ＺＰＥ（零点エネルギー）の存在が加味される。ＺＰＥは宇宙に満ちており、地上では電磁エネルギーを集めて発生させる。いわゆる並行次元と関連しているらしい。発明家ニコラ・テスラは仲間のヘンリー・モレーやウォルター・ラッセルとともにＺＰＥを解説し、その特性を示す電気装置を作った。いつかＺＰＥの実用化が可能になるかもしれない。もし実現したら、無料で、無限で、汚染のないエネルギーを生み出すことができるのだ。

もうひとつ、フリーエネルギーを生む可能性がある源は、回転スピンと引力の相互作用だ。科学の主流派は実験結果を見ることすら拒否しているが、円盤、または似たような物体を高速で回転させると重量が減ることは実証済みだ。回転していない円盤を一定の高さから落とすと、一般の重力の方程式で計算したとおり、地面に落ちるまでに一定の時間がかかる。だが、円盤を高速で回転させ、空気抵抗によって生じるゆがみを除くため真空の状態で落とすと、落下時間は四〇パーセント長くなる。回転している円盤の重力が低減することは明らかだ。この解釈が正しければ、反重力装置が誕生する可能性もある。さらに重要なのは、電磁場の理論からすると、超効率によって無限のエネルギー生産が可能になるかもしれないということだ。

奇妙な点

噂によると、超効率装置のみならず、コストをかけずに大量のエネルギーを産生する発明がいくつも制圧されているらしい。何年もまえから、自動車の開発者が燃費改善に成功し、ガソリンわずか一リットルで、時速一〇〇キロ近く出しても一二〇キロ以上走れると発表しているが、その後、彼らはなぜか口をつぐんでしまう。イギリスではアマチュア科学者が熱を反射させるスターライトという超素材を開発した。スターライトを施した家は完全な断熱状態になる。NASAは数百万ポンドでスターライトの権利を買い取ったが、以来、なにひとつ情報を発表していない。

既得権益団体

通説の黒幕

普通に考えたら、エネルギー備蓄を約束する装置の普及を制圧するのは工業会社だろう。石油工業はつねに販売減少を懸念しており、何としてでもそうした装置が世に出回らないよう強引に働きかけている。

軍部

一風変わった黒幕説

過去五〇年以上、アメリカ政府は極秘指令を出して、フリーエネルギー関連で特許を取得した、または出願中の装置を五〇〇〇以上機密扱いにし、巧みに隠蔽している。一説によると、アメリカ軍は有用な技術を盗用することで圧倒的権力を維持しているらしい。

疑問と信憑性

一九七七年、アメリカの発明家トム・オグルは自分で開発した装置の実験を公開した。五トンあるフォード社のトラックをガソリン一リットルで四二キロ以上走らせたのだ。シェル社の代表がオグルに、この装置に二五〇〇万ドル払うといったらどうするか尋ねると、オグルはたぶん断ると答えた。売却したくはなかったし、保留にしておきたかったのだ。一九八一年、オグルは謎の死を遂げた。

不可解な事実

発明家デニス・リーは一般市民の光熱費を大幅に下げる技術を政府が隠蔽していると繰り返し訴えてきた。リーは民法の登記懈怠（けたい）で逮捕され、二年間収監された。結局は釈放されたが、裁判も行われなければ有罪判決を受けることもなかった。

疑いの目で見れば

フリーエネルギー技術はすぐ手に届くところにある、といかにも実現しそうに吹聴すると、かならずや巨額の金が生まれる。一部の解説者によれば、すべては詐欺らしい。

ブラック・ヘリコプター

「ブラック・ヘリコプター」が世界の陰謀論に登場するようになったのは比較的最近だが、不気味なことに変わりはない。初めて姿を見せたのは七〇年代前半のアメリカで、いろいろな憶測が飛び交っている。聞いていて心地良いものは皆無だ。

ブラック・ヘリコプターの目撃証言は似通っている。外見はお洒落な最新式の飛行体で、漆黒に塗装され（レーダー追跡ができないらしい）、マークや記章などはたいてい付いていない。強度のサーチライトを装備しており、現在の技術ではありえないほど静かに上空を移動する。活動内容も不可解だ。ときおり辺

悪辣な偵察ヘリコプターを指揮している秘密司令室は、実際に存在するのか？

ぴな場所に現れるし、都市部を小規模な飛行隊が低空飛行することもある。ブラック・ヘリコプターはＦＡＡ（連邦航空局）の規制を破り、位置表示用の緑色ライトも点灯していないうえ、飛行高度も下限を下回っている。

市民が追尾された例もいちどではない。たとえば、一九九四年、ルイジアナ州でティーンエイジャーが四五分間も追い回された。また、ワシントン州のハイウェイ三九五号では同じように車が追いかけられている。ときには、地上の人間に向かって銃撃することもある。乗組員の目撃談もあり、みな黒ずくめで、ヘリコプター同様、不気味だったという。

ブラック・ヘリコプターが目撃された場所はアメリカ全土にわたるが、なぜかテキサス州とコロラド州に集中している。地元当局にヘリコプターの出所を尋ねると、きまって連邦政府か軍部の飛行機だと答える。だが、当然、軍部はそんなヘリコプターは知らないと主張している。

奇妙な点

ブラック・ヘリコプターの具体的な目撃談や、困惑した被害者の体験談をまとめた大量の資料を見ると、驚きを隠せない。アメリカ連邦政府の公式な調査や説明がまったく行われていないのだ。

FEMA

通説の黒幕

FEMA（アメリカ合衆国連邦緊急事態管理庁／The Federal Emergency Management Agency）は多くの陰謀論者から恐れられている政府の一機関だ。大惨事が起こったとき政府の権力者が仕切るこの組織を、陰謀論者は同じ頭文字FEMAを持つ「連邦不正邪悪管理庁」（The Federal Evil Malevolent Agency）と呼び、災害対応など表向きの任務にすぎず、じつはイルミナティの諜報機関だと信じている。諜報活動のためにブラック・ヘリコプター団を動かしているのだ。さらに、FEMAの職員は必要な訓練を受け、やがて祖国の安全のためと称してアメリカを独裁者の支配下に置くのである。

その他の黒幕説

麻薬取締局、CIA、ワッケンハット警備会社（アメリカ政府から多くの仕事を依頼されている）、黒く塗りつぶした民間のヘリコプター。

新世界秩序

ブラック・ヘリコプターは新世界秩序発足を示す最初の攻撃かもしれないと恐れられている。秘密作戦に長けた彼らは、ただ攻撃命令を待っているのだ。

一風変わった黒幕説

エイリアン

ブラック・ヘリコプターはウシの虐殺地区やＵＦＯが出現する場所でよく目撃されている。つまり、このふたつと関係があるのだ。ヘリコプターは別世界の仲間エイリアンのために、ウシを使う実験に邪魔が入らぬよう協力したり、不運な被験動物を提供したりしているのかもしれない。

メン・イン・ブラック

ここ数年、メン・イン・ブラックの目撃談は減ってきている。おそらく、黒いキャデラックより洗練された乗り心地の良い艶消しの黒いヘリコプターに乗り換えたのだろう。乗組員の黒ずくめの服がこの説を裏づけている。

その他の黒幕説

軍部の生物兵器担当秘密工作員、幻覚を見ている市民。

疑問と信憑性

低空飛行のヘリコプターが、小動物に殺傷力があり、人間にも重大な被害を及ぼす謎の物質を散布しているらしい。報告は少なくない。一例を挙げると、一九九五年、ネヴァダ州で、ブラック・ヘリコプターが散布した物質によって家畜一三頭が死亡した。その地区では半年たっても植物が育たなかったらしい。

不可解な事実

一九三三年以降、アメリカは非常事態宣言を出したままだ。第二次世界大戦が終結してもなお解除せずにいる。なぜなのか？　アメリカ合衆国憲法によると、非常事態宣言を出している期間、大統領は通常より強い権限を持つ。いつでも戒厳令を敷き、アメリカ国民の権利を取り上げることができる――国民が、誰にも奪えないと信じている権利を。誰に対しても責任のないブラック・ヘリコプターは、ただ大統領が民主主義にうんざりする日を待っているのだ。

謎めいた黒いヘリコプター。その姿は多くのアメリカ市民をおびえさせている。

疑いの目で見れば

超強力な殺戮マシンにもがっかりすることがある。まったくファッションセンスがないのだ。一九八八年に目撃されたブラック・ヘリコプターもそうだった。青系のツートンカラーにして、シャレで窓に笑顔のステッカーでも貼れば、間違いなく民衆に対するイメージアップになるのだが。

マイクロ波によるマインドコントロール

軍部によるマイクロ波照射の使用や影響にかんしては、人体への心理的及び生理的影響をはじめ多くの報告が挙がっている。アメリカ政府は、この手の研究で先陣を切っているのは、ソ連、とくにKGBだと繰り返し主張してきた。

だが、CIAも五〇年代のパンドラ計画以降、まさに同じ分野で調査を進めているという証拠もある。CIAが得た結果はNSA（国家安全保障局）やエネルギー省と共有してきた。

この調査の一部はつねにWRAIR（ウォルターリード陸軍研究所）で実施されている。一九七三年、当所の研究者が突破口を開いた。マイクロ波信号をパルス化して内耳を刺激し、話し言葉などの模造音声信号として受信させることに成功したのだ。内耳にある蝸牛の細胞を適切なパターンで振動させ、マイクロ波が生む周波数を聴力を司る神経系に直接伝える。声ではない声が聞こえたことは、まさしく衝撃だった。

ロバート・ベッカー博士とゲイリー・セルドンは共著『生体電気 The Body Electric』で、そうした兵器の潜在的用途を指摘した。「この装置は明らかに秘密工作に利用されるだろう……。開発の目的は、ターゲットの人間を『声』によって狂わせることかもしれないし、検知されずに暗殺の指令を出すことかもしれない」この研究は継続されており、イリノイ大学生体工学部教授ジェームズ・リンらがまとめた詳細など、科学論文もいくつか発表されている。

いっぽう、WRAIRは高出力マイクロ波放射を生きているターゲットに照射したときの効果に注目し、マイクロ波兵器にかんする論文を軍部シンポジウムで発表した。さらに心をかき乱されるのは、WRAIRの医療機関に勤める軍部の精神科医によると、WRAIRは許可を取らず、長期的な精神疾患を抱える患者を対象に、マイクロ波兵器によってターゲットに声を送る聴覚誘導実験を行っているという。

キューバのハヴァナにあるアメリカ大使館。

奇妙な点

現在も諜報機関で活動している元CIA副長官レイ・クラインは、アメリカ軍の戦略を討論するGSC（世界戦略委員会）の会長を務めている。一九九一年、GSCは白書を刊行し、マイクロ波マインドコントロール装置の国内外における幅広い用途を発表した。陸軍は公式発表でこの兵器を「非従来型」に分類した。非従来型兵器対応のためNATOに派遣されたアメリカ陸軍ヴァーノン・シスラーは、国防総省は多種の指向性エネルギー兵器を入手できると認めた。実際、自分はこの非致死性兵器の被害者だと考えている人も複数存在する。彼らはたいてい不満分子というレッテルを貼られ、政府に異議を唱えているため、自分がモルモットに選ばれたのだと信じて疑わない。概して、国は彼らの活動をうさん臭いと思っている。実験台にそういう人物を選べば、政府は一石二鳥なのだ。

通説の黒幕

CIA

マイクロ兵器研究システムによって人格を侵害する作戦や活動の多くは、MKウルトラやMHカオスでCIAが実施して非難されたものとそっくりだ。ロシアが崩壊し、KGBが恐ろしい敵ではなくなると、CIAは公民権や人権の擁護者の脅威に対処することに注意を向けたのである。

マイクロソフト社

一風変わった黒幕説

おそらく、あらゆる噂のなかでいちばん信憑性が低いのは、マイクロソフト社がマインドコントロール実験をする情報機関に資金援助しているという説だろう。いったいなぜ、ソフトウェアの巨大企業がそんなことをするのか、いまだ理由がわからない。

疑問と信憑性

一九五三年から一九七六年にかけて、モスクワのアメリカ大使館が二・五～四ギガヘルツのマイクロ波を照射された。もし何の影響もないのなら、なぜロシアは二三年間もこの計画を続行したのだろうか？　アメリカ政府が大使館職員に警告しなかったのは、低レベルのマイクロ波が人間に及ぼす影響を研究する好機だと考えたからなのか？

たしかに、この説には一理ある。結局、一九六五年、政府はモスクワの職員に改めて集団検診を数回実施し、暗号課の職員がミスをする割合を入念に調べた。何らかのサブリミナル効果が出ているかを確認するためだった。

一九六五年一〇月、国防高等研究計画所のリチャード・セザーロは、国防総省の上司チャールズ・ハーツフェルドに次のような報告書を送った――不十分ながら調査を行った結果、「多少の行動の変化が見られた。おそらく低レベルの電磁場にいたことが原因だと推察される」。パンドラ作戦を開始する許可をもらっていたセザーロは、最終的に、マイクロ波を照射したチンパンジーが通常ではありえない行動を見せ、作業能力が著しく低下したことを証明した。さらに、ハーツフェルドに、「低レベルのマイクロ波によって人間の行動をある程度コントロールする可能性はあるように思えます」と伝えた。

もしこれらすべてが戯言（たわごと）なら、なぜロシア人は二〇一七年になってもなお同じことを続けていたのか？　ドナルド・トランプがアメリカの大統領選で驚くべき勝利を達成してから数日もしないうちに、ハヴァナのアメリカ大使館がモスクワとそっくりな攻撃を受けている。違うのは、このときのマイクロ波が音波で増幅されていたことだけだ。二一人の職員がさまざまな衰弱を訴え、見当識障害も見られたため、本国に送還された。キューバは関与を完全否定し、もし照射が事実なら犯人はロシアだと断言した。

不可解な事実

マイクロ波兵器はターゲットの精神状態を不安定にさせるよう考案された嫌がらせ作戦と組み合わせてテストされている。マイクロ波の影響はターゲットが当惑してプレッシャーを感じているときにいちばん効果が現れるのだ。民間で立ち上げた電子調査プロジェクト協会は、現状を監視し、被害者にはできるかぎり対応しており、マイクロ波によって苦痛を受けている市民は少なくないと主張している。被害者が訴える変調は多岐にわたる。なかには、今まで仲が良かった隣人に突然怒りを覚えたり、見も知らぬ人になぜか敵視されて笑われたり、軽い窃盗罪を犯したり、体調不良に陥ったり、睡眠不足になったり、所持品を壊したり、警官、医師、法律家から目をつけられたりする者もいるという。

疑いの目で見れば

キューバのアメリカ大使館がマイクロ波／音波に襲われたとき、当時（二〇一七年）のドナルド・トランプ大統領顧問ケリーアン・コンウェイは、バーゲン・レコード紙にこんな不安を述べている。「カメラに変身する電子レンジもあります。今やそれが現実なのです」。ますますスマート（賢く）になるテレビにも根拠のはっきりした不安がある。スマートテレビはインターネットに接続すると、遠隔操作によって所有者に敵意を抱くようになるのだ。コンウェイの恐怖は妄想なのか？　それとも現実なのか？　銀行口座にかんする詳細は電子レンジの前に置いておかないほうがいい。念のため！

サブリミナル・メッセージ

サブリミナル・メッセージとは、かつては存在せず、せいぜい誰かが勝手に想像した幻想か金儲けするための嘘によって生まれた陰謀である――こう表現すればわかりやすいだろう。だが、それでも興味をそそられるのは、サブリミナル・メッセージの影響がたとえ嘘だとしても、まさに陰謀論者が注目する恐ろしい出来事の発端と深い関連があるからだ。

一九五三年、アメリカが朝鮮戦争から撤退したあと、中国のマインドコントロール疑惑が持ち上がり、全土が混乱状態に陥った。二〇〇〇人以上の捕虜が帰国を拒否し、代わりに共産主義中国で新たな生活を始めることを望んだのだ。捕虜が自ら進んでそんな決断をするとは到底信じられず、アメリカはただ漫然と「誰かが彼らの脳を操作した」と考えることにした。広まりつつある恐怖に便乗して、極右のジャーナリスト、エドワード・ハンターは一九五一年に書いて自身でも忘れていた駄作『洗脳――中共の心理戦争を解剖する』〔福田実訳、法政大学出版局、一九五三年〕を再出版した。原題『Brainwashing in Red China（赤い中国における洗脳）』の「Brainwashing（洗脳）」は、おそらく中国語の「思想改造」を敢えて素人くさく翻訳したものだろう。ハンターが生み出した言葉は、まさに、アメリカ人が「失った男子たち」を襲ったと信じたい現象だった。

お決まりの反応だが、一九五三年、怪物作戦（のちの「MKウルトラ計画＝CIAの洗脳作戦」）に正式認可がおり、アメリカの敵は他人の心を操作する力があるという恐怖を助長した。ＭＫウルトラはＣＩＡが打ち出した計画で、マインドコントロールの方法を確立し、「満州の候補者」〔かつて日本が満州に傀儡政権を樹立していたことから転じて「操り人形」という意味になった〕、つまり、傀儡をたくさん作り出すことだったのだろう。ちょうどそのころ、市場調査員ジェームズ・ヴァイカリーは、いまにもつぶれそうな自分のマーケティング会社を立て直そうと必死で、サブリミナル・メッセージを開発したと突飛な発言をした。すると、意外にも難なく受け入れられた。大統領以下ほとんどのアメリカ人が、マインドコントロールは実施可能だと信じていたからだ。

一九五七年、ヴァイカリーはニュージャージー州フォートリーにある映画館に使用料を支払い、ウィリアム・ホールデンとキム・ノヴァクが出演するヒット映画、ロマンチックコメディ『ピクニック』（一九五五年）を利用して、六週間の実験を行った。確認は取れていないが、当期間中に四万五六八九人が映画館に足を運んだらしい。ヴァイカリーはタキストコープ（瞬間露出器）を映写室に持ち込み、メインスクリーンに一瞬のメッセージを織り込んだ。観客に「コーラを飲め、ポップコーンを食べろ」と伝えたのだ。このサブリミナル・メッセージは映画の前半を通して、五秒間隔、一回につき三〇〇〇分の一秒で繰り返された。ヴァイカリーいわく、ごく一瞬なので目ではとらえられず、脳も認識しないという。ただ、人間の防衛機制をかすめ、潜在意識のなかで反応するのだ。「誰が話しかけているんだ？　なぜ私はそうすべきなんだ？」

ヴァイカリーが映画館ロビーでの売り上げはコーラで二〇パーセント、ポップコーンで六〇パーセント上がったと発表すると、広告業界は諸手をあげてヴァイカリーに金を出し、ＭＫウルトラの担当者はじっと座ってメモを取った！　この方法でミッションの詳細や指令をインプットし、完璧な工作員を生み出すことはできるのか？　現在の尋問手段をすべてクリアできる人物に自分がスパイや暗殺犯だと意識させないまま、引き金のフレーズを聞かせただけで特別な任務を夢うつつのうちに実行させることは可能なのか？　アメリカのおもな政党も刺激を受け、選挙活動で投票の傾向を操作するため、サブリミナル・メッセージを導入しようと目論んでいた。

奇妙な点

信じる信じないは別として、ジェームズ・ヴァイカリーの主張が事実に基づいているのかどうかを確認した人はいない。ヴァイカリーの嘘が完璧なので、アメリカ人全員が彼の言葉をそのまま受け止めていた。だが、ニューヨークのホフストラ大学心理学部のスチュアート・ロジャースが実際にフォートリーの映画館まで車で行ったとき、すぐにヴァイカリーはここに来たことがないと確信した。そこは典型的な小ぶりの映画上映室で、大きな映画館に建て替えることが決まっており、ヴァイカリーが主張していた六週間で四万五〇〇〇人以上の観客などとても収容できなかった。そもそも当時、フォートリーの全人口が二万五〇〇〇人以下だったのだ。

一九六二年、ヴァイカリーは自分の嘘を認めさせられたが、もう誰も興味を示さなくなっていた。すっかり表舞台から姿を消した悪魔のMKウルトラは、数万人もの被験者にこっそりせっせとLSDを投与していた。より効果的なサブリミナル・メッセージをインプットするためだ。さらに、理性の声が陰からサブリミナル・メッセージはでっちあげだと叫んでいるのに、西側諸国の多くは慌ててサブリミナル・メッセージを違法とし、事実、法令は今も施行されている。各国政府や機関は広告などに隠されたメッセージが織り込まれていないか、徹底的に調べ上げた。言うまでもないが、異常なほど固執する陰謀マニアは、P&Gの石鹸のCMからヘビメタのレコードに織り込まれた逆さ言葉に至るまで、あれもこれも性や悪魔と結び付けた。

通説の黒幕

発足後すぐ、外部からまったく邪魔されない独立した計画となったMKウルトラは、ついにかの悪名高き「ミッドナイト・クライマックス計画」に着手した。アメリカ西海岸沿いに売春宿をたくさん設けて客にLSDを摂取させ、パイプを通した声で特定の人物を殺すよう誘導したのだ。また、MKウルトラの担当者はアメリカの都市の道路を、彼らがお洒落にも使い捨てと呼んでいる人たちで埋め尽くした。つまり、浮浪者やバス停でたむろしているティーンエイジャーたちだ。こうした彼らの考える不健康な人間を感覚略奪タンクに浸し、LSDを投与し続ける。そして、こうした被害者たちにサブリミナル・メッセージを潜ませた暴力的な映画を見せ、まえもって仕込んでおいた引き金のフレーズを耳にしただけで淡々と人を殺すかどうかをテストしたのだ。

大企業

一風変わった黒幕説

一九七〇年代から八〇年代にかけて、コミュニケーション学で博士号を持つ作家ウィルソン・ブライアン・キーは、大企業や政治家によるサブリミナル操作からアメリカ人を守る唯一の救世主として自分を売り出した。最初のターゲットはナビスコ・フーズだった。キーによると、クラッカー「リッツ」には、一見、何の害もない小さな穴が開いているが、これは「セックス」という言葉を表しているという。みなが面白がってチーズクラッカーに入れられたそのメッセージを探したが、答えを見つけた者はいなかった。

キーが次に選んだターゲットは石鹸業界の大手P&Gだ。この巨大企業のかつてのイメージキャラクターは、月に住む、あごひげをはやした髪の長い老人だった。キーいわく、このひげが悪魔を示す数字「666」の形になっているという。じつは、本当の獣の数字は六一六だが『ヨハネの黙示録』最古の写本を最新技術で解析したところ、獣(悪魔)を指す数字は六一六であることが判明した」、それはさておき、このサブリミナル・メッセージや悪魔のメッセージは、キーが主張した性欲をあおるクラッカーのモチーフと同じように曖昧模糊としている。

キーは、P&Gから突飛な発言について問いただされるとすました顔でうなずき、メッセージが難解だからこそ効果があるのだと答えた。P&Gは訴訟を起こしたが、かなりの出費を余儀なくされたあげく、安心できる「P&G」にするため、結局、月にいる老人のロゴの使用をあきらめた。

疑問と信憑性

ウィルソン・キーはあるヘビメタのアルバムにも隠れたメッセージがないか徹底的に調査した。そのアルバムを聴いた者が常軌を逸した行動に出たからだ。一九九〇年、イギリスのヘビメタバンド、ジューダス・プリーストが起訴されたとき、キーは再びサブリミナル・メッセージの権威としてスポットライトを浴びた。アメリカの法廷でサブリミナル・メッセージの影響が審理されたのはこのいちどきりだ。一九八五年一二月二三日、ティーンエイジャーのレイモンド・ベルクナップとジェームズ・ヴァンスがドラッグを吸いながらジューダス・プリーストのアルバムを聴いたあと、地元の墓地に行き、ショットガンで自殺した。ジューダス・プリーストの音楽を聴いても何も起こらなかった読者は、聖なる解放だと考えるかもしれないが、自殺した少年たちの両親は目立ちたがり屋のキーに後押しされ、ジューダス・プリースト相手に六二〇〇万ドルの賠償金をかけて訴訟を起こした。

少年ふたりの家族側の鑑定人として法廷に現れたキーは、ジューダス・プリーストの曲『ベター・バイ・ユー、ベター・ザン・ミー(Better By You, Better Than Me)』には自殺を促すメッセージが隠されていると主張した。また、ジューダス・プリーストのアルバムをカバーした曲のほとんどに自殺のイメージとメッセージが織り込まれていることを論証した。だが、見世物さながらの法廷で、出廷者全員がジューダス・プリーストがアカペラで歌う問題曲や、背景で流されるさまざまな曲を聴かされたあと、ジェリー・カー・ホワイトヘッド裁判官は起訴内容を裏づける事実はなく、また、サブリミナル・メッセージの効果にも証拠はないという判決を下した。

不可解な事実

サブリミナル・メッセージを開発したと思われる当人が、あんなのはゴミの塊だと何度も認めたにもかかわらず、二〇〇六年の調査では、一般市民九八パーセントと、広告業界や心理学を教える人間の八〇パーセントがサブリミナル・メッセージに秘められた力を信じていることがわかった。

疑いの目で見れば

このテーマで最後に言葉を残すなら、ジューダス・プリーストのリーダー、ロブ・ハルフォードに任せるのがベストだろう。ハルフォードは、リノで行なわれた裁判のあとこう言った。「俺があんな戯言(あわごと)を信じていたら、みんなが俺たちのレコード買うように吹き込んだよ」。

第七章——場所

南極大陸

孤立した、だが美しい南極大陸は、危険な環境であり、また、危険にさらされた環境でもある。この大陸についてはさまざまな憶測が飛び交っているが、なかでも驚くのは、住人がいないという通説が間違っているかもしれないということだ。陰謀論者は南極大陸の住人にまつわる真実が世間の目から隠されていると信じている。

陰謀マニアは奇妙な真実が明かされることを期待してアンテナを張っている。というのも、ナチスがトゥーレ協会、アーネンエルベ、ナチス親衛隊オカルト局といった謎の機関と連携して南極大陸の探検を始めたという情報が漏れ始めたからだ。

一九四七年、アメリカ海軍少将バードが一万人以上の探検部

隊を率いて南極大陸に向かったとき、謎はさらに深まった。内容非公開の任務に出向いた部隊は大勢が死亡し、生存者もわずか三か月後に帰還したのだ。それから五〇年以上たった今も、アメリカ軍が行った不可解な南極探検は機密扱いになっていないにもかかわらず、情報を入手することはできない。

バード少将率いる部隊が戦った相手については熱い議論が沸いているが、いっぽう、ほとんどの陰謀論者が南極大陸の氷の下には何らかの大異変で破壊された高度文明の遺跡があると信じている。これこそナチスが思いがけず発見した事実であり、不吉な力がそれを秘密にしよう

年間降雨量が50ミリに満たない南極大陸は砂漠に分類される。世界最大の砂漠だ。

としているのだ。

奇妙な点

南極は多くの強国が署名した条約に基づいて管理され、膨大な天然資源の発掘や探索は禁止されている。どの政府も環境保護で優秀な実績を積んでいないことをふまえると、いささか奇妙だ。南極条約の真の目的は隠蔽だと言われている。どんな商業機関であれ、厚さ四〇〇〇メートル近い氷を掘削させるわけにはいかない。真実を暴かれては困るのだ。

ナチス

通説の黒幕

一九三八年、ナチスドイツはかつてない規模で調査を行い、南極はドイツの土地だと主張してノイシュヴァーベンランドという名を付けた。ナチス内部の各機関は南極大陸を特別重視し、第二次世界大戦中ずっと滞在していたことが知られている。一九四六年にはアルゼンチン沖から氷の大陸へ向かっていくドイツのUボートが複数目撃された。ドイツ軍最高司令部が法の裁きを逃れ、失われた南極大陸文明の遺跡のなかに基地を設立したのかもしれない。

ジェイソン学会

一九七三年、ニクソン大統領がジェイソン学会を創設したことは明らかだ。ジェイソン学会がひそかに企んだ目標は、「シークレット・アース計画」を遂行することであり、一説によると、この秘密結社は南極大陸の地下やその他数か所に埋もれている高度文明の遺跡を探索するよう指示された組織らしい。陰謀の裏にいる他の多くの機関と違って、ジェイソン学会にはいささか善意があり、南極大陸の暗闇に人類を住まわせ、守ろうとしているという。絶滅した先住種族について情報収集し、我々が同じ運命をたどらないよう努力しているのだ。

その他の黒幕説

MJ12、フェニックス計画、NSC（アメリカ国家安全保障会議）、国連、フリーメイソンの陰謀団。

古代宇宙のエイリアン

一風変わった黒幕説

南極大陸の近づきがたい遺跡の奥深くに古代文明が残っているとしたら、それはエイリアンのものであって人間のものではないと主張する者もいる。彼らによると、エイリアンが陰謀を企てたのは、地球の歴史にエイリアンが存在したという認識が広まらないようにするためらしい。

テンプル騎士団

もし南極大陸が気象大変動で氷に覆われたあと、そこから逃げ延びた生存者がエジプトで文明を築いたのなら、祖国にかんする知識がひそかに伝統として引き継がれているはずだ。テンプル騎士団の祖先は古代エジプト人にまでさかのぼるとされ、だとすれば、昔の情報を受け継いでいるかもしれない。これが事実なら南極大陸を支配したいと願うのは当然だし、表面下に眠る高度な技術も探索したいだろう。目的は世界制覇だ。

疑問と信憑性

南極大陸にかんする陰謀論を裏づける、唯一かつ驚くべき証拠は、ピリ・レイスの地図だ。一五一三年、コンスタンティノープルで作成された実際の資料である。この地図にはアフリカの西海岸や南アメリカの東海岸だけでなく、クィーン・モード・ランドと呼ばれる国［南極大陸の大西洋側の陸地］の氷に覆われていない海岸が描かれている。

南極大陸が発見されたのは一八一八年で、この地図の驚異的な正確性が明らかになったのは、一九五〇年代に地中レーダー探査技術が開発され、地質学者が初めて氷の下を調査できるようになったときだ。ピリ・レイスの地図は昔の海図をもとに作成されていたが、なぜこれほど正確に書けたのか、納得できる説明ができる者はいない。似たような海図が複数見つかっているため、やはり、かつて南極大陸には文明が存在していたのではないだろうか。その文明こそ、のちに広く知られるようになるアトランティスである。

不可解な事実

一九九八年、南極大陸でマグニチュード八・一の巨大地震が発生した。たちまち世界にニュースが駆け抜け、対策が講じられ、オーストラリアの東海岸全域では警報が鳴り響いた。当局は巨大津波が襲ってくるのではないかと恐れたが、心配ないと判明すると、医療機関、警察、軍部は警報を解除した。この事態から浮かんだ謎がある。南極にはプレートがないため、理論的には巨大地震など起こるはずがないのだ。

疑いの目で見れば

過去一五〇〇万年のあいだ、どの時点においても南極大陸が氷に覆われず文明が栄えたという科学的証拠はない。また、今のところ、高度な文化が存在したという考古学的証拠もない。

バミューダトライアングル

魔の三角地帯という恐ろしい名前でも知られるバミューダトライアングルは大西洋の一区域で、一般にはバミューダ、プエルトリコ、フロリダのフォート・ローダーデールを結ぶ三角地帯を指す。

バミューダトライアングルで初めて起こった奇妙な出来事は、クリストファー・コロンブスが残した一五世紀の日誌に記されている。それによると、突然、巨大な炎が燃え上がり、海の中へ落ちていった。コロンブスの方位磁針はぐるぐる回り、彼は乗組員たちとともに上空に妙な光を見たという。

それから数世紀のあいだ、この地域の不気味な噂は徐々に広がり、一九五〇年、陰謀論者の注意を引いた。楽しげな名前のエドワード・ヴァン・ウィンクル・ジョーンズが長い記事を書き、アソシエイティッド・プレスが世界に報じたのがきっかけだった。おもに取り上げたのは、今や有名になった、一九四五年一二月五日にアメリカ海軍のフライト一九が行方不明になった事故と、ブリティッシュ・サウスアメリカン航空の二機、スター・タイガーとスター・アリエルが消息を絶った事故だ。後者の事故で消えた二機はどちらもイギリスのアヴロ社の旅客機で、スター・タイガーは一九四八年一月三〇日、バミューダに向かっている途中で、スター・アリエルは一九四九年一月一七日、バミューダからジャマイカに向けて離陸したあと、跡形もなく姿を消した。以上、三つの事件すべてにおいて機体の残骸も死体もいっさい発見されていない。

バミューダトライアングルと言えば、昔も今もフライト一九の行方不明事件がまず思い浮かぶ。チャールズ・キャロル・テイラー米海軍中尉を指揮官に、訓練兵一三名がアヴェンジャー雷撃機五機に搭乗してフォート・ローダーデールを飛び立ち、その後、消息を絶った。テイラーは同型機の飛行時間が二五〇〇時間を超えていた。また、飛行隊員はたしかに訓練兵だったが、全員三〇〇時間の経験を持っており、アヴェンジャーも六〇時間は操縦していた。事故当時は推測飛行という高度な演習を行っていたため、訓練兵の乗るアヴェンジャー四機はコンパスを外していた。だが、こうした訓練でも安全基準に従い、指揮官テイラーの乗った機には二個のコンパスを装備していた。しかし、役には立たなかった。

テイラーが最後に地上と交信したときは少しうろたえていて、「コンパスがどちらもおかしい！」と報告している。また、テイラーはフロリダキーズ上空を飛んでいると思っていたが、確信はなかったようだ。まもなく無線通信は途絶えた。さらに、この謎を深める出来事があった。同じく一三名の乗組員を乗せた飛行艇マリナーが、フロリダの現パトリック空軍基地からフライト一九の捜索に送られたが、マリナーも何の形跡も残さず消息を絶ったのだ。その後、大きさを問わず、多くの飛行機や船が、「魔の三角地帯」と呼ばれていた海域に呑み込まれていった。

休日に出かけるような場所ではない――少なくとも、2度目は、ない！

奇妙な点

大規模な捜索が行われたが、フライト一九の残骸は何も見つからなかった。飛行機五機が爆破して海底に沈んだという以外に何があったのか？　何ひとつ痕跡がないという事実はバミューダトライアングルにおける消息不明事件の特徴となった。巨大な船舶でさえ形跡もなければ遭難信号すら送らずに消えているのだ。もちろん、陰謀論者は何らかの秘密計画が隠蔽されていると信じている。

エイリアン

通説の黒幕

バミューダトライアングルの行方不明事件で黒幕第一候補となるのはエイリアンだ。どうにかして真実を隠そうと奮闘している。エイリアン――おそらく小型の不気味なグレイ――はバミューダトライアングルの海底に建てた基地に住んでいるのだろう。プエルトリコ付近の海に出入りするUFOの目撃談はじつに多い。我々が歓迎したくないお客様にはプライバシーがあって、自分の領土に侵入してくる者を残らず排除しているのだ。

北アメリカ航空宇宙防衛司令部

バミューダトライアングルの海底に基地を持っていると言われているのは地球外生命体だけではない。一部の陰謀論者によると、北アメリカ航空宇宙防衛司令部、通称NORAD（ノーラッド）が巨大な海底基地を建設し、飛行機や船舶が頼りにする信号を邪魔する極秘技術を駆使しているという。もし飛行機や船舶が海底基地の証拠をつかんだら、むろん、アメリカ軍に消去される。

その他の黒幕説

ＭＪ12、国連、古代エイリアンの宇宙神クトゥルフとヨグ・ソトース。

一風変わった黒幕説

行方不明となったパイロット、水夫、乗客の裏に潜んでいるのはグレイではなく未来からやってきた人間だとする説もある。この仮説からすると、時間の旅人はこの地域で重力による時空の歪みを利用し、過去に生きた証拠を収集している。むろん、誰かがこの事実を暴露したら、時間の旅人は過去に向かい、流れを変え、証拠が表に出ないように操作するのだ。

時間の旅人

アトランティスの遺物

バミューダトライアングルの下には古代文明アトランティスの遺物が沈んでいると言われている。これほど多くの飛行機や船舶が消えるのは、アトランティスの遺跡のなかに埋もれた巨大な水晶が強力で不安定なエネルギー光線を放出しているかららしい。このエネルギーが上空を通過する不運な飛行機を直撃するのだ。また、少数派だが、アトランティス人がまだ波の下で生きていて、行方不明事故を引き起こしているとする説もある。

疑問と信憑性

二〇世紀にはバミューダトライアングルで五〇隻以上の船と二〇機以上の飛行機が消息を絶った。また、バミューダトライアングルは地上で方位磁針が正確に北を指さない二地点のうちのひとつだ。それ以外にもひとつ、奇妙な出来事が続いている事例がある。パイロットのキャロリン・カシコはチャーター便でバミューダトライアングルにあるタークス諸島まで飛行した。彼女の乗った飛行機が島の上空で目撃されたちょうどそのとき、こんな無線が入っている。「どうなってるの？　下に見えるのはグランド・ターク島のはずなのに何もないわ。島の形は合ってるけど、人が住んでいるようには見えない」。カシコは何度か島の上空を旋回したあと、海に落ち、消息を絶った。

不可解な事実

バミューダトライアングルの食欲は失せないようだ。二〇一五年九月三〇日、全長二四一メートルのコンテナ船、蒸気船エルファロがフロリダのジャクソンヴィルを出港し、プエルトリコへ向かった。航路の北数百キロの地点で嵐が発生していた。この嵐が突然予想を超えて勢力を増し、まるで敵意を抱いているかのようにまっすぐエルファロに向かってきた。ハリケーン・ホアキンだ。無残にもエルファロを丸ごと呑み込んだあと、なぜかホアキンは予報どおりの進路へと戻っていった。そして、エルファロは完全に姿を消した。

結局、蒸気船エルファロは水深四五七二メートルの海底で発見された。破損することもなく、そのまま船底からまっすぐ落ちていったかのように沈んでいた。潜水艇や無人ドローンを駆使して大規模な捜索を行ったが、船内にも近くの海底にも、乗組員はひとりも見つからなかった。

疑いの目で見れば

ようするに、バミューダトライアングルは空も海も交通が激しく、荒れ狂う潮流や局地的な激しい嵐に見舞われる地域なのだ。何より、熱心な**トライアングルマニア**は三角地帯（トライアングル）を拡大し、いろいろな事件を一緒くたにしている。彼らに言わせると、三二〇〇キロ以上離れているアゾレス諸島沖で無人の状態で発見された有名なメアリー・セレスト号沈没事件もバミューダトライアングルの被害者らしい。陰謀論者に時間を与えたらネス湖もトライアングルに入ってくるはずだ！　だが、いちばんの謎は、もともとは事故現場の分布からしてバミューダレクタングル（長方形）になるはずだったのに、突然、一辺が跡形もなく消えてトライアングル（三角）になったことだ！

地球の空洞

我々が歩いている地表ほど固くてしっかりしたものはないだろう。だが、多くの陰謀論研究者は地球内部に複数の奇妙なグループが住んでいると信じている。二九〇〇キロに及ぶマントルの内側に空洞があり、内なる太陽に照らされているという。

長年、見知らぬ地下世界、地球の空洞への入り口は北極と南極にあると言われてきた。内なる太陽の二次的影響、オーロラ・ボレアリス(北のオーロラ)とオーロラ・オーストラリス(南のオーロラ)や、重力や無線の異常などが同説の裏づけとして提示されている。また、エスキモーは、自分たちの祖先はさらに北方にある、永遠の太陽に照らされた温暖な土地の出身だと主張している。

一部の陰謀論者によれば、地球に空洞があることは、歴史が誕生して以来、秘密結社の創設者たちが知っていたという。こうした組織が科学界や権力者を操作し、我々部外者に、地球の内部には岩、石油、高温の内核しかないと信じ込ませているのだ。秘密結社の内々では、地球に空洞があり、内部は太陽に照らされ、洗練された種族が暮らし、地球外の星と複数のトンネルでつながっていると教えている。秘密結社は地球の本来の姿をずっと隠し続けてきたのだろうか?

奇妙な点

科学界が否定しているにもかかわらず、地球に空洞があり、内部に住人がいるという説は抹消されていない。数年ごとに新たな科学者がこの理論を研究し、定説に反論し、学会の怒りを買って失職している。もし地球空洞説が単なる根拠のない偏見だとしたら、こうした哀れな科学者が受ける侮蔑や嘲笑はひどすぎるように思える。

通説の黒幕

ナチス

周知のとおり、ナチス高官の多くが地球には空洞があると固く信じていたようだ。一九三〇年代、ナチスは探検隊を南極大陸とチベットに派遣し、地球内部にいる住人と接触する方法を探った。実際、ヘルマン・ゲーリングはこの説をもとにロケットの実験を行った。また、トゥーレ協会のメンバーとナチスが大戦終了時に地球の空洞へ逃げ込んで居住区を作ったと信じる者もいる。明らかに、当局はこの驚くべき情報を世に知られないようにしているのだ。

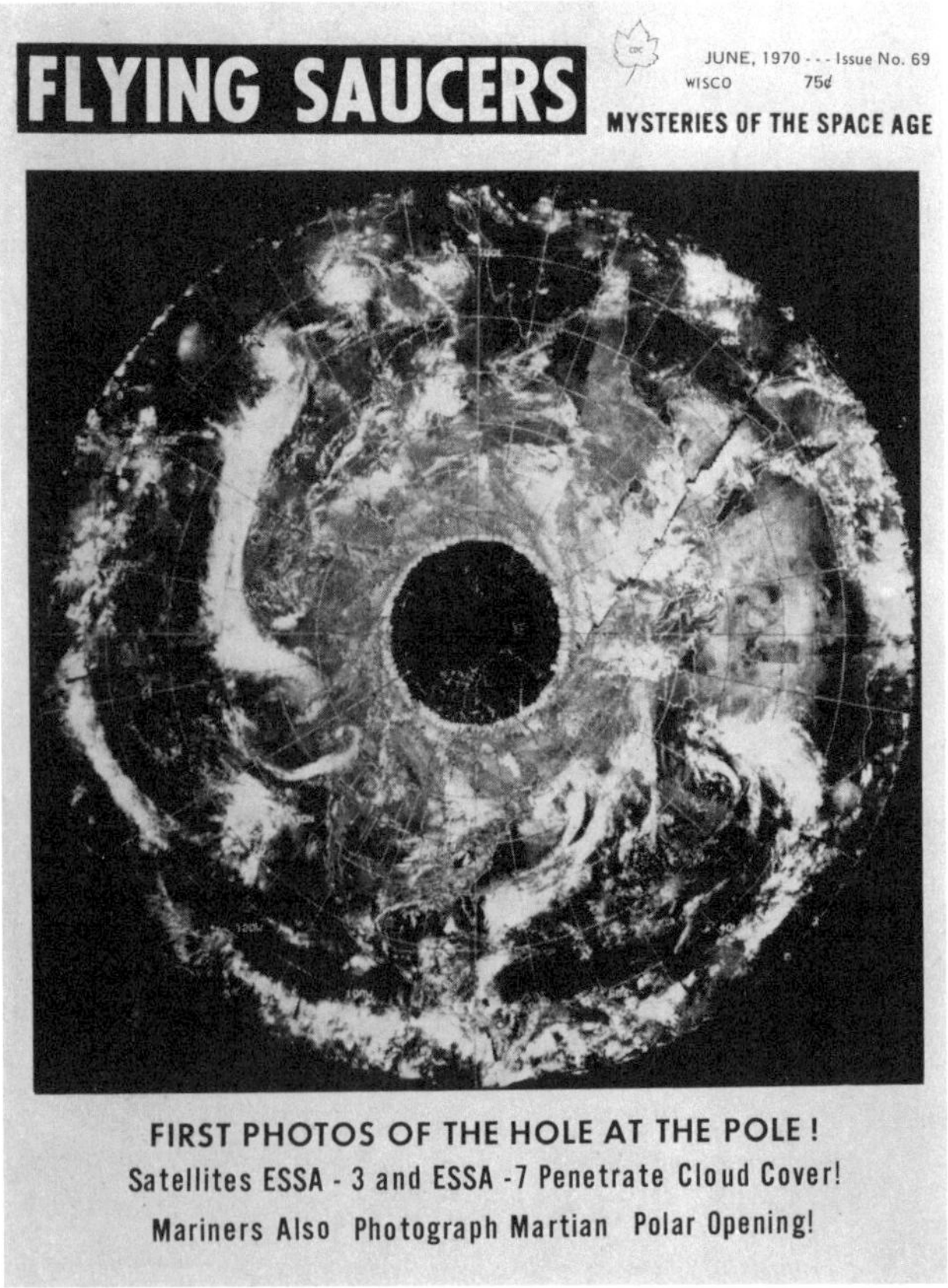

NASAが1970年に撮影した北極の穴。

エイリアン

エイリアンはよく知られたグレイから、あまり話題にのぼらないノルディクスというアーリア人風の種族や、オリオン(地上の歩くヘビの伝説に出てくるレプティリアン（ヒト型爬虫類）)まで、みな地球内部に本拠地があると言われている。各政府がこれを認識しているらしいが、別世界の生命体に対してはなすすべもなく、その存在を隠し続けているのだ。

一風変わった黒幕説

テラス族

一九三二年、ニューヨーク大学で博士号を取得したレイモンド・バーナードによると、地球には空洞があり、内部にはテラス族が住んでいる。テラス族は身長が三・六メートル以上ある生命体で、祖先はアトランティス人らしい。生野菜を食べ、ＵＦＯに乗って地球表面に飛んでくる。バーナード博士は同じ考えを持つ人々とともにエクアドルに居住区を作った。博士いわく、当局は真実を押し隠しているが、地球には空洞があり、親しみ深いテラス族が暮らしていて、差し迫った核の大量虐殺から人類を守ろうとしているという。

デロス族

一九四〇年代、奇人リチャード・シェイヴァーは地球の空洞に住んでいる種族のひとつがデロス族だと論文で発表した。シェイヴァーの世界観によれば、デロス族は地球に住みついた最初のエイリアンで、祖先は一万二〇〇〇年前に起こった太陽の異常現象により地下での生活を余儀なくされたという。彼らは高度な技術を駆使し、人間の心を操作し、地下世界を隠蔽するための陰謀に加担している。デロス族は地球の空洞にかんする事実が暴露されないよう望むだけでなく、地上の女性にみだらな関心を持ち、サディスティックな性行為に興味を持っているらしい。

疑問と信憑性

地下王国やその住人にまつわる伝説は、過去六〇〇〇年のあいだ、ほとんどの文化に登場してきたようだ。さらに奇妙なことに、控えめに言っても数か国の政府が地球空洞説の調査に投資している。一九世紀、アメリカ政府は軍の英雄ジョン・クリーヴス・シンメス大尉を南極に送り、空洞への入り口を探して内部に居住区を作るよう命じた。第二次世界大戦が勃発するまえ、ナチスドイツが複数の探検部隊を送り、地球内部につながる通路を調査させたことも知られている。また、噂によると、海軍少将バードが一九四七年に実施した謎の南極探検

オーロラ・ボレアリス（北のオーロラ）は地球に空洞がある証拠だという説もある。

は、地球空洞説への一時的な好奇心以上の何かがあったようだ。

不可解な事実

一九一二年一一月二五日、アメリカの研究家兼作家マーシャル・B・ガードナーは地球空洞説でアメリカの特許を出願した。一八か月後、お役所仕事らしく事務手続きや審査は遅れたが、政府はガードナーに特許を与えた。アメリカ特許番号一〇九六一〇二号、地球空洞説だ。おそらく、陰謀論で正式な特許を取得したのはこれが初めてだろう。

疑いの目で見れば

しっかりした証拠があるわけでもなく、突飛すぎて信じられない要素が多すぎる地球空洞陰謀論は、従来の地質学、歴史、宇宙論、一般常識を合わせた重みには耐えられない。もし、空洞への入り口があるなら、現代の衛星はその姿をはっきりとらえているだろう。

ニューヨーク州モントークポイント

多くの陰謀論が突飛すぎて信じられない賞を受けているが、モントークは明らかに大賞レベルだろう。モントークにまつわる陰謀や異様な噂は唖然とするほど入り組んでいて奇々怪々だ。だが、この陰謀論に光が当たったのは、ジャーナリストのピーター・ムーンと、モントークでおかしな出来事に巻き込まれたふたり、プレストン・ニコルズとアルフレッド・ビーレックが関連書『モントーク・プロジェクト　謎のタイムワープ』〔並木伸一郎編著・訳、学習研究社、一九九三年〕を出版したことがきっかけだった。

キャンプ・ヒーロー州立公園はその名称とは程遠く、実際はニューヨーク州ロングアイランドのモントーク・ポイントにある荒れ果てた空軍基地で、いろいろな陰謀論がささやかれている。もともとは第二次世界大戦以前に建てられたアメリカ陸軍の基地だった。のちにモントーク空軍基地となり、正式には一九六九年まで機能していた。しかし、その後も新たに電話線や大容量の送電線が敷設され、高度な軍事用電子機器のテストを実施しているところが目撃されている。廃墟となった施設の使用電力が、ギガワット単位のメーターで計測されている。すなわち、小さな都市を賄えるほどの電力を消費しているのだ。

陰謀論によると、基地の地下施設が、電磁波によるマインドコントロールや時空操作の研究を行う本部になっているという。実験開始は一九四三年にまでさかのぼる。アルベルト・アインシュタインとハンガリー生まれの物理学者ヤヌス・エリク・フォン・ノイマンがアメリカ政府の依頼で行った気味の悪い「フィラデルフィア計画」では、現実の定理を突き破り、海軍の軍艦をレーダーで探知できないようにするステルス実験を行った。フィラデルフィア計画を行っているあいだ、軍艦は視界から消え、さらには現実の時間からも消えたと言われている。再び現れたとき、乗組員は重度の精神的ダメージを受け、身体にもひどい後遺症をもたらしたという。なかには、船上で姿が消えたり、皮下組織にまで達する第三度の熱傷を負ったりする水夫もいた。戦後、ロングアイランドのモントークはじめ他の関連基地や実験室は奇抜なSFさながらの研究を続けた。アメリカ議会がこうした秘密計画を調査し、六〇年代には中止されたが、地下にあったのは実験施設だけではなかった。モントークは謎のスポンサーから資金援助を受け、政府の許可なく今も活動を続けている。

奇妙な点

一九八四年、空っぽになったモントーク空軍基地は正式にニューヨーク州に譲渡され、州立公園となった。現在はニューヨーク州公園システムの管理下にあるが、一区画でも公園としてオープンしたことはない。基地の所有権をニューヨーク州に移すという行為自体、明らかにアメリカ政府が表面下にある権利や資産を保持している証だ。アメリカ陸軍工兵司令部の計画を見るかぎり、間違いなく、キャンプ・ヒーローの地下には少なくとも四つの施設がある。つまり、陰謀論者の主張にも一理あり、大規模な地下組織が従来の科学を超えた研究を進めているのかもしれない。

NSC

モントークはアメリカのNSC（国家安全保障会議）内部の陰謀団が運営していると見る者は多い。メンバーは全員、フリーメイソンのエジプト支部、グランド・オリエント・ロッジに属しているらしい。彼らはモントークで行われた研究の成果を利用し、最終目的である地球支配を追求しているのだ。

アレイスター・クロウリー

おそらく二〇世紀で誰より影響力のあるオカルティストで、自らを「世界一邪（よこし）まな男」と名乗るクロウリーは、第一次世界大戦直後、ロングアイランドのモントークを訪れたらしい。大戦中、クロウリーは諜報員として活動していた。モントークで何に関心を持っていたのかはいろいろ推測できるが、彼の教え子のなかに革新的な科学者がいたことも留意すべきだろう。たとえば、ヤヌス・エリク・フォン・ノイマンの同僚で、NASAのジェット推進研究所の陰にいたジャック・パーソンズだ。

アレイスター・クロウリー。第1次世界大戦時のスパイ。第2次世界大戦では、「勝利のV」キャンペーンのVサインを発案した。

一風変わった黒幕説

ナチスの科学者

大戦中、ナチスの潜水艦はたびたびモントーク沖で目撃されている。また、ナチス科学者の多くは、大戦後、アメリカ軍のために働いた。一九三〇年代以降、モントークにはアーリア人［ここでは狭義で、ナチスドイツが優勢民族としたゲルマン人］の大きなコミュニティがあり、一部の陰謀論者はモントークの実験は元ナチスに乗っ取られたと信じている。元ナチスは開発中の恐るべき力を駆使して非道な計画を進めようとしているのだ。

時間の旅人

モントークで行われている実験の多くはタイムトラベルに関連している。そうなると、陰謀の裏にいるのは未来からやってきたタイムトラベラーだと考えるのが妥当だろう。彼らは過去となる時空に取り残されてしまったため、未来に帰れるマシンを作ろうと、アインシュタインやフォン・ノイマンが手掛けた実験を引き継いでいるのだ。

疑問と信憑性

表向きは州立公園内にある軍部施設の廃墟だが、キャンプ・ヒーローには多くの秘密があるようだ。周辺をピクニックする女性や子供は、兵士らしき人物に呼び止められ、銃口を向けて脅される。荒れ果てた空軍基地なのに、近くの公園を通るだけで極秘の制限区域に入ったと注意され、逮捕されることすらある。おそらく、政府と軍の秘密組織が派遣した警備兵が制服を着用せずに武装し、はなはだしい不法行為を繰り返している。もしモントークに何の陰謀もないのなら、どうしてここまで警戒するのか？

不可解な事実

モントーク空軍基地が建っている土地、及び、おそらく地下も、アメリカの法からすると先住民モントーク人のものだ。だが、多くの反証があるにもかかわらず、アメリカ連邦裁判所は残っている住民に土地の所有権を主張されないよう、モントーク人の絶滅を発表した。モントーク人の居住区には数多くの風変わりな言い伝えがあり、そのなかに興味深い説がある。はるか昔、キャンプ・ヒーローが建っている場所にかなり異様な石造りのピラミッドがあったというのだ。

疑いの目で見れば

モントーク陰謀論には魅惑的な憶測がたくさんあるが、ほんの一部でも裏づけが取れる確証はない。アメリカ政府が、あるいはその内部の闇の力が、秘密の地下施設で突拍子もない技術をテストしている可能性は考えられる。だが、ネヴァダ州に極秘実験地区エリア51があるのだから、理論的に考えて、ニューヨーク・シティからわずか一六〇キロしか離れていない基地を使用する必要はないはずだ。

オーク・アイランドの謎

カナダ、ノヴァスコシア州にある小さな島オーク・アイランドは、過去二〇〇年以上にわたってさまざまな憶測を寄せ付けてきた。マネーピット。厳重に守られた海賊の埋蔵物。そして、死の落とし穴。

一七九五年、一六歳のダニエル・マクギニスがオーク・アイランドを探検していたとき、古いオークの木の根元にくぼみを見つけた。誰かが穴を掘って埋め直したばかりに見えたため、マクギニスは友達をふたり連れてきてくぼみを掘り始めた。きっと海賊が埋めた宝の山が出てくると期待したのだ。

一二〇センチほど掘ると敷石の層にぶつかった。深さ三メートルまで掘ると、縦穴になっているらしく、オークの丸太が敷き詰められていた。続けて三メートル掘るとまた丸太にぶつかり、さらに三メートル掘るとまたまた丸太が出てきた。この丸太は取り除けなかったため、少年たちは冒険をあきらめた。

裕福なビジネスマン、シメオン・リンズはその縦穴の発掘調査に資金提供してくれる投資家を口先うまく誘い込んだ。そして一八〇三年、例の少年たちは資金を手にして再び縦穴を掘り進めた。するとまたもやオークの丸太が現れ、その奥に以前より興味をそそられるものが出てきた。暗号らしき謎の文字が刻まれた大きな平石だ。後日、文章が解読された――「一二メートル下に二〇〇万ポンドが埋まっている」

平石の下をさらに掘り進み、興奮冷めやらぬ三人は大きな問題にぶつかった。このとき以来、縦穴の採掘者をずっと悩ませている浸水である。当初、縦穴は乾いていたが、突如、土から水がじわじわと染み出し始めた。穴の土をバケツに一杯分取り出すと、水がバケツ二杯分染み出してくる。それでも三〇メートル近くまで掘るとまた丸太の層にぶつかったが、日も沈んできたので作業を中断した。翌朝、戻ってくると、驚いたことに縦穴は水でいっぱいになっていた。

あきらめきれず、彼らは水で満たされたマネーピットから四メートルほど離れたところに穴を掘ってみた。まずは垂直に三三メートル掘り、財宝発見を期待して、最初の縦穴に通じる横のトンネルを掘り始めた。だが、貫通する六〇センチ手前でトンネルの壁から再び水が染み出し、二番目の縦穴も水でいっぱいになった。まもなく、リンズのチームも夢をあきらめた。

一八四九年、別のチームがマネーピットに挑んだ。今回は馬で引く掘削ドリルを利用した。彼らはさらに丸太の層をいくつも越えて地中深くを掘り続け、初めて金属片の層や、古い時計用チェーンの一部とおぼしき物も発見した。マネーピットに宝の山が埋まっていると確信し

悪名高き海賊キャプテン・ウィリアム・キッドの財宝は、オーク・アイランドに仕組まれた陰謀の目玉なのだろうか？

た彼らはさらに掘り進めたが、またしても縦穴は水に埋もれた。いったいどこから水が流れてくるのか？　それを確かめるため近くの海岸を掘ってみたところ、驚愕の事実が発覚した。緻密に計算された五本の配水管が敷設され、水溜めに溜めておいた海水が一五〇メートルもあるトンネルを伝って直接マネーピットに流れ込むようになっていたのだ。深さ二七メートル以上掘り進むと、縦穴の遮断装置を水圧が壊し、一分間に二二〇〇リットル以上の海水が流れ込む仕掛けだった。海から直接水が流れてくるのだから、排水など不可能だ。探検チームはがっくりと肩を落とし、あきらめた。

その後長きにわたり、複数の探検チームがオーク・アイランドの謎解きに挑んできた。フランクリン・ルーズヴェルト、俳優のエロール・フリンやジョン・ウェインも加わった。だが、謎は解けるどころか増えていった――セメントでできたアーチ天井、暗号らしき文字が記された羊皮紙数片、元の縦穴の北側に掘られた謎の洞窟。オーク・アイランドの謎に迫った探検家のうち六人が命を落としたが、この島は今も用心深く秘密を守り続けている。

奇妙な点

一九七一年、元の縦穴の北側に掘った「ボアホール10X」にカメラが潜入したとき、水に沈む洞窟が現れ、おぞましい光景が映し出された。濁った泥水の中に漂っていたのは、明らかに刃物で切断された人間の手首だった。

キャプテン・ウィリアム・キッド

通説の黒幕

破廉恥な海賊キャプテン・キッドは世界中あちこちに財宝を隠したようだ。キッドの財宝物語のいくつかはオーク・アイランドを示唆しているように思える。

スペイン人

一説によると、損傷したスペインのガリオン船が財宝を積んでオーク・アイランドに寄ったようだ。船体を修理してから財宝を海賊の攻撃から守れるよう一時的に保管し、後日、スペインに戻るときに回収する予定だったのだろう。

フランシス・ベーコン

シェイクスピアの戯曲はオリジナルの原稿が見つかっていないため、バード［詩人の意。シェイクスピアをさす隠語］の作品は他ならぬフランシス・ベーコンが書いたのではないかと指摘する声も多い。ベーコンは代作の罪に問われる証拠品を、のちのち発見されるようにオーク・アイランドに埋めたのかもしれない。

その他の黒幕説

ヴァイキング、フランス及び／あるいはイギリスの植民部隊。

一風変わった黒幕説

インカ人とマヤ人

一七～一八世紀、インカ人とマヤ人は財宝をヨーロッパ人に略奪されぬよう、情け深いヨーロッパ人の助けを借りて、北方のオーク・アイランドに隠したのかもしれない。

テンプル騎士団

ヨーロッパで迫害を逃れたテンプル騎士団が、聖杯を守るためひそかにオーク・アイランドに運んだのかもしれない。この説を裏づける証拠がふたつある。まず、地図上で線を引くとわかるが、この島の岩の並びが長さ二五〇メートルの十字架になる。次に、おそらくテンプル騎士団のメンバーと思われるヘンリー・シンクレアが一三九八年にこの島を訪れているのだ。

疑問と信憑性

排水や水圧式装置の精巧な仕掛けを施したのは、何らかの価値ある物品が埋められている証ではないだろうか。

不可解な事実

一九七〇年、トライトン・アライアンスという投資グループがオーク・アイランドの地質学的調査を委託した。不思議なことに、その報告書は今も公開されていない。

疑いの目で見れば

オーク・アイランド埋蔵計画を立てた縦穴建設者はどうやって財宝を回収するつもりだったのか？　実際のところ、いまだ回収はしていない。また、なぜ、財宝があると平石に刻んだのか？　そもそも、そんなことを記すのなら隠す意味がないのではないか？

コロラド州デンヴァー

デンヴァー国際空港はコロラド州では主要な空港だが、それだけのことだ。したがって、地球規模の陰謀の舞台になるとは到底思えない。

だが、近年、陰謀論者の多くはデンヴァーの謎について調査している。謎を解けば、新世界秩序の存在、彗星激突による地球の破滅、MJ12の本質について明らかになると信じているからだ。これまでのところ、彼らはデンヴァー国際空港に謎めいた大規模な地下施設があるという証拠のみ公表している。

たしかに、デンヴァー国際空港はそのデザインからしてオカルト色が濃く、陰謀を思わせるシンボルを多く含んでいる。滑走路はナチスの鉤十字形に敷かれているし、壁画のほとんどは観る者の心を動揺させる。たとえば、破壊されていく街や森を背景に、マヤ文明の石板を持つ少女が立っている絵。この石板には世界終焉の予言が記されている。また、何よりぞっとするのは空港のグレートホールの床に描かれている神秘的なナチスのシンボル、黒い太陽だ。フリーメイソンを知る陰謀論者なら教えてくれるだろう。「グレートホール」とはフリーメイソンにとって重要な言葉だと「会合を開く場所を指す」。そうなると、グレートホールにフリーメイソンの印が刻まれた石碑が設置されていることもうなずける。

デンヴァー国際空港からほど近いシュリーヴァー空軍基地には空軍宇宙軍団が配備されている。深い意義を感じる人もいるだろう。一般に知られている空軍宇宙軍団の任務は、ＭＩＬＳＴＡＲ（軍事戦略戦術中継）衛星通信システムの管理で、移動地上部隊、軍艦、潜水艦、戦闘機を結束させ、想像を超える統一戦力を生み出す。その他、高度三万七〇〇〇キロ以上で地球の軌道を周回し、超高周波で通信する衛星数基も管理している。この衛星ネットワークがあれば、核戦争でも地球規模の大災害でも、世界中の部隊を効率よく指揮できるはずだ。

空軍宇宙軍団は北アメリカの早期警戒システムの要となる国防支援計画衛星も運営している。だが、ただミサイルやロケットの発射、核爆発を探知するだけでなく、ＵＦＯや彗星が地球に接近してきたとき、いち早く警報を発するシステムなのかもしれない。噂によれば、デンヴァー国際空港が空軍宇宙軍団の基地に選ばれたのは、コンピュータ・シミュレーションにより、あらゆる大災害に対処できる安全な地下施設の建設場所として完璧な位置及び高度にあると判断されたかららしい。

奇妙な点

デンヴァー国際空港の建設には地元住民から多くの反対があった。クリントン政権下の高官たちはこの計画に深く関与し、建設が実現するよう権力を行使したようだ。さらに、ＣＩＡも口出ししたらしい。『ペテン師アメリカDefrauding America』の作者ロドニー・スティッチは、空港建設を実現させるためＣＩＡ局員がデンヴァー市長に賄賂を渡した証拠のテープを持っていると主張した。なぜ、空港と地下施設の建設に、このようなトップレベルの圧力が必要なのだろうか？

新世界秩序

通説の黒幕

デンヴァー国際空港の施設が不気味な姿をはっきり現すまえから、陰謀論界では、新世界秩序が誕生したらアメリカはふたつの行政区間に割れるだろうとささやかれていた。東セクターと西セクターだ。司令部は、東セクターはアトランタに、西セクターはデンヴァーに設置されるらしい。陰謀論者たちは寒気を感じている。空港にあるフリーメイソンのシンボルが刻まれた石碑には「新世界空港委員会」と記されているのだ。

フリーメイソン

デンヴァー国際空港がフリーメイソンのイメージで埋め尽くされていることは疑いようがない。一部の陰謀研究家は、多くの謎を解くカギはフリーメイソンにあると信じている。アメリカのフリーメイソンはさまざまな建築を手掛けてきた長い歴史があり、あちこちの都市を丸ごとフリーメイソンの極秘メッセージで包み込んでいる。空港もサブリミナル効果のあるプロパガンダで囲い、空港と地下施設の所有権を顕示しているのかもしれない。

NASA

一風変わった黒幕説

デンヴァー国際空港にはさらに妄想じみた陰謀論もある。ひとつは、NSA（アメリカ国家安全保障局）や空軍宇宙軍団と手を組んだNASAが空港の地下施設を建設したというもので、NASAの地下ネットワーク構築案、オルフェウス計画の一部を成しているらしい。NASAは数年以内に彗星が衝突して地球が壊滅的被害を受けると予測しており、選ばれしわずかな生存者がその地下施設で生き延びる。空港の壁画は残酷な運命の本質を表現し、残りの我々に対してひそかに警告している。我々は彗星衝突で死亡するか、たとえ生き延びても、大惨事のあとはNASA、NSA、空軍宇宙軍団が地球を支配するための奴隷になるのだ。

女王エリザベス二世

デイヴィッド・アイクの『大いなる秘密』〔太田龍監訳、三交社、二〇〇〇年〕によると、「エ・リザード・ベス（とかげ）」二世が空港施設への関心を隠すためにダミー会社を利用して空港を丸ごと買い占めているらしい。また、同書はじめ多くの資料によれば、女王は地上の陸地の六分の一を所有しており、その数字と戯れている。名目上とはいえ、この所有地を支配しているのは現地君主ではなくイギリス女王なのだ。

つまり、実際にエリザベス二世はアメリカの土地を、何も隠さず、一個人、自身の名で購入している。競馬開催やケンタッキーの種馬飼育場からも利益を得ており、さらに、女王エリザベス二世ではなくエリザベス・ウィンザー個人として、ニューヨークのパーク・アヴェニューにある広大な土地だけでなく、同ニューヨークの国連ビルの向かい側、タートルベイ地区にそびえるガラスタワーの九〇〇万ドルもするフラット〔一フロアを一世帯で使う住宅〕も所有している。だが、デンヴァーでは葉っぱ一枚、コロラド州内でも何ひとつ所有していない。

疑問と信憑性

空港の不気味な壁画を描いた画家たちは、特定のテーマやイメージをデザインするよう指示されたらしい。指示したのは、デンヴァー市長の妻ウィルマ・ウェッブだと言われている。彼女は空港の起工式をフリーメイソン流で執り行い、のちにクリントン大統領から労働省勤務を任命された。

不可解な事実

デンヴァー国際空港の敷地は、もともとアメリカン・インディアンの墓地だった。デンヴァー市長はインディアンの長老やシャーマンに会って、彼らの祖先の魂を鎮めなければならなかった。ターミナルの屋根にテントが並んでいる（本項写真）のも、インディアンの魂の怒りをなだめるためだ。

疑いの目で見れば

地下掩蔽壕の建設は危機管理計画の一部として珍しくはないし、空港の地下に建てることを禁じる理由もない。世界制覇を狙う自尊心に満ちた秘密結社が、毎日何万人もが利用する空港の地下に本部など置かないだろうし、わざわざ謎めいたシンボルを多用してその存在をアピールしたりしないだろう。

陰謀を企む舞台としてはおかしな場所だが、デンヴァー国際空港は新世界秩序が目論んでいる闇計画のヒントを隠しているのかもしれない。

ペンタゴン

ペンタゴンは誰でも耳にしたことがある建物の名前であり、目にすればすぐにわかるはずだ。地球史上最強の軍部を司るアメリカ国防総省の本部で、アメリカの力のシンボルとして世界に知られる印象的な五角形(ペンタゴン)の建物となっている。

だからこそ、二〇〇一年九月一一日、午前九時四三分、テロリストの乗ったアメリカン航空七七便がペンタゴンに突っ込んだのだ。あの日、ボーイング七五七型機が有名な五角形の一辺に穴をあけた。安全と軍の優位を誇っていたアメリカの概念を引き裂く象徴的な事件だった。

建物の名称がアメリカ軍事機構の名称となり、さらに、陰謀とほぼ同義になっている。軍部がUFOを製造しているという噂から、市民に何も知らせず実施している細菌戦争の実験まで、ペンタゴンは闇計画や不気味な秘密計画の別名と化しているのだ。陰謀論界では娯楽メディアの主流にも入り込んでいる。スティーブン・スピルバーグの大ヒット作『レイダース 失われたアーク(聖櫃)』では「契約の箱」の隠し場所になり、『Xファイル』シーズン一では主人公フォックス・モルダーの宿敵「肺ガン男」が世界的陰謀を実行する本拠地となっている。

ペンタゴンは二万九〇〇〇人以上の軍人や民間雇用者が勤務する施設で、首都ワシントンDCに存在する。発表によると、ペンタゴン建設を提案したのはアメリカ陸軍建築部長ブレホン・B・サマーヴェル准将らしい。一九四

9.11のペンタゴン攻撃の裏には、単なるテロ以外の何かが存在したのか？

一年夏、サマーヴェルは陸軍省の規模が急に大きくなり、施設に余裕がなくなったため、一時的な解決法として思いついたようだ。また、当時、陸軍省二万四〇〇〇人の職員が一七のばらばらの施設にいたため、ワシントンDCでひとつ屋根の下に結集させる目的もあった。

一風変わった五角形にする案を軍部が認可した唯一の理由は、ペンタゴン建設に選ばれた場所がアーリントンファームとして知られていた区画だったからだ。五本の道路が境界線となっていたため、五角形の概念が生まれたのだろう。しかし、フランクリン・デラノ・ルーズヴェルト大統領は建設地を一二〇〇メートル南のヘルズボトム（地獄の底）に移動させることを決定した。そして、最終的に、五芒星の頂点を結んだ正五角形の建物となり、中央に中庭を設けて放射状に一〇本の廊下が渡された。

一部の陰謀論者によると、この構造自体に、アメリカ国防機関の本部、世界最強軍司令部の中枢以上の何かがあるようだ。また、別の陰謀論マニアは、世界最大級となるオフィスビルの建築に使用された鉄やコンクリートの膨大な量を考えただけでも、建物の奇妙な形と、アメリカはじめ世界を支配下に置こうとしている古代の秘密結社やその計略が結びつくと指摘している。

奇妙な点

フランクリン・D・ルーズヴェルト大統領はペンタゴンのデザインが気に入らなかった、あるいは、認めなかったという記録があるが、計画進行を阻止する力はなかった。アメリカの大統領が建設を止められなかったのに、いったいどんな力がペンタゴンのデザインや建設を支配したのだろうか？

フリーメイソン

通説の黒幕

ワシントンDCがフリーメイソンの基本計画によって誕生したことはすでに裏づけが取れている。建築物の入念な配置や設計には、フリーメイソンの有名な幹部でアメリカ建国の父でもあるトマス・ジェファーソンとジョージ・ワシントンも加わっている。フリーメイソンにとって五芒星はきわめて重要な象徴であり、一部の陰謀論者はペンタゴン設計の大本にもフリーメイソンがいると指摘している。ペンタゴンはフリーメイソンの神殿として、また、アメリカやアメリカ軍を支配するフリーメイソンのシンボルとしてデザインされたのだ。

悪魔崇拝者

悪魔と、悪魔が支配する人間の奴隷はもはや陰謀の裏にいる主人公ではない。悪魔が存在したのは、アメリカが建国された魔女狩りの時代だ。それでも、キリスト教原理主義の陰謀論者は、今もペンタゴンのデザインを決める過程で悪魔の手が加わったと信じている。何世紀ものあいだ悪魔崇拝のシンボルとして五芒星が使われていることが証拠だという。悪魔が信者の秘密部隊に指令を出し、地上で活動する基地としてペンダゴンを建てさせたとしてもおかしくはない。陰謀論者はペンダゴンを建設した沼地の本来の地名ヘルズボトム(地獄の底)にも意味があると感じている。

ナチスのオカルティスト

一風変わった黒幕説

ヴェルナー・フォン・ブラウンなど有名なナチスドイツの科学者たちが、一九三八年、アメリカの秘密計画に従事していた状況証拠は複数ある。噂では、オカルティストの地下組織と接触していたようだ。なかには、ジャック・パーソンズのような奇人もいた。パーソンズはアレイスター・クロウリーの信奉者で、世界初の固体燃料ロケットを開発した科学者でもある。ある陰謀論によると、極秘オカルト組織がアメリカ軍に浸透し、ペンタゴンを建てさせたという。第二次世界大戦後、アメリカがペーパークリップ作戦によってナチスの科学者四〇〇人以上と助手数千人を本国に連れてきたとき、ナチスのオカルティストがアメリカ軍を乗っ取った。ナチスの科学者は特別にデザインした本部で完全支配を成し遂げたのである。

ＭＪ12

ＭＪ12のように最強の力を持ち、超極秘任務を遂行していても、活動拠点となる本部は必要だ。一説によると、ＭＪ12はロズウェル事件が起こる前から存在し、第二次世界大戦以前はアメリカ軍を介して別の名前で活動していた。また、ペンタゴンが特別なデザインになったのは、黄金比の数学的性質によるもので、超空間でメッセージを送受信するための完璧な形らしい。

疑問と信憑性

ペンタゴンの建設が始まるとすぐ、五角形に内在するシンボリズムにかんしてさまざまな憶測が飛び交った。多くの人がペンタゴンには五つの辺だけでなく、五芒星を成す五頂点があることに注目していた。ほとんどのオカルト信仰や神秘的な伝統にとって重要な意義を持つ形だ。五芒星は黄金比の形であり、ピタゴラス学派（数学を基盤とする古代の宗教結社）は五角形にはあらゆる生命の秘密が含まれ、宇宙を支配しコントロールする神聖なデザインを反映していると主張した。これらすべてを考えると、なぜ通常は保守的なアメリカ軍がこれほど急進的かつ象徴的なデザインを採用したのか不思議に思えてくる。おまけに、戦争中に建設されたため八三〇〇万ドルもの莫大な経費がかかっているのだ。

不可解な事実

ペンタゴン内では、五芒星の頂点ふたつのどこからどこへ歩いてもぴたり七分かかる。数字と物質界を研究する神秘学において七は完璧を示す数字であり、精神世界と現実世界の両方を支配するシンボルなのだ。

疑いの目で見れば

とはいえ、建物は建物でしかない。世界を見渡せば、デザインが物議を醸しているオフィスビルはペンタゴンだけではない。もしペンタゴンがアメリカ軍の拠点でもなく、数ある陰謀論の源でもなかったら、きっと意味深な憶測はひとつも浮かんでこないだろう。

スフィンクス

エジプトの大スフィンクスは、ナポレオン軍兵士が一七九八年に再発見したとき西洋世界の象徴となった。以来、その謎めいた視線を研究する多くの人々を魅了している。

雄ライオンの体に人間の頭部。スフィンクスはいつも神秘的な雰囲気を漂わせている。スフィンクスが建てられた年代、製造した意味、見守っているであろう秘密の部屋についてあれこれ憶測しているのは陰謀論者だけではない。

カイロから西に一〇キロ弱、ギザ台地にそびえるスフィンクスは東を向き、かの有名な三大ピラミッドの近くに位置している。ギザ台地の比較的柔らかい天然の石灰岩を削って作られたスフィンクスは、一般には紀元前二五四〇年以降に作られたと考えられている。だが、最近になって、著名な地質学者ロバート・ショック博士とエジプト研究家ジョン・アンソニー・ウェストが別の見解を発表した。スフィンクスの風化の状況を見ると、風や砂による浸食ではなく、水による浸食と一致するらしい。こうした水による浸食が起こるのは、エジプトの気候が温暖で湿度の高かった約一万年前しかないのだ。当然、一万年前、すでにスフィンクスが建っていたとする意見には、従来のエジプト研究家が異議を唱えている。もしショックとウェストが正しかったら、みなうろたえて、このテーマにかんするすべての書籍を改訂しなければならない。

獲物を絞め殺すと信じられている「スフィンクス(Sphinx)」の名は、ギリシア語で「しっかり結ぶ」を意味する「sphingein」が由来で、弁の役割をする筋肉の名称、括約筋「sphincter」の語源にもなっている。

考古学関連機関が証拠を隠蔽するのは、スフィンクスにまつわる陰謀だけではない。フリーメイソンのような秘密結社を支えている数々の神秘的な伝承によれば、スフィンクスの前足の下には複数の部屋があり、そのなかに先住種族文明の生存者が築いた記録室があるという。一九四〇年代、著名なアメリカの超能力者エドガー・ケイシーは一九九〇年代末までに記録室が発見されると予言した。

むろん、発掘作業者がスフィンクスの脇に通路を発見したとき、陰謀論者は胸を躍らせた。一九九五年、周辺の修復作業をしていたチームがスフィンクスの下へと続くらしき複数のトンネルを見つけたのだ。ジョン・アンソニー・ウェストのチームは地震計を駆使して地震波を測定し、空洞を探知した。スフィンクスの前足二本の間と左右にある空洞は、地下数メートルの位置で規則正しく並ぶ部屋だった。数世紀前から、多くの秘密結社がギザに地下施設があることを知っていたのかもしれない。まさに、陰謀論者の推測が立証されようとしているかのようだった。

奇妙な点

フロリダ州立大学のチームは一九九六年四月にスフィンクス周辺を調査し、前方にある「部屋とトンネル」を発見した。同じ目的で作業していた他の複数のチームも、これを裏づける主張をしている。たとえば、東京の早稲田大学のチームはスフィンクスの下に南北に掘られたトンネルの証拠を見つけた。このように、ギザ台地の下には地下施設があるという証拠が挙がっているにもかかわらず、エジプト当局は部屋の発掘だけでなく、遠隔操作による公開調査までも禁止した。何らかの陰謀があり、スフィンクスの下に埋もれた驚くべき事実を隠しているのだろうか?

フリーメイソンのエジプト研究者

通説の黒幕

フリーメイソンのエジプト支部グランド・オリエント・ロッジでは、幹部に、ロッジの知恵や伝統はアトランティス人の生存者から受け継いだものだと教えている。メンバーは、アトランティス人が先史時代にスフィンクスを作り、のちにエジプト文明を築いたと信じている。明らかにグランド・オリエント・ロッジは数世紀の歴史を持つ組織で、権力を振るう範囲は広い。多くの人が信じているように、このロッジがフリーメイソンのエジプト研究者のネットワークを支配下に置き、断固としてスフィンクスの起源や秘密を押し隠しているのかもしれない。

NSA

NSA(アメリカ国家安全保障局)は遠隔透視者の力を利用しているらしい。遠隔透視者とは、地図を見れば世界のどの地点でも透視することができる超能力者で、スタンフォード研究所に所属している。スタンフォード研究所はスフィンクスの調査において重要な仕事を与えられているため、一部の陰謀論者はこう結論づけた。NSAはギザ台地の岩の下に失われた文明の秘密が隠されている可能性があると知って興味をそそられた。おそらく、ひそかに記録室に潜入して文書をひもとき、最初に秘密を暴きたいと願っているのだ。

NASA

一風変わった黒幕説

スフィンクスの公式調査をしている者のほとんどはNASAと深い関係がある。たとえば、元NASA顧問ジェームズ・ハータック博士やリチャード・ホーグランドだ。ホーグランドは有名なUFO陰謀論者で、ギザとシドニア（謎の「ピラミッド」と「顔」がある火星の一地区）には関係があると見ている。NASAは元顧問たちに調査を指示し、スフィンクスの謎に迫ろうとしているのだろうか？

疑問と信憑性

スフィンクスは我々が存在すら知らない文明によって一万年前に作られ、地下施設も備えている。この説が事実かどうかはさておき、エジプト考古学最高評議会の会長ザヒ・ハワスは研究家ジョン・アンソニー・ウェストにギザ台地には足を踏み入れないよう命じた。ちょっと怪しい、どころではない。

不可解な事実

調査員たちはスフィンクスとギザ台地の下に複数の部屋があると推測していたが、二〇〇〇年二月、少なくともこの説を裏づける証拠が挙がった。ザヒ・ハワスは古代エジプト神オシリスを象徴する墓を発見したと発表した。ギザにあるピラミッドの下、地中深くに埋められていたのだ。以前からハワスは水位が高いため近づくのは不可能だとしていたが、スフィンクスとカフラー王のピラミッド［三大ピラミッドのうちクフ王のピラミッドに次ぎ二番目に大きいピラミッド］のあいだにある坑から汚泥と水を除いたあと、部下の考古学者たちが地下三階まであることを確認した。水中に沈められたオシリスの石棺は、地下三〇メートル、最下階で発見された。坑にもぐったのは最新式ロボットではなく、ひとりの少年だった。

疑いの目で見れば

　地下に部屋があることを示す証拠のほとんどは地震計を使ったデータに基づいており、ときには単なる岩の穴だったりする。たしかに、想像している失われた文明の遺物を発見できるかもしれないが、スフィンクスを傷つける危険を考慮し、エジプト人が発掘作業を阻止したい気持ちも理解できる。

チベット

陰謀論マニアでなくとも、チベットと聞けば、現実の時を超えた空間というイメージが思い浮かぶのではないだろうか。今も仏教徒の神秘家が、近寄りがたい山奥の修道院で隠遁生活を送っている。

ヒマラヤ（サンスクリット語で「雪の家」の意）はイエティや奇跡の都市シャングリラなど、我々に多くの伝説を残してきた。だが、一部の陰謀論者は、チベットの山岳王国から湧き出てきた奇妙な話がすべて単なる神話だとは言い切れないと考えている。

西洋の探検家は初めてチベットへの危険な旅に出て以来ずっと、シャンバラにまつわる一貫した噂を持ち帰っている。シャンバラは隠れた王国で、半神半人が共同社会を作って隠遁生活を送り、人類の運命を導いているという。一九三三年、ジェームズ・ヒルトンはベストセラー『失われた地平線』［池央耿訳、河出書房新書、二〇一一年］に出てくる桃源郷を、シャンバラをもじってシャングリラと名づけた。地上の楽園を示す英単語が生まれたのだ。

三流小説や駄作映画でもシャンバラの存在を信じる傾向は強く、ますます広まってさえいる。陰謀論者はシャンバラが第二次世界大戦で妙な役割を担っていたかもしれない証拠を発見した。最近ではよく知られているようだが、アーネンエルベ（ナチスドイツ親衛隊のオカルト調査隊）がハインリヒ・ヒムラーの命令でチベットに二度、広範囲にわたる旅をしていたのだ。隠れた王国の住人から仲間や助手を募りにいったらしい。

大戦後、共産主義中国の侵攻によってチベットは崩壊したが、シャンバラにまつわる噂はチベットの自由ほど容易には制圧できなかった。ヒマラヤの奥深くに高度な秘密組織が根づいているという噂はけっして消えなかった。陰謀の裏に組織のメンバーが潜み、隠れた王国の場所すら明かさず、人里離れた山中の隠れ家から歴史を動かそうとしているのだ。

奇妙な点

ナチスが想像上のシャンバラを見つけたかどうかは推測の域を出ないが、チベットを探検中に奇妙な仲間に出会ったのはたしかだ。第二次世界大戦末期、

ソヴィエト軍がベルリンに侵攻したとき、チベット僧数人の死体が眠っている地下室を発見した。彼らは緑色の手袋をつけ、奥義にのっとって自殺したものと見られている。続く数日間で数百ものチベット僧の死体が発見された。全員、身元がわかるものは所持しておらず、ナチス親衛隊の制服を着て、緑色の手袋をしていた。しかし、この事実は大戦中の一出来事として歴史書の上辺を飾っているだけだ。それゆえ、陰謀論者の一部はシャンバラにかんする大規模な隠蔽が行われていると確信している。

チベットは世界の屋根としても知られている。写真を見ればうなずけるだろう。

通説の黒幕

緑龍会

ドイツ人学者で哲学者でもあるオカルティストのカール・ハウスホーファーは、地政学という言葉を生み、ヒトラーに多大な影響を与え、チベットと日本を広範囲にわたって旅した。アジアで神秘学を学んでいるとき、日本の極秘結社、緑龍会に入会した。緑龍会はチベットと関連があり、シャンバラから直接指示を受けていると噂されている。ナチスと隠れた王国をつなげるのにひと役買った組織かもしれない。

黄帽派

チベットでゲルク(徳行)派と呼ばれる黄帽派は、シャンバラの真実をすべて知っているチベット仏教のもっとも深遠な宗派だ。陰謀論者によると、チベットの秘密地域は「幸福の源」として宣伝されているが、これは黄帽派の黒幕が世界支配を目論む計画をカモフラージュするための仮面にすぎないらしい。チベットは辺ぴな場所にあるうえ中国に征服されたため、地球を支配する組織の本拠地になるとは思えないが、陰謀論者いわく、こうした障壁こそ隠蔽工作の一部であり、詳しい調査や研究を阻止しているという。

先住種族

一風変わった黒幕説

スフィンクスのような記念碑を作った謎の建築人、先住種族はまだ完全に地球から消え去っていないのかもしれない。陰謀論者によると、先住種族は地球が数千年前、大災害に遭ったとき、チベット高原の安全な土地に移住した。現在、シャンバラの支配者である先住種族は、人類が進化の次のステージに上がるようひそかに準備している。もしナチスを援助していたらこうなっていたかどうかは推測しかない。

地球の空洞の住人

シャンバラ伝説とは別に地下王国アガルタにまつわる話もあり、地球空洞説の真実を覆い隠す陰謀と結び付けられている。この奇妙な地下王国の住人についてはチベット神秘学の秘儀に記録されており、一説によると、ハワード・フィリップス・ラヴクラフトが書いた小説の中で暗示されているエイリアン文化と関係があるらしい。アガルタの住人が目論んでいる陰謀の目的はほとんど知られていないが、地上に住む人間に害を与えるようなものではなさそうだ。

疑問と信憑性

これまで同様、現在のダライ・ラマもシャンバラの物理的存在を確信している。だが、存在の揺るぎない証拠となるのは、世界大戦中にナチスが示した興味だ。奇妙にもナチス親衛隊は大戦の真っただ中に手段と時間を探してチベットへ通信機器を送り、ドイツ政府と無線でやりとりできるようにしたのである。

不可解な事実

オカルティストであり、ときには秘密工作員、ときには陰謀論マニアでもあったアレイスター・クロウリーは、二〇世紀前半、記録破りのヒマヤラ登山を遂行した。目的はシャンバラ発見だと考えられている。クロウリーの探検は、のちに有名な神秘家ゲオルギ・I・グルジエフが引き継ぎ、なんとも不思議なことに、一九四二年、アメリカのOSS(戦略諜報局)が極秘でチームを派遣した。OSSはCIAの前身である。

疑いの目で見れば

シャンバラがどんな陰謀を企んでいるとしても、たいした力は持っていないだろう。なにしろチベットを中国から守れなかったのだから。また、共産主義者の支配からチベットを解放し、前進しているとも思えない。さらには、もしシャンバラが実在するなら、最新の衛星技術がとっくに暴露しているはずだ。

ストーンヘンジ

ストーンヘンジ遺跡は平原にぽつんと立ち、荘厳な雰囲気を漂わせ、遠い昔に失われた文明を思い起こさせる。浮かび上がる謎は、おそらく永遠に正答が得られないだろう。ストーンヘンジが新石器時代の卓越した建築物だということは間違いないが、なぜ作ったのか、真の理由はいまもヴェールに包まれたままだ。

時を超えた沈黙の遺産。5000年前も
これと同じ配置だったのだろうか？

ストーンヘンジは、携帯電話、通信衛星、大西洋を行き交う空の旅であふれる現代世界で今も立ち続け、古代人が頭脳明晰だったことを立証している。

ロンドンから一三〇キロ弱、ソールズベリー平原の近くにあるストーンヘンジは、紀元前三五〇〇年ごろから三段階に分けて作られたと考えられている。紀元前一八〇〇年ごろの最終段階で、我々が知るストーンヘンジの巨大な一枚岩がいくつもこの地に運ばれた。切り出したサーセンストーン（非常に硬い砂岩）のブロックを三〇個、環状に並べ、その上に横石を載せた。もともとの三〇個のうち現在残っているのは一七個だ。他の石は環の内側に配置され、三石塔（縦長の石二本の上に横長の石が載っている）が五組ある。また、環の外側を囲む長方形の角にあたる位置に「ステーションストーン」がある。

ストーンヘンジはドルイド僧にとって宗教の中心地だ。彼らはこんにちもここで式典を行い、個人的な儀式の他、夏至の計測もしている。だが、彼らがストーンヘンジを作ったわけではない。ストーンヘンジができたのはドルイド教が誕生するまえだった。

ストーンヘンジを作った理由は今も謎であり、作った人についてもわかっていない。建設に駆り立てたものが何であれ、ストーンヘンジが重要な存在だったことは明らかだ。今も洗練された世界で重要な役割を果たしている。おそらく初代建設者は我々が忘れてしまった何かを知っていたのだろう。忘れたら危険な何かを。

奇妙な点

巨石をどうやって移動させたのか、その方法は考古学者や歴史家の頭を悩ませてきた。当時の技術レベルから考えると不可能だからだ。使用されているブルーストーンは三〇〇キロ以上も離れたウェールズにあるプレセリーの丘から運んだと考えられている。もうひとつのサーセンストーンは比較的近いマールボロー・ダウンズの石だが、それでも一個二五トンもある石を三〇キロ以上運んだのだから驚きだ。ストーンヘンジ建設にはこうした運搬作業が繰り返されたが、考古学者は周辺で石屑をほとんど発見していない。通常、古代遺跡周辺にはさまざまなカスが落ちているのに、ストーンヘンジはおかしいほど綺麗なのだ。

通説の黒幕

ビーカーズ

ストーンヘンジを手掛けたのは、作製した陶器のタイプ(口広型)から名づけられた新石器時代のビーカーズだと考えられている。時が過ぎゆくなか、ストーンヘンジの用途は世代ごとに変わっていった。単に動物の囲いとして使ったという説もある。家畜を殺したり、感謝祭を開催したりして、宗教儀式で使用したのだ。やがて、宗教の中心地ストーンヘンジは、もともとの動物用の囲いを残したまま、神殿という新たな役割を担うようになった。

エジプト人

ストーンヘンジは天文学を念頭に設計された可能性もある。石の位置が、年間を通した太陽、月、星の位置と合致しているのだ。また、ストーンヘンジは中心軸が太陽の通り道と重なるように建てられており、オーブリーホール(巨石の環に沿って掘られた五六個の穴)を使って日食や月食を予測したという説もある。天文学に焦点を当てると、やはり高度な知識を持つエジプト人が思い浮かぶ。エジプト人は、遠い昔、イギリスに旅したのかもしれない。

その他の黒幕説

古代ギリシア人、フェニキア人。

一風変わった黒幕説

アーサー王の側近、魔術師マーリンがストーンヘンジを建てた可能性もある。個人的に天体について勉強するためだったのか、あるいは、若きアーサー王の戴冠式に使うためだったのか。マーリンはおそらく空中浮揚などの魔術を使って巨石を配置したのだろう。

マーリン

古代の宇宙飛行士

ストーンヘンジは古代の地球外生命体が地球上に目立つ標識を立てたくて作ったのかもしれない。あるいは、古代人が遠い星からやってきた生命体に敬意を表して建てたのだろうか。

その他の黒幕説

アトランティス人、巨人、小人、レイライン［古代の遺跡群が一直線に並んでいる現象］によって生まれたエネルギーの渦。

疑問と信憑性

ストーンヘンジは少なくともふたつの点で、ヨーロッパにある大聖堂などの礼拝場と共通している。ひとつは、地下に源泉が湧き出ていること。これは多くの信仰で神聖なサインだとされている。ふたつめは数学的な視点になるが、建築のあちこちでルート三矩形［長辺対短辺が一対ルート三、約五対八の長方形］の比率が見られること。これもヨーロッパからエジプトにかけて多くの礼拝場で見られる特徴だ。

不可解な事実

エイヴベリーとグラストンベリーに近いストーンヘンジは、イギリスでもっとも魔力を秘めた場所だと考えられている。力強いレイライン上にあるからだ。

疑いの目で見れば

ストーンヘンジにかんするさまざまな憶測は、太陽などの天文現象と結び付けて生まれてきたが、最初に作った建築者の意図については何ひとつヒントがない。それに、適当に石を並べて環を作れば、少なくとも半分は何らかの天文現象と一致する――そう、天体の軌道は円を描いているからだ！　過去二〇〇〇年のあいだ、石が倒れるたび、いろいろな団体が石を動かし、立て直してきた。一九〇一年から一九六四年のあいだにすべての石が立て直され、底部をコンクリートで補強した。つまり、現在、我々が目にするストーンヘンジは、五〇〇〇年前に作られたものと若干は違っているはずだ。現在、夏至の日にストーンヘンジの中心に立つと、太陽はヒールストーンと呼ばれる石の先方から昇ってくるが、地球の軌道や地軸の傾きの変化を考慮すると、はたして、五〇〇〇年前も同じだったと言えるだろうか。

ポン・サン・テスプリ

一九五一年八月一六日の朝、フランス南部にある人口五〇〇〇人ほどの小さな町ポン・サン・テスプリは、ひっそりと沈黙に包まれようとしていた。地元の郵便配達人レオン・アルムニエールが自転車に乗っていたところ町の広場で転倒し、「火あぶりにされている！　凶暴な蛇が襲ってくる！」と叫んだのだ。その後も同様の体験をした人が続出した。

合計二五〇人もの人が似たような幻覚を見たと訴えた。なかにはバルコニーや上層階の窓から身を投げた者もいた。結局、七人が死亡し、多くの被害者がその後何年もフラッシュバックに苦しんだ。当時、何が起こっているのか把握している者はいなかった。地元の精神病院は発狂した患者であっというまに満床になり、町の刑務所に収監される者もいた。自暴自棄になった者は自傷行為に至らぬよう、木や街灯にしばりつけるほかなかった。

騒ぎから数時間もしないうちに、スイスのバーゼルにあるサンド製薬会社から使節団が派遣された。うちひとりは、一九三八年にＬＳＤを開発したアルバート・ホフマン博士だ。ホフマン博士一行は慌てながらも自信満々に、当事件の原因はパンだと発表した。パン屋がうっかりして、ひどい幻覚を起こす麦角菌に感染したライ麦を使い、パンを食べた人が発症したという。使節団は調査を終えるとすぐスイスに戻り、ＣＩＡに電話をかけ、それまでケース単位で販売していたＬＳＤはもう提供できなくなると報告した。当時、ＬＳＤは存在すらほとんど知られていなかったが、サンド社はLSDをCIAに提供しているだけでなく、専門家を派遣して兵器として利用する可能性についても助言していた。CIAはこのコンサルタントたちにLSDの使いかたを習い、MKウルトラ計画で何も知らない被害者を対象にひそかな実験を行っていたのだ。

通説の黒幕

麦角菌

当時、多くの人がサンド製薬会社の専門家が出した見解を福音として受け取り、スケープゴートとなった地元のパン職人ロッシュ・ブリアンに責任があると説明されて納得した。もともと麦角菌の毒性は中世の「ダンシングマニア」と同じような症状を引き起こすことが知られていた。かつて、イタリアの町ターラント周辺でも似たような事態が定期的に発生したため、作曲家が麦角菌に侵された狂人を揶揄（やゆ）してタランテラというテンポの速い曲（八分の六拍子の他、八分の一八拍子まであった）を

1951年8月末、ポン・サン・テスプリの通り。パン屋は閉店し、シャッターが半分下りている。

作るようになった。

イタリアの事件は仕方なかったが、これを機に穀物の取り扱いに留意したおかげでヨーロッパの麦角菌は二〇世紀には完全に根絶していたはずだった。また、ポン・サン・テスプリの犠牲者は麦角菌による本来の症状をあまり訴えていなかった。たとえば、かならず発症する乾性壊疽は誰にも見られなかった。被害者を最初に診察した医師のひとりは同じ症状を呈して苦しんだが、この医師も他の患者同様、その日の朝は何も食べていなかった。つまり、原因がなんであれ、菌を吸い込んで空気感染したか、菌が皮膚に付着して接触感染したのだ。

CIA

一風変わった黒幕説

一九五〇年代を通して、また、一九七五年に上院議員フランク・チャーチ率いる委員会が徹底的な調査を開始するまで、CIAは健全な基準で判断すれば危険な狂暴者だった。じつに奇怪なLSD実験は、ミッドナイト・クライマックス計画などを含む秘密作戦MKウルトラで実施された。CIAは売春宿を運営し、客は知らぬうちにLSDを投与され、監視された（第六章「サブリミナル・メッセージ」の項参照）。MKウルトラのリーダーはシドニー・ゴットリーブ博士で、先天性内反足で足が曲がっていながらバイエルンのフォークダンスが好きだった。普段の態度は、ピーター・セラーズが映画『博士の異常な愛情 または私は如何にして心配するのを止めて水爆を愛するようになったか』で演じた印象深い主人公、ストレンジラヴ博士を思わせる。ゴットリーブの腹心は生物兵器の専門家フランク・オルソンだった。オルソンはポン・サン・テスプリ事件の直前、フランス南部にいたことがわかっている。一九五三年、オルソンは良心を思い出した。だが、それは、CIA高官としては許されざる反逆罪だった。

オルソンは掟を破り、妻にフランスで行った実験について打ち明けた。自分がとんでもない過ちを犯したことに気がついたのだ。そしてこのとき、事実、自身の死刑執行令状にサインしてしまった。オルソンは組織的かつひそかにLSDを投与され、狂人の症状を見せ始めた。ゴットリーブは彼をニューヨークに送り、仲間の医師に診察させた。ゴットリーブの代理人ロバート・ラッシュブルックはオルソンを連れてニューヨークのスタットラーホテルの一三階、一〇一八A室にチェックインした。その日の夜中、オルソンはまたもやLSDを大量に投与され、ホテルの窓を突き破り、転落死した。ラッシュブルックはよほどぐっすり眠り込んでいたのだろう、何度聞かれても物音ひとつ聞こえなかったと言い張った。

疑問と信憑性

一九七五年、チャーチ委員会からの圧力を受け、ついにCIAはオルソンにこっそりLSDを投与したことを認め、遺族に七五万ドルを支払った。遺族が箝口令に同意することが条件だった。同年、CIAのある資料が明るみに出た――『件名：ポン・サン・テスプリとF・オルソンのファイル。SOスパン／フランス作戦ファイル、オルソン含む。機密ファイル。ベルリンへ持参――かならず処分するよう伝言』。「SOスパン」はおそらくブリッジ特別作戦（Special Operation Bridge）のことだろう。「スパン」は「ブリッジ」と同じ「橋」の意味があり、フランス語では「ポン」だ。一九九四年、ポン・サン・テスプリでオルソンがとんでもない過ちに関与したことを示す多くの資料が公開されると、オルソンの死にかんして再調査が行われ、結局、殺人だろうという結論に達した。

CIAが被験者に何も知らせずおぞましい実験に没頭していたころ、MI6は似たような罠をイギリスの軍人に仕掛けていた。この愚行により、二〇〇六年、被害者の家族に多額の賠償金（額は未公開）を支払っている。じつは、ウィルトシャー州にあるイギリス生物兵器研究センター、ポートンダウンの科学者たちが一万四〇〇〇人以上の軍人を対象に実験を行ったのだ。軍人たちは一般的な風邪の治療研究だと言われていたが、事実、サリンなどの毒によって生じる麻痺を発症していた。さらに、信じられないことに、ポートンダウンの職員はロンドンのラッシュアワーで混雑する地下鉄を実験場とし、何キロにもわたって、通路、階段、ホーム、混み合う車両内に枯草菌を撒いていたのだ。枯草菌は重度の目の感染症を引き起こし、ときとして失明することもあり、さらには急性敗血症も誘発する。一九六一年、ポートンダウンはサマセットのイルチェスターからブリストルへジープ隊を派遣し、走行中、なんとも悲運な住宅街に発ガン性物質の硫化カドミウムを散布させた。バハマに到着すると、慢性疲労、ときには死をもたらす馬脳炎ウィルスをばらまき、その後とっととナイジェリア南部に移動して、オバナゴロの村で極秘のうちに神経ガス攻撃を開始した。ポートンダウンはこのように正気とは思えぬ実験を計七〇〇以上実施し、あろうことか一九八九年まで続行していたのだ。フランスの町に鮮やかな白日夢を届けるというＣＩＡの試みすら、子供のいたずらのように思える。

疑いの目で見れば

アメリカ政府やイギリス政府にまつわる陰謀は、根拠もなく相次いで湧き出てくるが、これだけは間違いない――大西洋を挟んだ両政府は、間接的にしろ直接的にしろかならず登場する。この事件の疑惑にかんしてはもうとくに記すことはない。詳しい情報が欲しい場合は、インターネットでＭＫウルトラを検索すれば、Ｈ・Ｐ・アルバレリ著『とんでもない過ち――フランク・オルソンの死とＣＩＡの極秘冷戦実験 A Terrible Mistake : The Murder of Frank Olson and the CIA's Secret Cold War Experiments』（二〇〇八年）が閲覧できる。

コヴェントリー——チャーチルはあえて空襲を受けさせたのか？

一九四〇年一一月一四日、イングランド中央部の都市コヴェントリーは、夜通し、ドイツ軍による前例のない残忍な大空襲に見舞われた。爆撃機五一五機が立て続けに数百トンの非核爆弾、五〇発以上のパラシュート一トン爆弾、四万発近い焼夷弾を投下し、街は瓦礫の山と化した。

ウィンストン・チャーチル首相はこの急襲をまえもって知っていたのか？　彼はただ座っているだけで爆撃を許したのか？　陰謀論者によると、質問の答えはふたつとも「イエス」だ。当時、ブレッチリーパークで任務にあたっていた暗号解読チームの存在を知る者はいなかった。彼らはドイツが作戦の指示を出すときに送信していた暗号エニグマを解くべく日夜努力していた。当時の詳細についてようやく機密解除されたのは、一九七〇年代になってからだ。このとき公開されたのは、コヴェントリーが砲火に包まれる直前、ブレッチリー・パークで働くアラン・チューリング率いるチームがついに暗号解読に成功したということだけだった。そして、噂が広まった。チャーチルは襲撃を警告されていたにもかかわらず、何もしないと決断したのではないか？　なぜなら、イギリスはドイツが「解読は無理だ」と自負していた暗号エニグマを打ち破った。その事実を隠しておきたかったからだ。

チャーチルの擁護者はこの説を聞くと鼻で笑うが、本書でも頻出するように、国のトップがさらなる利益を得るために罪のない大勢の市民を犠牲にして非難されるケースはごまんとある。

奇妙な点

コヴェントリー襲撃で崩壊した住居のひとつは、ヘンリー・タンディ義勇兵のものだった。当時、タンディは空襲の任務に就いていた。コヴェントリーをはじめ膨大な被害が出たのは、タンディの過ちが原因だと言われている。一九一八年九月、第一次世界大戦が終結に向かっているころ、タンディはフランスの村マルコアンで苦しい戦いを強いられていた。そんななか、武装していないひとりの負傷兵を発見した。タンディは捕虜を連れて帰る気になれず、武器を持っていない人間を射殺するほど非情にはなれなかったため、そのまま逃がしてやった。この兵士こそ、アドルフ・ヒトラー兵長だったのだ。年月が経ち、タン

チャーチルは自身の策略を確かめにきたのか？　ありそうなことだ。

ディはぼそっとつぶやいた。あのとき引き金を引いていれば……。

ウィンストン・チャーチル❶

通説の黒幕

著名な歴史作家アンソニー・ケイヴ・ブラウンは『謀略――第二次世界大戦秘史』［小城正訳、フジ出版社、一九八二年］のなかで、チャーチルに、大空襲のターゲットはコヴェントリーだという報告が最初に届いたのは一九四〇年一一月一二日だと記している。

サー・ウィリアム・スティーブンソン［ＭＩ６の下部組織ＢＳＣ（イギリス安全保障局）の長官］が一九七六年に記したチャーチルの伝記には、さらに詳しく描かれている。一九四〇年一一月第一週が終わるころ、ブレッチリーパークはエニグマをすっかり解読しており、コヴェントリー（コードネームはＫＯＲＮ）がおもなターゲットになると把握していた。実施する作戦には「ムーンライト・ソナタ」というコードネームが付けられることになっていた。だが、チャーチルはこの事実を知ったとき、エニグマの解読成功をドイツに知られるくらいならコヴェントリーを捨てたほうがいいと判断したのだ。

ウィンストン・チャーチル❷

一風変わった黒幕説

イギリスの歴史書ではドイツの責任を追及しているが、実際、第二次世界大戦で民間人を狙った爆撃を最初に指示したのはチャーチルだ。ドイツはチャーチルの政策に報復した。コヴェントリーはその犠牲となったイギリス初の都市だった。

一九四〇年八月二五日、首相に就任して数か月後、チャーチルはベルリンの民間人をターゲットに爆撃を命じた。いきなり攻撃を開始したのは、ドイツの労働力を枯渇させて戦争努力を弱め、全体的な士気をくじくためだった。テロ攻撃の禁止を公言していたアドルフ・ヒトラーは、一九四〇年九月四日、ベルリンでチャーチルに向けて演説を行い、「卑劣な行為を中止」しなければ同じやりかたで報復すると訴えた。チャーチルは一か月後の一一月八日に回答した。産業地区ではない歴史古き街ミュンヘンを爆撃したのだ。

チャーチルの狭量な態度に激怒したヒトラーは、コヴェントリー襲撃を命じた。コヴェントリーは産業の盛んな街であるだけでなく、中世のミュンヘンに似た美しい都会だったからだ。

疑問と信憑性

第二次世界大戦中、F・W・ウィンターボーザム大佐は最上層部の諜報員だった。彼はチャーチルとMI6長官スチュアート・メンジーズにのみ報告を送った。エニグマが解読されると、ウィンターボーザムは収集した情報を各作戦の司令官に伝達するシステムの構築を任された。情報元はいっさい漏れなかった。

ブレッチリー・パークの機密がすべて解除されると、ウィンターボーザムは心置きなく代表作『ウルトラ・シークレット』〔平井イサク訳、早川書房、一九七八年〕を出版した。これは一九四〇年一一月一四日の出来事を記録した作品で、エニグマは「ムーンライト・ソナタ」や「KORN」の連絡でブンブンうなっていたと記されている。明らかに、ウィンターボーザムは個人的に首相官邸に電話をかけ、入手した情報を伝えていた。彼の説明によると、チャーチルにコヴェントリーを切り捨てるよう説得したのはサー・ウィリアム・スティーブンソンだった。エニグマから得られる情報は他に代えられない価値があったからだ。

不可解な事実

あの晩、コヴェントリーの航空支援は例外的に少なく、ないも同然だった。爆撃は一二時間近く続き、爆撃機は繰り返しフランスに戻っては燃料を補充し、爆弾を積んで戻ってきた。撃ち落とされたドイツ機は一機だけだった。もし、というか、たぶん事実だが、チャーチルが本当にコヴェントリーを見放したのなら、いい仕事をしたことになる。奇跡的にも、あれほど自由にできたドイツがネズミのにおいを嗅ぎ取れなかったのだから！

疑いの目で見れば

公式発表によると、チャーチルがムーンライト・ソナタ作戦が切迫していることを知ったのは一一月一四日午後三時以降だ。となると、何か手を打つには遅すぎる。だが、理論的に考えて、チャーチルはターゲットはロンドンだと確信していたのではないだろうか。ドイツはすでに高周波Xガジェット無線誘導光線を発射しており、的はすべてコヴェントリーに集中していた。しかし、この報告は午後一時の時点ではまだイギリス空軍の追跡基地には入っていなかった。そう考えれば納得できる。その後、誘導光線の警告を受けた内閣戦時執務室が電波妨害基地にうっ・・・・かりして違う周波数を指示したため、コヴェントリーが無防備のまま爆撃されたのだ。

第八章 著名人

カート・コバーン

一九九四年四月八日、午前八時四〇分、シアトルの豪奢な屋敷に防犯灯を取り付けに来ていた電気工事士がカート・コバーンの死体を発見した。死因はショットガンで撃った頭部の傷だ。死体の脇にはドラッグ用の箱が置いてあり、注射器やあぶったスプーンなどが入っていた。

ショットガンは胸の上に載っていて、部屋には「遺書」があったと言われている。となると、自殺に間違いないのか？　いや、地元警察がそう片づけただけだ。陰謀論者はシアトルの青い制服を着た若僧の適当な捜査にはとても満足できず、メディアはコバーンの早すぎる死に大混乱となった。

カート・コバーン、二七歳。売れっ子のシンガーソングライターで、グランジロックのバンド、ニルヴァーナのヴォーカリストだった。世界的に認められたロックスターであるだけでなく、一九六〇～七〇年代生まれのジェネレーションXにとっては偶像であり、刺激だった。ファンにとってコバーンは他のスターと一線を画していた。コバーンはリーダーであり、ヒーローだった。葬儀の日はシアトルが交通渋滞に陥り、世界中で後追い自殺が続いた。コバーンは絶頂期に旅立った。彼の音楽は数え切れぬ人の心に届き、琴線に触れた。想像を絶するほどの大成功はグランジロックを流行らせるだけでなく、コバーンに当時の代弁者という不本意なステータスをもたらした。コバーンの逃げ道はパンクロックだった。ドラッグだった。たしかに、死を求めていたことはその人柄からしてうなずけた。ずっと味わってきた苦痛や絶望感から逃れるための究極の手段だったのだろう。ただ、コバーンは周知のとおり問題の多い人物だが、ほとんどの人が自殺などしないと考えている。だからこそ、彼の終焉にまつわる陰謀論は後を絶たず、いまもレコードが売れているのだ。

　さまざまな憶測が生まれるなか、ひとつ、共通点がある。コバーンの精神状態は不安定だったが（たとえば、死の一か月前にローマのホテルでヘロインを過剰摂取して死にかけている）、実際、自分自身と向き合い、ポジティブに新たな道を進もうとしていたということだ。同じロックスターだった妻コートニー・ラブと離婚騒動を起こし、娘の親権をめぐって激しい争いをしていたようだが、コバーンはひるまなかった。以前にも不屈の精神を見せ、労働者が住む教育の行き届いていない田舎町から世界の檜舞台へと昇り詰めたのだ。コバーンの死を調査した多くの関係者は、シアトルで不吉な力が働いて予期せぬ終幕を導いたと感じている。自殺説につ

バンド名「ニルヴァーナ」の意味は楽園や天国ではなく、煩悩の火を吹き消した悟りの境地、つまり、「涅槃（ねはん）」である。

いて、答えの出ない疑問を抱いているのだ。

奇妙な点

一九九四年四月三日、イースターの日曜日、コートニー・ラヴはカリフォルニアを拠点に活動する私立探偵トム・グラントに電話をかけた。その前日、コバーンはエクソダス・リハビリ・クリニックの壁によじ登って脱走し、シアトルに戻っていた。コートニー・ラヴは夫が自殺を考え、わずか一か月前にドラッグの過剰投与で死にかけ、ショットガンを持って帰宅したのに、シアトルに行って会おうとはしなかった。代わりにグラントを雇い、コバーンを監視させ、軽々しく謎めいたセリフを吐いた。「アメリカの偶像を守ってね、トム」。グラントは四月七日、午前二時四五分と午後九時四五分にシアトルの家を捜したがコバーンの姿はなかった。このとき、コバーンはガレージの屋上にある温室に横たわっていたのだ。死体が発見されたのは翌日だった。

カート・コバーンの近くにいる者

通説の黒幕

ラヴはコバーンの死にかんする調査をトム・グラントに依頼し、その後、七か月間雇っている。コバーンは誰か親しい者に殺されたと推測している人は多く、グラントもそのひとりにすぎない。犯人や共謀者がコバーンに難なく近づけたのは信頼を得ているからだ。多くの陰謀論者が家族、親友、雇用者を疑うのは当然だろう。

レコード業界の重役

コバーンはこの世を去ることより、音楽界を去ることに関心を持っていたようだ。音楽に興味のない人間のレコードは売れないが、今は亡きロック界の偶像となれば話は違う。生前のレコードが爆発的に売れる。誰もが知るとおり、レコード業界のお偉方は道徳感をお持ちで、野良猫を社会の立派なメンバーにする。数百万ドルがかかっているとなれば、コバーンの引退には殺害が望ましかったのかもしれない。

カート・コバーン

一風変わった黒幕説

コバーンがまだ生きていると信じている陰謀論者がいなければ、ロックスター本人による陰謀論は成り立たない。しかし、死因の情報に一貫性がないため、妻から逃れ、著名人であることの重圧やドラッグ界から逃れようとして死を偽装していることも十分考えられる。

軍産複合体

コバーンは政治に無関心な世代の代弁者だった。だが、もし彼がユーゴスラビアの紛争に反戦の姿勢を打ち出し、世界中にいる不満だらけの若者を刺激したら、軍産複合体にとって危険な存在になる。利益の出る兵器売買を維持し、民衆の関心を遠ざけるため、先制攻撃が必要になったのだろう。

疑問と信憑性

コバーン自殺説に多くの疑問を投げかける他殺の証拠はたくさんある。コバーンのクレジットカードが一枚なくなっており、検死によるコバーンの死亡推定時刻よりあと、及び、死体が発見されるまえに、誰かが使用を試みている。また、ショットガンにも薬莢にも指紋がついていなかった。つまり、誰かが拭き取ったのだ。死体からは行動不能になるほど多量のヘロインが検出されたため、自分で発砲することは不可能だったという。さらに、「遺書」もなぜレコード業界から去るのかを説明しているだけで、多くの筆跡鑑定家がコバーン以外の誰かが妻や娘に触れている最後の四行を書き足したと断定した。

不可解な事実

コバーンの家の温室から「ドリームマシーン」が見つかった。これは電球、レコードプレイヤー、スリットが入った段ボール製のシリンダーで作られた、トランス状態を誘発する装置だ。最初に作ったのは、作家ウィリアム・S・バロウズ（世が認めるコバーンの英雄）の親友で仕事仲間でもある画家ブライオン・ガイシンだ。自分たちを「フレンズ・アンダースタンディング・カート（カートの理解者）」と呼ぶグループは、ドリームマシーンの使用は、前例があるとおり、自殺につながると指摘している。

疑いの目で見れば

コバーンは大量のドラッグに溺れ、火器に興味のある超問題児だった。それゆえ、自殺説には納得できないのだろうか？　コバーンが口に銃身を突っ込んでいる写真がある。いつか実際に引き金を引く日が来ても、彼の人生の幕引きとしてそう驚くべきことではないだろう。なぜブリトニー・スピアーズのレコードを買うのか、理解できない人がいるかもしれないが、コバーンのケースでは、たとえ死因があやふやでも、自殺によって大金が動くことは不思議ではない。

ブルース・リー

著名人は数々の面倒に巻き込まれるが、ときとして、死をもってしてもそれに終止符を打てないようだ。事実、死がますます多くの奇妙な憶測を呼ぶことさえある。

一九七三年七月下旬、『燃えよドラゴン』の衣装をまとったブルース・リーが、シアトルのレイクヴュー墓地に埋葬された。このとき、リーの死にまつわる謎をいっしょに埋め去ることはできなかった。

多くの人に愛され、だが多くの敵を作って議論を呼んだリーは、三二歳、俳優として絶頂期にいるとき、突然昏睡状態に陥って死亡した。検死報告書には結論を記せず、調査に携わった医療の専門家たちが唯一同意したのは、脳浮腫で死亡したということだけだった。

死亡した運命の日、リーは昼下がりに自宅で映画製作者レイモンド・チョウと会い、『死亡遊戯』について数時間打ち合わせを行った。その後ふたりは同映画で共演予定だった台湾の女優ベティ・ティンペイの自宅を訪れた。チョウが帰ったあと、リーは頭痛を訴えた。ティンペイは強いアスピリン、鎮痛剤イクワジージックを渡し、リーは眠った。チョウがティンペイに電話してふたりを夕食に誘ったが、ティンペイが声をかけてもリーは目を覚まさなかった。リーはクイーン・エリザベス病院に運ばれたとき、すでに死亡していた。

同病院のリセット医師は、死因はイクワジージック錠の成分に対するアレルギー反応だと推定したが、他の医療関係者は異論を唱え、陰謀論が香港中、そして武芸界に広まった。

奇妙な点

正式に死亡が発表される数か月前、香港ではリーが死亡したという噂が流れていた。噂はどんどん熱を帯び、香港の最大手新聞社の記者たちは、実際にリーと話し、細かな質問ができるまで、リーが生きていると信じようとはしなかった。つまり、実際にリーが死亡し、公式発表があったときも意外ではなかったのかもしれない。

スティーヴ・マックイーン、ジェームズ・コバーン、チャック・ノリス、ジョージ・レーゼンビーがリーの葬儀で棺をかついだ。

通説の黒幕

三合会

一九七〇年代、三合会のような中国の犯罪組織は香港を拠点とする映画スターに見かじめ料「反社会勢力に支払う場所代や用心棒代」をたびたび請求していた。リーはこうした不当な要求に歯向かっていることで知られており、おそらく、この勇敢な行動が引き金となって毒を盛られたのだろう。リーは香港の民衆に崇められていたため、こっそり処分されたのだ。

武芸界の陰にいる達人たち

世に広まっているもっともらしい憶測といえば、リーは武芸の達人から成る陰謀団に殺されたという説だろう。リーが武芸の奥義を外国人に伝授しすぎたため、憤慨したのだ。たしかに、リーは伝統的な中国の武芸組織と多くの問題を起こしていた。達人の「ディム・マク（死の一手）」の本質を考えると、この説は簡単に却下できない。ディム・マクはかすめるだけで殺害可能な技で、検死でもわからないのだ。

その他の黒幕説

香港の映画製作者が作る秘密結社、ハリウッドのフリーメイソン、中国共産主義者、リーに負けたライバル、イギリスの諜報機関。

一風変わった黒幕説

リーは家族が古代の呪いに苦しめられていると感じていた。この呪いにかかると、どの時代も長男が悪魔に取りつかれるという。リーの家系は呪いの影響が大きかったため、リーが生まれたときは女の子の名前を付けて悪魔の力を遮ろうとした。複数の陰謀論者が指摘するように、この説がさらに信憑性を帯びてきたのは、ブルース・リーの息子、同じく俳優となったブランドン・リーが不自然な死を遂げたからだ。ブランドン・リーは大ヒット作『クロウ／飛翔伝説』の収録中、銃の事故で死亡した。

古代中国の悪魔

ブルース・リー

大胆な陰謀論によると、リーはまだ生きている。名声による重圧と三合会の邪悪な企みから逃れようとして自ら死を演じたのだ。この仮説を信じている人は、リーはあるときふと戻ってくると考えている。きっと、エルヴィス・プレスリーほど目立たないだろう。

疑問と信憑性

ブルース・リーの死の裏には陰謀がある――そう信じられているのは、死因にかんする医学的証拠が入り乱れているからだ。検死報告書では死因は特定できないと結論づけているし、医療関係者は早すぎる死をもたらした脳浮腫の原因を五つも挙げている。

不可解な事実

リーはインタビューを受けると、よく自分は早死にすると口にし、ときにはその予測を歓迎しているように見えた。妻のリンダによれば、リーは長生きを望んでいなかったし、肉体の衰えを想像するだけでぞっとしていたという。武芸の達人としての力を失い、腕が落ちていくことから逃れたかったのかもしれない。しかし、夭逝について深く考えた理由はそれだけではないだろう。リーは、自分の長男ブランドンが悪魔に呪われることを心から心配し、伝統的な魔術を使って守ろうとしていたという。

疑いの目で見れば

リーの死についてさまざまな憶測が飛び交うのも納得がいく。レイモンド・チョウがリーの死をテレビで発表したとき、自宅ではなくベティ・ティンペイの家で死亡したことを話さなかったのだ。こんな隠蔽をしたために、事態はややこしくなり、多くの人が裏に何かあると疑った。脳浮腫の原因が医学的に解明されていないとなれば、なおさらだ。

ジョン・レノン暗殺

「あのニュースを知ったとき、自分がどこにいたか覚えてる?」そう聞かれて思い浮かぶ事件といえば、JFK暗殺、九・一一、その次に来るのはジョン・レノン暗殺だろう。物心がついていれば、一九八〇年一二月八日の夕方、ジョン・レノン殺害のニュースが流れたとき、どこだろうと自分のいた場所を覚えているはずだ。

ニュースが流れたとき、世界に衝撃が走った。世代を問わず誰より愛されたバンドのメンバーを殺したいと思う人がいるなどとは、誰ひとり理解できなかった。なぜ、元ビートルズのメンバーを殺したいのか? なぜ、音楽の真の天才、影響力の大きい平和運動家を否定したいのか?

報道によると、犯人のマーク・デイヴィッド・チャップマンは情緒不安定で孤独な殺し屋で、六〇年代の大スター、ビートルズに執着し、ジョン・レノンは悪魔と共謀していると思い込んでいた。チャップマンの精神鑑定は六〇日間の予定が一年と六〇日に延び、そのあいだまったくしゃべらなかったが、裁判が始まるわずか数時間前に殺害を認めた。

まもなく、陰謀論がメディアの報道内容を補足し始めた。この世から文化的偉人を奪った悲劇の晩、実際に何があったのか、みな事件を自分なりに解釈した。彼らの目には、ジョン・レノン狙撃は単なる狂人の仕業ではなく、巨大な政治的策略の一環として映っていた。

奇妙な点

チャップマンのような男がなぜ著名人を殺すのだろう？　ありがちな理由のひとつは、自分が有名になりたいからだ。だが、チャップマンには当てはまらない。彼は事件を起こしたあと、六〇回以上もインタビューを断り、繰り返し「表には出たくない」と言っている。いちどだけきちんと面会を受けたが、それは二〇〇三年一〇月に仮釈放申請が却下されたあとのことで、ただここから出してほしいと懇願しただけだった。不思議なことに、逮捕後、チャップマンは妙に落ち着いていた。さらに重要なのは、犯行前、主要空港で二度にわたって金属探知機

ジョン・レノンとヨーコ・オノ。ジョン・レノンは過激な政治活動に従事したせいでターゲットになってしまったのかもしれない。

をすり抜けたことだ。チャップマンは凶器の銃をハワイからニューヨークに運んでいる。ジョン・レノンの死を陰謀と結び付けたがる者にとって、非常ベルが鳴り響いた出来事だ。

通説の黒幕

ＦＢＩ

故ＦＢＩ長官Ｊ・エドガー・フーヴァーは病的なまでにジョン・レノンを嫌い、ニクソン大統領の首席補佐官に、ジョン・レノンをつぶして国外追放するから手伝ってほしいと依頼した。七〇年代を通して、ＦＢＩはジョン・レノンを徹底した監視下に置き、望んでいたアメリカ国籍を取得できないよう阻止した。ジョン・レノンにかんする資料の多くが今も機密扱いなのは、イギリス諜報部の情報と関連があるからだ。事実、ジョン・レノン暗殺の陰謀があったのなら、ＦＢＩが関与していると推測してもおかしくない。

右派活動家／軍産複合体

レーガンは大統領に就任すると、攻撃的な外交政策やアメリカ軍拡大のために予算急増計画を打ち出した。これに対し、経験豊富な平和運動家ジョン・レノンの周りで反論があがると感じている人がいた。六〇年代と同じようにジョン・レノンに刺激された若者が暴動を起こすことを恐れ、右派の活動家や軍産複合体の数部署がリーダーの口封じを企んだのだ。

ＣＩＡ

チャップマンはＣＩＡとつながりの深い警備会社数社に勤めていた。また、催眠術をかけられていたという証拠もある。こうした観点から見ると、ＣＩＡがマインドコントロールで殺人犯を生み出す不法な計画――ＭＫウルトラ――を思い浮かべる者もいるだろう。これこそ、チャップマンがかつての自分のヒーローを殺害した本当の理由なのだ。

一風変わった黒幕説

悪魔の力

ジョン・レノンはダコタ・ハウスの外で銃撃された。反キリスト、ローズマリーの赤ちゃんの誕生を描いたロマン・ポランスキーの映画で背景として使われたアパートだ。ビートルズの曲や詞は、カルト指導者チャールズ・マンソンが歪んだ言い訳に利用し、儀式としてポランスキーの妻シャロン・テートを殺害している。チャップマンはジョン・レノンが反キリストだと信じていた。この不気味なシンクロは大胆な憶測を呼んだ。暗殺犯は悪魔の力か悪魔崇拝者で、チャップマンは悪魔に取りつかれていたのだ。

キリスト教原理主義者

ジョン・レノンを反キリストだと思っていたのはチャップマンだけではない。ジョン・レノンが「神より偉大な」という言葉を使うようになって以来、アメリカの原理主義者は、元ビートルズのメンバーは闇の勢力で、愛の福音、ドラッグ、ロックンロールを広めてアメリカの若者を堕落させようと企んでいると信じていた。ジョン・レノンが自らに課した「家庭にいる夫」を務め終えてスポットライトの下に戻ったとき、抹殺を決断したのかもしれない。

疑問と信憑性

ジョン・レノンにかんするＦＢＩの資料を、情報公開法をもとに公開させようとした人たちがいた。だが、ＦＢＩは力を使って彼らを押さえつけた。怪しい。さらに、いまだ資料の一部が公開されていないのも怪しい。ＦＢＩは国家の安全を守るためだと説明しているが、それこそ当初は妄想に思えた陰謀マニアの説を信じたくなる。というより、こちらのほうが正しいのではないだろうか。

不可解な事実

ポール・マッカートニーはすでに死亡していて、今いるのはそっくりさんだと信じている陰謀論者は、ビートルズの曲の歌詞やジャケットにそのヒントを見出そうとしている。同じように、主流派ではない研究者たちがジョン・レノンの死にまつわる謎を調べ、宣伝写真や歌から何らかの意義を探している。アメリカで発売したオリジナルアルバム『マジカル・ミステリー・ツアー』についてくる小冊子にはジョン・レノンの写真が載っていて、近くの看板にこう書かれている。「The best way to go is by MD&C」。これは「この世から去る最良の方法はＭＤ＆Ｃによるものだ」と解釈することができる。ＭＤ＆Ｃはマーク・デイヴィッド・チャップマンの頭文字だ。ただの偶然とする者もいれば、驚くべき陰謀の手がかりだと見る者もいる。

疑いの目で見れば

生まれてきた陰謀論はどれも明らかな事実を故意に見落としている。実際、アメリカの緩い銃規制法とジョン・レノンに執着したノイローゼの男を組み合わせれば、それだけで十分危険であり、事件が起こった理由を納得できるはずだ。

ポール・マッカートニー

もしあなたが世界的に有名なミュージシャンで、ポップスを聞いたことがある人になら誰でも名が知られているとしたら、次々と思いもよらぬ噂を立てられても驚いてはいけない。それが現代の有名人の宿命である。

一九六〇年代後半、ある噂がメディアに流れ、その後、ビートルズファンの世界を駆け抜けた。ポール・マッカートニーがすでに死んでいて、ウィリアム・キャンベルという男が身代わりを務めているというのだ。

噂の陰謀論はまずデトロイトのディスクジョッキー、ラス・ギブが発信した。彼はリスナーにビートルズの曲から陰謀のヒントを探すようもちかけた。レコードを逆回転すればわかるらしい。たとえば、『ホワイトアルバム』に収録された「レヴォリューション９」の歌詞「number nine, number nine（ナンバーナイン、ナンバーナイン）」を逆再生すると、「turn me on dead man（死者を生き返らせてくれ）」と聞こえるという。

噂はヨーコ・オノの髪が伸びるより早く広まった。大勢のビートルズファンや新たな趣味が欲しい人たちは、マッカートニーがすでに死亡しているというヒントを探すために時間を費やした。ビートルズとほとんど関係ないものからも陰謀の証拠を探した。そして、すべてのヒントが合わさって憶測を確信に変えた。マッカートニーはすでに死亡し、この事実を隠すために大規模な陰謀が仕組まれているのだ。

奇妙な点

素晴らしいアルバム『サージェントペパーズ・ロンリーハーツ・クラブバンド』に付属する小冊子の写真では、ポール・マッカートニーが着ている上着の左袖にＯＰＤという文字のエンブレムがついている。ＯＰＤは「Officially Pronounced Dead（正式な死の告知）」の略語として広く使用されている言葉だ。

通説の黒幕

ビートルズ

疑り深い陰謀論者は、実際、ポール・マッカートニーの死についてはビートルズ作品のあちこちにヒントが見つかるが、どれもビートルズ自らが仕掛けたいたずらだと結論づけた。彼らいわく、ポールの精神は死に、マハリシ（導師）として生まれ変わったという。霊の再誕と死にゆく古い自己がバンド内でジョークになっており、アルバムのジャケットや歌詞にそれとなく織り込まれたのである。

レコード会社

マッカートニーが死んだという噂は集団ヒステリーを生んだ。人々は狂ったようにそのヒントや証拠を探し、どんな苦労も惜しまなかった。複数の陰謀論者が述べているとおり、すべてはでっちあげで、企んだのはビートルズに関心を持ってほしいと願うレコード会社だ。もしこれが本当なら、史上最強の魅惑的な宣伝だろう。陰謀論など嘘八百だと思っている人でさえ、こうしたヒントを耳にするのは楽しいのだから。

CIA

誰もが感じていたように、CIAはもうこれ以上ビートルズに世界を扇動されては困ると思っていたのだろう。CIAにとって、ビートルズと信者さながらの無数のファンは社会の脅威だった。かつて、ジョン・レノンが「ビートルズはイエス・キリストより人気がある」と発言したときの反響を目の当たりにしていたからだ。ビートルズは間違いなく六〇年代の音楽と社会の神であり、CIAが築いてきた秩序の敵だった。だが、マッカートニー殺害によってビートルズをつぶそうとした試みは成功とは言えなかった。他の三人がマッカートニーのそっくりさんコンテストで優勝したウィリアム・キャンベルを引き入れたのだ。

本物のポール・マッカートニーなのか？それとも、ウィリアム・キャンベルという名のペテン師なのか？

一風変わった黒幕説

エルヴィス・プレスリー

さほど根づいていない説だが、エルヴィス・プレスリーがＣＩＡを雇ってポール・マッカートニーを殺させたという見方もある。プレスリーはビートルズがアメリカの地に初めて足を踏み入れたときから、その成功に嫉妬し、恐れを抱いていたと言われている。プレスリーはロックンロールの王であり、そのタイトルを奪われるわけにはいかなかった。そこでマッカートニー暗殺という究極の手段を思いついたのだ。プレスリーはアメリカ政府の最上層部にいる高官に人気があり、相当密接な関係を築いていた。したがって、マッカートニーの死の裏に彼がいて殺人罪で逮捕されても、『監獄ロック』を地でいくことはなかっただろう。

悪魔

もうひとつ可能性があるのは、最初にアメリカ人教授グレイジャーが提示した説だ。彼によると、ビートルズが世界で大成功を収められるよう悪魔がマッカートニーに取りつき、その代償として彼を殺したという。むろん、六〇年代に走り回っていた魅惑的な野獣はビートルズだけではない。マッカートニーは、やはり成功の代償を払ったローリングストーンズのブライアン・ジョーンズと同じ運命を背負ったと言われている「ジョーンズは自宅のプールで溺死。事故死とされたが他殺説もある」。

疑問と信憑性

アルバム『アビー・ロード』のジャケットはマッカートニーがすでに死んでいる証拠だと宣言したのは、ミシガン・デイリー紙のフレッド・レイバーだ。彼はジャケットに映っているビートルズはまるで墓地を去る葬儀の参列者のようだと述べた。白い服を着たジョン・レノンは聖職者、ジョージ・ハリスンは墓掘り人、リンゴ・スターは葬儀屋。もちろん、マッカートニーは死人だ。彼だけ裸足で、他の三人と違って右足が前に出ている。ペテン師が入っていることを暗示しているのだ。

不可解な事実

マッカートニーの死に関連づけられた歌詞はたくさんあるが、ひとつだけ際立っているものがある。『グラス・オニオン』という曲のなかで、ジョン・レノンが「ウォルラス（セイウチ）はポールだったんだ」と歌っているのだ［アルバム『マジカル・ミステリー・ツアー』のジャケットにはポールがセイウチのコスチューム姿で映っている］。「ウォルラス（Walrus）」は英語では「セイウチ」の意味だが、ギリシア語では「死体」を意味する。

疑いの目で見れば

いわゆる**ヒント**の数々は、きわめて疑わしい。『アビー・ロード』のジャケットに写っている車のナンバープレートには「281F」と書いてある。もし（IF）ポールが生きていたら二八歳だ、と解釈した者がいるが、実際は二七歳で二八歳ではない。それに、たいていのレコードは逆再生すればへんてこであいまいな音が聞こえるので、ほとんどのフレーズに適当な意味をこじつけることができる。必死で探し求めると何かしら見つかるものなのだ。ポール・マッカートニーの卓越した音楽の才能は、どんなペテン師にもまねできなかっただろう。だが、陰謀論のなかにはこんな説もある。ソロになったポールを思い返してみればいい、これこそきわめつけの証拠だよ。

マリリン・モンロー——女神の死

一九六二年五月一九日、ジョン・F・ケネディ大統領はニューヨークの有名なマディソン・スクエア・ガーデンで誰もが知るあの誕生会を楽しんでいた。パーティには錚々（そうそう）たるメンバーが集まり、一万五〇〇〇人以上の前で、マリリン・モンローがJFKのために『ハッピーバースデー』を歌った。ささやくようにセクシーな声で歌うその姿は大衆文化の伝説となった。

そのわずか数か月後の一九六二年八月四日、ノーマ・ジーン・モーテンソンとして生まれた三六歳のマリリン・モンローは死亡した。裸でシルクのシーツにくるまれ、化粧台にはバルビツール酸系催眠薬の空瓶が置いてあった。マリリン・モンローはまぎれもなくハリウッドの伝説であり、おそらく、初めて世界のセックスシンボルとなった女性だろう。だが、その伝説の裏には魂をむしばんだ悲劇が隠れている。彼女は生涯を通して著名な権力者たちに虐待され、アルコール依存症を患っていた。これらすべてが、マリリン・モンローは自ら命を絶ったのだと告げていた。

いっぽう、マリリン・モンローの自殺はいささか出来過ぎで好都合ではないかと疑っている者もいる。とりわけ、ジョン・F・ケネディ、ロバート・F・ケネディ、マフィア、CIA、FBIなど、利害関係のある一行にとっては願ったり叶ったりだっただろう。みな、マリリン・モンローには永遠に黙っていてもらわなければ困る理由があった。殺人をもみ消す最善策は、事故か自殺に見せかけることだ。陰謀論者はマリリン・モンローが故意にしろ事故にしろ、自ら命を絶ったとは思っていない。注目すべきは、他殺論の支持者が指摘するとおり、もし本当に殺人だったとしたら、枕で押さえつけられ、足にバルビツール剤を注射されたということだ。

奇妙な点

死亡から数年のうちに明らかになったのは、マリリン・モンローがジョンとロバートのケネディ兄弟両方の愛人だったこと、そして、CIAとFBIが彼女を監視下に置いていたことだ。監視していた理由は、国の安全にとって脅威となる可能性があり、大統領の評判を危機にさらしていたからだ。スター女優の監視はかなり厳重だったうえ、最後の数日間の記録は改ざんまたは隠蔽されたことが指摘されている。となると、マリリ

FINAL

DAILY NEWS

NEW YORK'S PICTURE NEWSPAPER®

5¢

New York 17, N.Y., Monday, August 6, 1962

MARILYN DEAD

Marilyn Monroe: "I was never used to being happy."

THE MONROE SAGA: 7 PAGES OF STORIES AND PICTURES

モンローは、広く知られているノーマ・ジーン・ベイカー（洗礼名）ではなく、ノーマ・ジーン・モーテンソン（本名）として誕生した。

ン・モンロー暗殺説はまったく信憑性がないとは言えまい。

CIA

CIAがずっとマリリン・モンローの監視を続けていたのは、JFKの愛人だったため極秘事項を知り、国家安全の脅威になる可能性があったからだ。CIAがマフィアを使ってカストロを抹殺しようしていたことなのか、どこかの国家元首を脅迫していたことなのか、それはわからない。だが、CIAがこの爆弾、つまり、セクシーな金髪女優に興味を持っていたことは間違いないし、巧妙な殺人を実行できたこともたしかである。

マフィア

ジョン・F・ケネディ大統領、司法長官ロバート・F・ケネディ、マフィアの権力者たち——ボスのサム・ジアンカーナも——とベッドをともにしたマリリン・モンローは、アメリカの最上層部にいる人々を破滅させうる何かを知っていた。マフィアは、モンローがRFKとの不倫関係に終止符を打ったとき、もう彼女の役目は終わり、口封じが必要な制御しきれない爆弾だと判断したのだ。

FBI

マリリン・モンローはRFKに不倫関係を続けるよう脅迫しただけでなく、JFKに対してはさらに大胆な行動を取っていた。JFKが大統領に当選できたのは、シカゴのマフィアが投票を不正操作したからだという事実を暴露すると脅したのだ。FBI長官J・エドガー・フーヴァーはケネディ家と不和だったが、自称愛国者として、マリリン・モンローとの問題が解決し、国をスキャンダルから守れるなら本望だった。いったんモンロー殺害を計画してしまえば、成り上がりのケネディ兄弟をコントロールし、うまいこと自分のプライベート警察に仕立てたＦＢＩの長官の座に居座ることができるのだ。

カトリック教会

一風変わった黒幕説

ケネディ家が心から信頼し、ＣＩＡやマフィアとつながっていた組織といえばカトリック教会だ。ＪＦＫはアメリカ初のカトリック教徒の大統領で、教会はホワイトハウスにいる信者を怖がらせるものは何もないと懸命に立証しようとしていた。一説によると、ＪＦＫを守りたいという気持ちがエスカレートし、厄介な元愛人の殺害計画にまで発展したのだという。

メン・イン・ブラック

マリリン・モンロー殺害犯は本来のメン・イン・ブラック――黒服のカトリック教司祭――だとする説も珍しくないが、ＵＦＯの陰謀を隠蔽するために雇われた最近のメン・イン・ブラックに消されたとする説もある。ＪＦＫが地球外生命体にかんする真実を知っていて、モンローに漏らした。制御不能になったモンローがその秘密を暴露する可能性が出てきたため、一連の殺害計画を練ったのだ。

疑問と信憑性

近年、一九六〇年に作成された公文書が公開された。この文書によると、もしマリリン・モンローがＪＦＫとマフィアのボス、サム・ジアンカーナとの関係について知っていることを黙っていれば、ケネディ家がモンローの母親グラディス・ベイカーに信託基金六〇万ドルを支払うはずだった。モンローの死後、この約束は反故にされ、関連事項はすべて隠蔽されたようだ。この文書はたちまちアメリカで裁判の焦点となり、熱い議論が交わされた。文書の真贋については今も論争が続いているが、用紙、インク、サインを調べたところ、どれも本物だと示唆しているらしい。もし本物なら、ケネディ家がスター女優の死に関与していたことを明かす確たる証拠である。

不可解な事実

マリリン・モンローの自宅を最後に訪れたのは、ロバート・F・ケネディとハリウッド俳優ピーター・ローフォードだとする説は多く、確かな状況証拠も少なくない。ピーター・ローフォードはパット・ケネディ・ローフォード（JFKの妹、RFKの姉）の夫であり、つまり、ケネディ家の一員だった。また、どうやらRFKとローフォードは謎めいた第三の男と一緒にいたようだ。その男は黒ずくめで医療用バッグを手にしていたらしい。モンローの死の背景を解明するには、この謎の男の身元を明らかにすることが重要なカギとなるだろう。

疑いの目で見れば

マリリン・モンローの死となれば、ばらばらの点を想像力でつなぐことは容易だ。たしかに、国のトップたちとの不倫、FBIが作成した文書、マフィアとの関係はどれも意味深だが、陰謀があったとは言い切れない。一九六二年八月、モンローはすでに精神を患うほどのアルコール依存症になっていた。過剰摂取の事故や計画的な自殺は、当時のモンローの状態から考えると死因として外せないだろう。スクリーンの女神は死ぬまで伝説の主人公であり、陰謀論はハリウッド神話の延長線上にある。神話はスターがこの世にいなくなったからこそ語り継がれていくのだ。

ジム・モリソン――死亡？　行方不明？

トカゲ王、ロックの神様、六〇年代のシャーマン。当時の音楽界で間違いなく強烈な個性を見せていたジム・モリソンは、つねに神話になりそうな素質を持ち合わせていた。これ自体は特別なことではなかったが、一九七一年七月四日、パリのマンションで死亡してから状況は一変した。事実、多くの陰謀論者がモリソンの死は彼の人生でいちばんの謎だと感じている。一説によれば、かの英雄の世界を奪った原因は心臓発作以外の何かがあるらしい。

名声を得て五年近くたったころ、ジム・モリソンはザ・ドアーズから脱退した。世を席巻したアルバム『L・A・ウーマン』を収録し、エレクトラ・レコードとの契約上の義務を果たしたあとのことだった。ザ・ドアーズのメンバーはアルバム編集中に抜けたことにいくぶん不満を覚えていたかもしれないが、バンドが解散するわけではないし、きっとまたパリから戻ってくると期待していた。

ジム・モリソンはロサンジェルスでの暮らしに嫌気がさし、刺激を求めて芸術と詩にあふれたロマンチックな街パリに移り住んだ。数人に打ち明けた話によると、フランス南部の古い教会を購入して改築し、永遠の住処とするつもりだったようだ。いつの日かまたビジネスの依頼がきたら、騒々しいアメリカに出張する予定だった。持ち歩いていたスクラップ・ブックには詩やアイデアがびっしり書き込まれ、構想を練っていた映画三本や、舞台の脚本を書く計画も記されていた。

ジム・モリソンと長く付き合っていたガールフレンド、パメラ・カーソンは後を追い、パリのマンションでともに暮らし始めた。モリソンは脚本を書いたり、演劇にエキストラで出演したりしながら、アルコールに溺れ、街を歩いていても誰にも気づかれない自由を満喫していた。当時、人生の方向性を変えなければならないと感じ、その思いを言葉にしていたようだ。いろいろなしがらみから逃れ、旅をしたがっていたことは誰の目にも明らかだった。

酒に飲まれ、ドラッグに浸り、肉体的にも自分を痛めつけた数年間はジム・モリソンにその痕跡を残していたが、突然の死――心臓麻痺だと発表された――には誰もが驚いた。また、本当に死んだのかと疑う人まで現れ、その疑いはいくつかの釈然としない事実が公表されたときに強まった。

奇妙な点

ジム・モリソンを深く知る人物で、パメラ・カーソン以外、彼の死を実際に見届けた人はいない。正式な死亡証明書が発行されたあとも、友人や家族でさえ、モリソンが本当にこの世からいなくなったのか、信じ切れずにいた。

ジム・モリソン

通説の黒幕

噂では、音楽業界でモリソンと契約を結んでいた関係者はすぐ勘ぐったようだ。モリソンが生きていたら果たさなければならなかった約束に問題が生じ、容易に逃れるために死を演出したのではないのか？　確認されている事実からもわかるとおり、モリソンはパリで一市民としての暮らしを楽しみ、ロサンジェルスを出た後の姿を撮られて公開されないよう警戒していた。誰にも邪魔されたくなかったのだ。名声を捨てたいとも話していた。死の捏造はこの願いを叶えるには完璧な方法だった。

ジム・モリソンの友人たち

モリソンの死が混乱を招いたのは、ドラッグの過剰摂取で死亡したことを友人が隠そうとしたからかもしれない、という説もある。このケースなら首謀者は恋人だった故パメラ・カーソンだろう。報告によると、カーソンが評判の悪いパリのジャンキー集落、ロックンロール・サーカスから自宅の部屋までモリソンを運んだらしい。スキャンダルや警察の尋問を避けるためだった。そう考えれば納得がいく。パメラ・カーソンは風呂場で意識を失ったモリソンを発見したあと、救急車を呼ばず、友人たちに電話をかけたのだ。

風変わった黒幕説
FBI

ジム・モリソンはアメリカにいるあいだ

ステージで演奏中に逮捕された唯一のミュージシャンだが、ジム・モリソンのIQは驚異的で149もあった。

ＦＢＩの監視下に置かれていた。当時のＦＢＩ長官──悪名高きＪ・エドガー・フーヴァー──に渡されたファイルやメモには、モリソンが「大混乱を巻き起こそうとしている」と記されていた。ＦＢＩは、暴動を起こしたり若者にドラッグを広めたりする人物や、破壊分子と接触しそうな人物にあたりをつけていた。モリソンは明らかに両項目に該当する要注意人物だった。陰謀論者が、彼の謎めいた死（?）にはＦＢＩが関与していると睨んでいても驚くに値しない。ＦＢＩはモリソンがアメリカに戻ってきて再び大混乱を扇動しないよう願っていたのだ。

世界中の魔女教団

ジム・モリソンは魔術に強い関心を示し、少なくともひとつの魔女教団に入会していた。一部の陰謀論者は事実という言葉の意味をなかなか興味深くとらえているようだ。彼らいわく、モリソンは闇計画に巻き込まれ、ディオニュソス──ギリシア神話に登場する多産とワインの神──の権化として誘拐され、生贄にされたという。

疑問と信憑性

こうした陰謀論を聞くと当然あきあきするだろうが、モリソンのケースでは確かな証拠がある。すべてがすべて見た目どおりではないのだ。検死はいちども実施されなかった。彼をよく知る人は、バンドメンバーのレイ・マンザレクも含め、ジムはまだ生きていると信じていたし、モリソン自身が発した「ロックスターの暮らしから脱出したい」という言葉がすべてを物語っている。だが、何より有力な証拠がある。モリソンが埋葬されて一週間以上たってから、パメラ・カーソンがユナイテッド・プレスのジャーナリストにこう話しているのだ。ジムはパリ郊外の特別クリニックにいて療養中なの。

不可解な事実

モリソンが死亡したことを証明するために死体を掘り起こすのは事実上不可能だろう。家族の同意が必要なのはもちろん、フランスの枢機卿七名から許可を得なければならない。彼らはそれぞれが発掘の拒否権を持っていて、この類の申請は却下することで有名なのだ。モリソンの場合はペール・ラシューズ墓地を掘り起こすことになる。彼はここに埋葬されることを予測していたのだろうか……。

疑いの目で見れば

人生の最期に向けて、ジム・モリソンは体重が増加し、チェーンスモーカーになり、酒に溺れていた。持病の喘息の薬も飲んでいたうえ、ドラッグもやり続けていたのだから、まさに風前の灯だった。こんな状態なら誰だっていつ死んでもおかしくない。死はまず避けられなかったのだ。

キング・プレスリーはまだ生きているのか？

公式発表。一九七七年八月一六日、エルヴィス・プレスリーはドラッグの過剰摂取により死亡した。トイレの便座に座ったまま息絶え、下着はくるぶしまで落ちていた。以前とは似ても似つかぬ肥満体で疲れ果てた姿だった。現在、グレイスランドの邸宅に眠っている。

陰謀論によると、キング・オブ・ロックンロールの死は入念に仕組まれたペテンで、元祖ハウンド・ドッグは今も生きており、世界中のあちこちで目撃されている。

たしかに、プレスリーの訃報は衝撃だった。四二歳、死ぬにはまだ若いし、桁外れの偉業を成し遂げた大スターだったのだ。その死（?）の周囲にはさまざまな謎が渦巻いている。

奇妙な点

プレスリーの死が報道されてわずか二時間後、彼に

瓜ふたつの男がジョン・バロウズという名前でブエノスアイレス行きの切符を買った。この名前はプレスリー自身がニクソン大統領に会うためにワシントンへ飛ぶときよく使っていた偽名だ。ワシントンではFBI本部も訪れ、ドラッグを使用している仲間の芸能人を密告したいと申し出て麻薬危険薬物取締局の名誉会員になった。ジョン・バロウズは国務省の特別許可によりアメリカを脱出したため、憶測に火が付いた。このバロウズこそ、新たな人生へと逃げおおせたプレスリー本人なのではな

映画『フォレスト・ガンプ 一期一会』(1994年)では、ノンクレジットのカート・ラッセルが回想シーンで出てくるプレスリーの声をすべて担当した。

いか。

通説の黒幕

エルヴィス・プレスリー

陰謀を企んだと考えられる人物は、まず誰よりもプレスリー本人だ。キングは自分の名声の囚人となっていた。人目を避けて車のトランクに隠れて移動したり、ファンが殺到するためどこの病院でも適切な治療を受けられなかったりすることにうんざりしていた。四二歳になるころには精神的に参っていたが、泣いて訴えるのはプライドが許さなかった。プレスリーは過去にも狙撃されたふりをして自分の死をでっちあげたことがある。さらに入念に死を演出したとしてもおかしくはない。

FBI

プレスリーはマフィアと密接につながっている企業との取引で問題を起こし、大金を失ったばかりだった。キングが政府に協力し、マフィアの摘発に協力していたとする見解は多い。プレスリーを確実に保護するため、FBIが計画を立て、彼を死亡したことにして新しい人生を提供し、めったに人目につかない場所に移住させたのかもしれない。

一風変わった黒幕説

ハンバーガーのチェーン店

捏造されたプレスリーの死は、画期的かつ急進的なマーケティング詐欺の一部だったのだろうか？　プレスリーがあちこちのハンバーガーショップのキッチンで調理している姿が何度も目撃されている。噂が広まれば、ファンにとってその店は聖地となり、磁石となる。これがキングとチェーン店の共同企画だったのだ。プレスリーは名声のプレッシャーから逃れて自由な生活を手に入れ、チーズバーガーを作って給料をもらい、かたや、ファストフード界の上層部は物静かな事務所でビジネスチャンスを手に入れた。

新世界秩序

プレスリーは農場を購入していたらしい。多くの文化評論家いわく、彼が宗教家への道を歩んでいることは明らかだった。プレスリーとキリストを比較する書籍はアメリカのベストセラーリストに載り、プレスリー自身が霊的な偶像と見なされた。ファンの多くにキングを祀った聖堂があり、グレイスランドの邸宅が巡礼地となっているのは否定できない。熱狂的ファンなら、プレスリーにまつわる陰謀は新たな宗教の基盤を築く試みとして新世界秩序が企てたとする説を信じたいはずだ。プレスリーは新世界秩序によって冷凍保存され、彼らが権力を握ったとき、新たな救世主として復活するかもしれない。

MJ12

プレスリーの陰謀論はどれも奇妙という言葉だけでは表現しきれない。なかでも、キングとロズウェル——一九四七年にUFOが墜落し、軍部がエイリアンの死体を回収したとされる場所——の関係はとりわけ突飛だ。アメリカ海兵隊の宣伝用にプレスリーをフィルムに収めた軍部のカメラマンはバレットという男で、偶然にもエイリアンの死体解剖を記録するため陸軍に配属されたばかりだった。異様な雰囲気がお好みの陰謀論マニアいわく、バレットがプレスリーにエイリアンの写真を送り、それが原因で、UFO隠蔽の陰にいるMJ12がキングを消さなければならなくなったという。

疑問と信憑性

「エルヴィス（Elvis）」は「生きている（lives）」の並べ替えだということはよく引き合いに出されるが、陰謀を裏づける何より納得のいく証拠といえば、プレスリーが納められた四〇〇キロ以上ある棺だろう。この棺には嵌め込み式の冷気システムが装備されていた。プレスリーの家族は、どうやって、死亡した翌日の葬儀に、四〇〇キロもある特注の棺を用意したのだろうか？　さらに、プレスリーは生前、母親の隣に埋葬してほしい等、いくつか遺言している。こうした大切な願いに応えていないのはなぜなのか？　死亡したとされる日までしばらくのあいだ、キングはいくつかの葬儀場に夜な夜な訪れていたらしい。いったいなぜなのか？

不可解な事実

墓碑に綴られたキングの名前はスペルが間違っている。フルネームはエルヴィス・アーロン・プレスリーで、ミドルネームのアーロン「Aron」が「Aaron」になっている。「a」がひとつ多いのだ。あまり見かけないスペル「Aron」はプレスリー家が大事にしている伝統だった。プレスリーが生まれたとき、出生証明書のスペルが「Aaron」になっていたため、父親は労を惜しまず訂正の申請をした。それなのに、家族がキングの墓碑のスペルミスを容認するとは思えない。

疑いの目で見れば

キングはもうこの世にいない――もう認めよう。

ダイアナ妃の死

ダイアナ妃の死は地球上の人々に衝撃を与えた。イギリスが悲しみ、世界が悲しんだ。それまでイギリス王室に関心がなかった人たちも、この悲劇には強く心を揺さぶられた。世界の文化を象徴する偶像が奪われたのだ。

当初は純粋な交通事故による悲劇だと思われていた。ダイアナは恋人ドディ・アルファイドとリッツ・ホテルでロマンチックな夕食を楽しんだ。リッツ・ホテルはドディの父、モハメド・アルファイドが経営するホテルだ。午前零時近く、ふたりはダイアナのボディガード、トレヴァー・リース・ジョーンズとともにホテルを後にした。外で待機している三〇人のパパラッチを避けるため、一行は裏口から外に出た。防弾仕様のメルセデス・ベンツを運転したのはリッツ・ホテルのセキュリティ部長アンリ・ポールだった。

ベンツはスピードをあげた。旅行者がたまたま撮った動画には、無関係と思われるシトロエンが後に続き、まかれたと気づいたパパラッチたちがバイクに乗って追跡を開始する様子が映っていた。数分後、ベンツは猛スピードでアルマ橋のトンネルに入ったが、知ってのとおり、ダイアナ、ドディ、アンリが生きてそこから出てくることはなかった。フランスが事故の正式な調査報告を発表するまでには数年を要した。むろん、当初は世界中のメディアが報道したとおり、これはいたましい交通事故で、酔っ払い運転、パパラッチの追跡、シートベルト未着用が重なった悲運が原因だと受け止められた。

一九九七年八月三一日の悲劇から数日後、初めてダイアナ妃殺害の陰謀論を公の場で流したのはBBCワールドサービスだった。おかしな宣伝マンさながら、BBCはリビア指導者ムアンマル・カダフィ大佐の声明を必死に嘲笑した。カダフィは、あの事故はフランスとイギリスの共謀で、理由はダイアナをイスラム教徒と結婚させたくなかったからだと発言したのだ。陰謀論はダイアナが死亡した日の晩から広がり始めていた。そのほとんどが声をそろえて気になると指摘した点がある。死亡当日、ダイアナ妃はイギリスの主要全国紙の記者に、驚くべき発表があるから準備しておくよう告げていたのだ。

奇妙な点

二〇〇二年一一月、ダイアナの私物を盗んだ罪で起訴された元執事ポール・バレルはオールドベイリー裁判所で証言台に向かおうとしていた。バレルはダイアナの話を介して王室に不都合な事実を暴露する可能性があった。だが、証言台に立つ直前、エリザベス女王が介入し、バレルの起訴は取り下げられた。後日わかったことだが、ダイアナの死後、女王はバレルとじっくり話をしている。まるで極端な被害妄想に陥った陰謀論マニアさながら、『Xファイル』のセリフじみた調子

ダイアナの執事ポール・バレル。
2002年、窃盗罪の裁判にて。

で、女王はバレルに警告した。「この国には私たちが知らない力が働いているのです」。この言葉を受けたバレルは沈黙し、二〇〇三年一〇月になってようやく、事故の一〇か月前にダイアナから手紙をもらっていたことを公表した。手紙にはこう書いてあったという。「今、私はこれまでの人生でもっとも恐ろしい危険にさらされています。Xが私を狙っている。私が乗る車のブレーキに仕掛けをして、頭部に重傷を負わせ、チャールズがすんなり再婚できるように企んでいるのよ」このぞっとするような予知は、ダイアナが交通事故ではなく陰謀の犠牲者だという憶測に現実味を添えている。

通説の黒幕

MI6

イギリス君主を守ると誓っているMI6だが、一説によると、内部の裏切り者が王室からダイアナを排除したらしい。ダイアナはウィンザー家の偽善を暴露し、君主制を崩壊させる恐れがあったからだ。ダイアナが妊娠し、イスラム教に改宗し、権力のお化けモハメド・アルファイドの息子と結婚するとなれば、必要条件はすべてそろう。MI6はダイアナを殺すほかない。

軍産複合体

ダイアナは地雷に立ち向かい、孤軍奮闘していた。この行動が彼女を危険にさらした。イギリスでは要注意人物として政治的批判も浴びていた。軍産複合体は地雷の販売より撤去で儲けていたが、ダイアナが武器産業全般に注意を向ける可能性を恐れたのだ。世界で誰より影響力を持つ平和活動家を消したかったに違いない。

その他の黒幕説

CIA、モサド、イスラム教原理主義者、サダム・フセイン、フリーメイソン（ダイアナはフリーメイソンの重要なシンボルである橋の下で死亡した）、IRA（アイルランド共和軍）。

一風変わった黒幕説

ザ・コミッティ

このアングロ（英）・アメリカン（米）陰謀団はイギリスとアメリカの諜報員から成っている。おそらく、イギリスのブリストルに本部を構え、陰にいる極秘組織の表の顔として働き、両国の特別な関係を築いて統合力を高めることを目的としている。ダイアナは世界中で愛され、繊細な問題で体制に立ち向かうだけでなく、妊娠の可能性もあったため、ザ・コミッティは自分たちの極秘計画にとって危険な存在だと判断したのだろう。

ダイアナ妃

もうひとつ、風変わりな仮説がある。ダイアナが自分の死を演出し、ドディとともにぎらぎらした世間の目から逃れたという。できればそうあってほしいが、当然ながら証拠はない。

疑問と信憑性

運転手アンリ・ポールの血中アルコール濃度は法的基準の三倍だった。この結果に疑問を抱いたポールの家族が再検査を要求したところ、体内の一酸化炭素のレベルが致死量に達していただけでなく、乗車前に血中に入っていたことが判明した［一酸化炭素が血中に溶け込むと全身の酸素量が低下して死に至ることもある］。だが、事件当夜、リッツ・

ホテルの監視ビデオに映っていたポールは酔っているようには見えないし、一酸化炭素中毒によってふらついている様子もない。ポールは死亡する直前、自身の銀行口座に一六万四〇〇〇フラン以上を預けており、謎はさらに深まった。また、二〇〇三年、イギリスでダイアナとドディの検死を実施することが決まったとき、陰謀論者はみながっかりと肩を落とした。担当がサリー州検死官マイケル・バージェスだったからだ。彼は王室の検死官も務めており、真実が明かされることはまずありえない。

不可解な事実

防弾仕様のメルセデス・ベンツのリムジンに追突して乗員を殺害しようと企むなら、どんな楽観的な人でもフィアット・ウーノは選ばないだろう。だが、実際、悲劇の数分前、ダイアナとドディの乗ったリムジンが白のフィアット・ウーノと接触している。偶然にも、パパラッチのひとり、ジェームズ・アンダーソンがウーノを所有していた。ドディの父親がすぐさま彼を暗殺者だと非難したが、アンダーソンのウーノは一九八八年製で、フィアットが塗料ビアンコ・コルフ二二四番の使用を停止した翌年の型だった。二二四番はメルセデスの右リアウィングに付着していた独特な白い塗料だ。さらに、アンダーソンは、あの晩はパリにはいなかったし、ウーノは三二〇キロ離れた自宅の脇にある砂利道に駐車してあったと主張した。

アンダーソンの弁明を信じる者はほとんどいなかった。さらに、事故の五時間後、パリ・オルリー空港で荷物も持たず、コルシカ島行きの便に飛び乗った記録が残っていたため、再び尋問を受けた。実際のところ、彼のウーノに使われていた塗料はビアンコ二一〇番だったが、顕微鏡検査をしても、ビアンコ二二四番とははっきり区別がつかなかった。フィアットの在処について追及すると、アンダーソンは見知らぬ人に売ったと答え、フランス警察とインターポールが必死に捜したが見つからなかった。ＭＩ６やフランス情報部と接触していた情報屋アンダーソンは、二〇〇七年、フランスの田舎に停車してある車の中で黒焦げの死体となって発見された。消防士クリストフ・ペラは、死体の頭部には銃で撃たれた痕がふたつあると断言したが、スーツを着たふたり組に現場から追い出されたという。フランスの調査員ジャン・ミシェル・ローザンは検死官に、「炎上する車に近づいたとき、アンダーソンの左のこめかみに銃痕がひとつ見えました」と伝えた。結論――自殺！

疑いの目で見れば

たとえダイアナが妊娠していても、だからといって殺害の陰謀があったと断定できるわけではない。猛スピードを出してパリの街を車で走れば、大勢のパパラッチにバイクで追い回されなくてもかなり危険だ。時速二〇〇キロ近いスピードで走る車をバイクが追いかけ、カメラのフラッシュを浴びせ、乗員がシートベルトを着用していなければ、陰謀がなくても衝突事故が起こって死者も出るだろう。ダイアナ妃の死という悲劇に直面して、単なる事故だと認めたくない人がいるのも当然だ。パリの衝突事故は、なぜ陰謀論が生まれるかを示す格好の例だ。実際のところ、陰謀が存在しなかったのなら、我々は死はかならず訪れること、そして、その無慈悲な本質を受け入れなければならない。

シド・ヴィシャス

一九七八年一〇月一二日、ニューヨークの警官がチェルシー・ホテルの一〇〇号室に入っていくと、そこには恐ろしい光景が広がっていた。バスルームのシンクの下に、ナンシー・スパンゲンが下着姿で血まみれになっていたのだ。ナイフで下腹部を刺され、息絶えていた。彼女の恋人は、ドラッグに溺れたシド・ヴィシャス。当時世間を騒がせていたパンクロックバンド、セックス・ピストルズのベースだ。ヴィシャスはスパンゲンの殺人犯として逮捕されたが、保釈金五万ドルを払って釈放された。

ヴィシャス（本名ジョン・サイモン・リッチー）とナンシー・スパンゲンのロマンスはロックンロールの悪夢を生んだ。ヴィシャスは親友ジョン・ライドン――通称、腐れのジョニー――に誘われ、彼のバンド、セックス・ピストルズのベースと入れ替わった。バンド名の由来はマルコム・マクラーレンとヴィヴィアン・ウエストウッドが経営していたロンドンのブティック「セックス」だ。メンバーになるとすぐ、ヴィシャスはポップカルチャーの中心にいる自分に気づいた。セックス・ピストルズは、すでに国中で悪名を轟かせていた。生みの親はマクラーレンで、イリスのパンクロックを先導し、ターゲットは不満を抱えた若者だった。三〇歳以上の悪い大人たちみなを激怒させようと計算した楽曲を作り、パンクロック旋風を巻き起こしてイギリスを駆け抜けた。『アナーキー・イン・ザ・UK』や『ゴッド・セイブ・ザ・クイーン』のような曲は、テレビなどのメディアを通して怒りを爆発させたことも重なって、スローモーションの原爆さながら、世界のポップカルチャーの土台を揺るがせた。

これはヴィシャスにとってマイナスではなかった。彼のベースの腕は疑問視されていたからだ。代わりに、彼はイメージに頼った。カミソリの刃で自分を切りつけて血を流したり、ときにはステージ上で放尿したりした。無政府主義のイメージキャラクターとなったヴィシャスは新時代のパンクロッカーに愛され、ひとりのファン、アメリカ人少女ナンシー・スパンゲンも心を奪われた。彼女はピストルズのメンバーのハート（あるいは他の何か）を手に入れたいというはっきりした希望を胸にイギリスにやってきた。スパンゲンとヴィシャスは一九七七年に出会い、すぐ恋人同士になり、ドラッグを乱用して情事にふけった。ヴィ

シド・ヴィシャスの母アンは、臨終に際し、自身もドラッグ中毒だと打ち明けた。

シャスがスパンゲンを溺愛し、スパンゲンが人を不快にさせる性格の持ち主だったため、バンドのメンバーに亀裂が入った。ピストルズのアメリカツアーは不運にも突如中止になり、嫌気がさしたリードボーカル、腐れのジョニーはイギリスに帰った。ヴィシャスは結局、スパンゲンとともにニューヨークのチェルシーホテルで暮らし始めた。スパンゲンの死後、ヴィシャスは絶望から脱したが、自殺を図り、前腕にナイフの刃を走らせた。このときはどうにか助かったが、とうとうヘロイン(母親が、息子が警察のおとり捜査で捕まらないようにと買っておいたもの)を過剰摂取し、一九七九年二月二日、帰らぬ人となった。まだ二一歳だった。

奇妙な点

ヴィシャスの死には陰謀のにおいがするらしい。ヘロイン中毒のふたりが死んだが、それ以上の何かがあるという不吉な兆候があるのだ。そもそも、ヴィシャスはスパンゲンを殺していないかもしれない。

チェルシーホテルの宿泊客

通説の黒幕

ヴィシャスと死亡前のスパンゲンがヘロインで朦朧(もうろう)としていたことを考えると、ヴィシャス以外の誰かがスパンゲンを殺したことは十分に考えられる。ヴィシャスは頭も働いていなかったため、殺害自体、気づいていなかったかもしれない。犯人は、もしヴィシャスが裁判にかけられたら真相がわかってしまうため、ヴィシャスの口封じを企んだ。彼の母親に近づき、致死量のヘロインを売って、息子に与えるよう仕組んだのだ。

以前の仲間

一部の陰謀論者によると、ヴィシャスの旧友や仲間が致死量に達する危険なヘロインを渡したのかもしれない。珍しい思いやりだが、慈悲のつもりだったのだろう。このままではヴィシャスは長い実刑を食らい、ニューヨークで最悪だと評判の刑務所で生き地獄を味わうことになる。そんな悲劇から解放してやったのだ。ヴィシャスは刑務所でのうのうと生きながらえるほどの悪党(ヴィシャス)にはなれなかったに違いない。

CIAとFBI

一風変わった黒幕説

ジョン・レノンが殺害されたのは、CIAとFBIが民衆の暴動を扇動するポップカルチャーのリーダーを排除したいと願っていたからだ。同様にヴィシャスも絶頂期にパンクロックを通じて無政府主義を誘導したため、殺されたのかもしれない。ヴィシャスもアメリカの若者にとって、若き日のプレスリーが憧れの的だったようにお手本になる可能性があった。実際、陰謀論のなかにはこんな説もある。ヴィシャスはCIAとFBIが計画した暗殺計画のリハーサルに使われただけなのかもしれない。そのあとに待っている難しい本番はジョン・レノン暗殺だ。偶然なのか、ふたりともニューヨークで死亡した。

疑問と信憑性

スパンゲンとヴィシャスの関係がどれほど悲痛でねじれていても、悲しいかな、周囲から見れば、ヴィシャスには何よりも誰よりもスパンゲンが必要だった。ドラッグでどんなに朦朧(もうろう)としていても彼女を殺すとは考えられない。

スパンゲンの死後、ヴィシャスは彼女の母親と電話で話したが、事件にかんしては何も口にしなかった。もし、我々が誘導されているようにヴィシャスが殺人を犯して自責の念にかられていたとしたら、そんなにうまく心の痛みを隠せるだろうか？　ヴィシャスはどんなときも、我慢ができない人間の見本だったのだ。

不可解な事実

ジョン・ライドンの話によると、ヴィシャスの母親が息子の遺灰をイギリスに持ち帰ったとき、彼女はヒースロー空港で骨壺を落とし、空港の床に遺灰を撒いたという。そのほとんどが通風孔に吸い込まれていった。

疑いの目で見れば

夭折したロックスターがみな権力者の希望で抹殺されたと考えるのはロマンチックかもしれないが、死は単に悲しい物語の結末であることも多い。シド・ヴィシャスは楽器ができるわけでもなく、しかるべき時にしかるべき場所にいて、しかるべき道を探していた。マクラーレンはセックス・ピストルズを作ったとき、自分が操れるスターを求めていてヴィシャスを手に入れた。ジョン・レノンやジム・モリソンに対する一般的な見解とは違って、ヴィシャスがアメリカ社会の脅威になると考えるのは愚かだろう。ヴィシャスはパンクロック世代のセクシーな少年であり、それ以上の何者でもない。ヴィシャスの死を何かと結び付けるなら、ヘロインと、そして、同じように危険なメディア露出というドラッグだろう。

第九章——地球外生命体

ウシの惨殺

もう何十年ものあいだ世界中の畜産家が抱えている、恐ろしく不可解な問題がある。ウシの惨殺。身の毛がよだつ事件だ。家畜が殺されれば単純に金銭的な損失を被るが、この卑劣で残忍な行為には何らかの目的があるのだろう。しかし、犯人も目的もいまだ謎に包まれている。

ウシ惨殺事件のほとんどはアメリカ、とくにニューメキシコ州で発生しているが、同様の事例はプエルトリコ、南アメリカ、カナダでも見られる。惨殺の細かな方法はそれぞれ異なるが、巧みに練った計画をうかがわせる共通点は多い。たいてい、惨殺されたウシの体からは血液が抜き取られている。内臓は外科手術と同じ方法で摘出され、焼灼(しょうしゃく)の痕もある。犯人は、とりわけ、目などの感覚器官、生殖器、排便器官、消化管前部に興味を示している。

これまでに一万頭以上のウシがこうした方法で惨殺されたため、あまりの不気味さにいくつかの憶測が生まれた。ウシを襲う捕食者、病気、乱暴な若者を調査しても解決しないだろう。今、ウシ飼いは、夜中に内臓をえぐりにやってくる謎の残虐な力と戦わなければならないのだ。

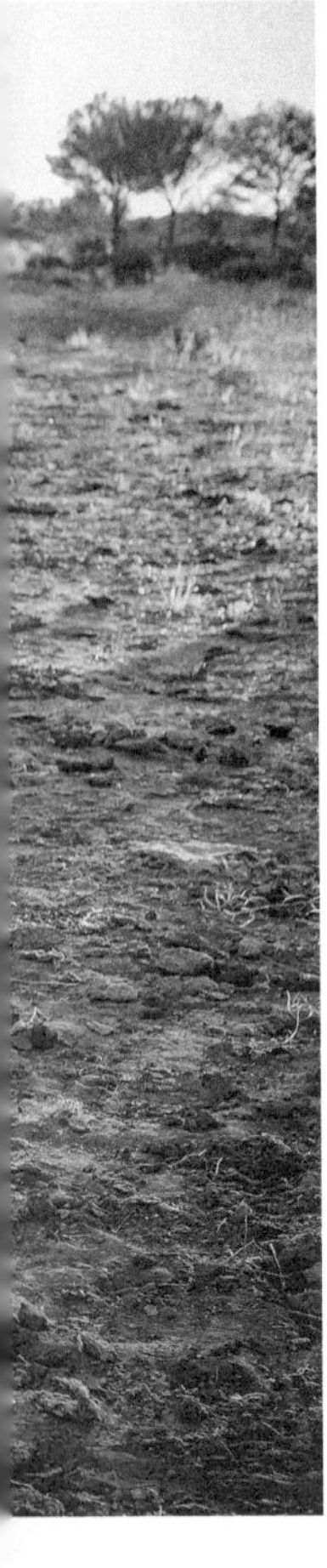

奇妙な点

通例、惨殺されたウシの体には何ひとつ痕跡が残っていない。ただ、たまに、胴体に三脚台の痕が付いていることがある。固定されていた痕があるウシもいるため、おそらく、発見された野原以外の場所で惨殺されたのだろう。

通説の黒幕

UFO

ある説によれば、グレイのようなエイリアンが、人間の遺伝子プールと結合させて自分たちの種族を守ろうと研究しているうち、ウシの惨殺に行きついたという。エイリアンはウシの臓器と血を使って実験を行ってい

初めて大量のウシが惨殺されたのは、1660年、イングランド南部だった。

るのだ。おそらく、エイリアンとウシは化学的性質が似ているのだろう。さらに楽観的な説では、エイリアンはウシを使ってさまざまな放射線の試験を行っている。核による全滅から我々人類を守るために努力しているらしい。この説はＵＦＯに誘拐された人々の報告によって裏づけられている。彼らはウシがＵＦＯに乗せられるところを目撃し、自分たちも実験を受けている。ＵＦＯが目撃される時間帯は、夜、ウシの惨殺が行われる前が多い。ウシはＵＦＯを見ると、落ち着きがなくなり、暴走することも知られている。つまり、ウシはＵＦＯと接触した経験が多く、だからこそこうした反応を示すのだ。

ブラック・ヘリコプター

ウシが惨殺されるまえ、牧場に謎めいたブラック・ヘリコプターが現れ、白光りする光線でウシを驚かせている様子が目撃されている。こうした飛行体の存在を知ると、動物が上空に運ばれて惨殺され、用が済んだら投下するという説に信憑性が出てくる。ブラック・ヘリコプターは政府の秘密計画や新世界秩序の台頭と関連づけられており、表政府の指針に邪魔されることなく、強力な化学兵器の実験にウシを利用しているのかもしれない。

悪魔崇拝者

まず惨殺犯だと疑われた悪魔崇拝者は、神を冒瀆する儀式の一部としてウシを使ったと言われていた。そのため、法執行機関の調査を受けたのだ。しかし、何の証拠も挙がらなかった。

その他の黒幕説

アメリカ陸軍、おもな化学薬品会社。

一風変わった黒幕説

臓器摘出の技術が外科手術並みで、ウシに近づいた足跡すらないが、オオカミ、コヨーテ、未知の捕食者が犯人かもしれない。

自然界の捕食者

チュパカブラ

中央アメリカに住む謎めいた怪物チュパカブラは、「ヤギ食い」とも呼ばれ、ウシも襲っている可能性がある。おそらく、獲物の幅を広げようとしているのだろう。

まだ特定されていないウシの病気

伝染力の強い未知の病気が原因かもしれない。そのウイルスが非常に強く感染速度も速いため、一夜にして内臓や血が消失する。しかし、どんな検査をしても痕跡は見つからない。

疑問と信憑性

臓器をきれいに摘出し、体内の血液を完全に抜き取るには相当の技術がいる。歯や爪でできる業ではない。傷口が焼灼してあるのはレーザーを使った証だ。興味深いのは、こうした技術はウシの惨殺が初めて報告された一九七〇年代前半にはまだ使われていなかった点だ。細心の注意を払っているため、死体の周囲には血が一滴も垂れていない。つまり、軍部か地球外生命体の関与が疑われる。ただ、ときおりうっかりしてウシの脚に固定した跡を残してしまうのだ。

不可解な事実

牧場に戻された死体は、完全に他の動物に避けられている。何かが根本的におかしいのだろう。腐肉を好むカラスやハゲワシでさえ触れようとしない。

疑いの目で見れば

なぜエイリアンが人間と異種交配しようと考えたときにウシを選ぶのか？　ゴリラなどの類人猿を使うほうが理に叶っているのではないだろうか？　事実、政府と手を組んでいるらしき日米欧三極委員会の会員は、研究機関からエイリアンにアカゲザルを提供している。質問無用。ウシの惨殺はミステリーサークルの別ヴァージョンにすぎない。組織化されたペテン師たちが、疑うことを知らない農民の農場で小麦を円形に押し倒す代わりに、医療器具と掃除機を用意して真夜中にウシを殺しているのだ。

イラク上空のUFO

一九九八年一二月一六日、バグダッドの空を曳光弾が照らした。サダム・フセイン相手に進行中の「生温い戦争」は、一九九一年、彼を権力の座から降ろせなかった第一次湾岸戦争以来ずっと続いており、断続的な戦闘の一局面に入っていた。

連合軍によるイラク首都空爆はデザートフォックス作戦の一部だった。第一次湾岸戦争同様、世界中の何百万もの人がCNNの生中継を見ていた。しかし、あの晩、CNNが流したのはデザートフォックスにかんする速報だけではなかった。バグダッドの上空でホバリングするUFOをとらえたのだ。映像には、UFOが対空砲火を避けるように飛び去る姿が映っていた。

当時、この一件はUFO信者にとってUFOの存在をはっきり裏づける新たな証拠として歓迎され、今も陰謀論者のあいだでかなり重要視されている。イラク上空でUFOが目撃されたことと二〇〇三年にアメリカがイラク侵攻を決断したことには深いつながりがある——と、ますます多くの人が信じるようになってきた。イラク北部の飛行禁止空域でアメリカとイギリスの空軍はイラクの施設に対して絶えずパトロールと爆撃を行っていたが、その間、戦闘機のパイロットが何度もUFOを目撃し、不可解なレーダーも無数に探知している。UFOは従来の飛行機では考えられないスピードで飛んでいた。第一次湾岸戦争時、連合軍がイラクの戦闘機だと思って戦っていた飛行体がじつはUFOだったという報告もある。また、一九九八年、アメリカの戦闘機がサウジアラビアで正体不明の飛行体を撃ち落としたという記録もある。その飛行体——公式発表では戦闘機——が墜落した現場の住民は現場区域から出るよう命じられ、アメリカ軍の技術者が詳しい調査をするため残骸をすべて持ち去った。しかし、住民は、退去させられるまえに見た飛行体は円形で、エンジンも翼もなかったと主張している。さらに、残骸は大きな破片でも羽のように軽かったという。

こうした好奇心をそそる話が思わぬ進展を見せたのは、ロシアの諜報機関が、UFOがイラクで墜落し、現在、サダム・フセインがエイリアンのテクノロジーを逆行分析する計画に従事していると示唆したときだった。最初は妄想だと考えられていたが、この主張を裏づける興味深い話が表面化し始めた。なかには、フセインがUFOの飛行士に安全対策万全の隠れ家を与えてかくまっているという報告もあった——ジュルンディ要塞だ。フセインが権力を握った革命のあと、以前のイラク王家の要塞は新たな独裁者の宮殿になった。既存の建物の下に広大な地下実験室のネッ

2004年、イランの戦闘機トムキャットのパイロットも領空でUFOと交戦したと報告している。

トワークが建設され、すでにイラクでもっとも近づきがたい場所になっていた。この要塞は丘の上に建ち、周囲三方向に絶壁がそびえ、小ザブ川を見下ろしている。サダムがここに客を招いたという噂が流れた直後から、小ザブ川渓谷の住民は上空を走る奇妙な光を目撃するようになった。この踊る幽霊は夜にだけ現れ、以降、原因不明の死者が多く出るようになった。

第二次湾岸戦争を開始した公の理由に疑問を抱く者は、大量破壊兵器の論争は単なるカムフラージュで、イラクに侵攻するための口実だったと信じている。大規模な軍事作戦を実施した真の理由はサダム・フセインが墜落したエイリアンの飛行体を逆行分析し、技術面でアメリカ軍より先を行くことを阻止するためだったのだ。一九四七年のロズウェル事件でソ連に対してしたように。

奇妙な点

アメリカ軍がバグダッドに侵攻したあと、小ザブ渓谷で戦っていた第一〇一空艇師団第三旅団の兵士は楕円形のUFOを写真に収めた。聖地ナジャフの近くでUFOを見た地元民は、「アリ廟を守るため、アラーの恵みの庭からやってきた」と信じていた。ナジャフのモスクは預言者ムハンマドの義理の息子アリの墓の上に建っている。戦闘中、小ザブ川渓谷周辺では第一〇一空挺師団が榴弾砲を浴びせ、連合軍が重爆撃を仕掛けたが、ジュルンディ要塞は奇跡的にダメージを受けなかった。

通説の黒幕

MJ12

ロズウェルでのUFO墜落事件を隠蔽し、エイリアンの技術を逆行分析しようとしたMJ12は、ひそかにアメリカ統合参謀本部を支配していると言われている。彼らはジョージ・ブッシュ・シニアがＣＩＡ長官だったころ、ブッシュ家と秘密のつながりを持ったようだ。一九四七年のロズウェル事件以降、アメリカは入手した知識を生かして確実に優位に立っていたため、フセインに先を越されることは受け入れがたかった。墜落機を確保するためには、イラクに侵攻する口実を作らざるを得なかったのだ。

レプティリアン・エイリアン

ドラコ（龍族）系レプティリアン（ヒト型爬虫類）、ドラコニアンはつねに世界の支配層の一部と陰で手を組んでいるようだ。よく目撃されるグレイと交戦中のドラコニアンは、アメリカの軍と政府内にいる仲間に指令を出し、サダム・フセインがかくまったグレイを連れ去ろうとしたのかもしれない。イラクで権力を振るうドラコニアンが突如正体を現すことなく、戦争を隠れ蓑にして作戦を実行したのだ。

フランス政府

一風変わった黒幕説

フランス政府とイラク政府は良好な関係を享受し、サダム・フセインがパリの友人とＵＦＯの技術を共有しようと交渉したのかもしれない。条件は、ブッシュ・ジュニアがフセインの権力を奪わないようにすることだ。これによってフランスはヨーロッパを従えて世界を率いるチャンスを手に入れた。フランスは戦争勃発の瞬間までイラク支援に力を注いだ。アメリカの国務長官コリン・パウエルは、フランスがこの行為によって罰を受けるのかと聞かれると、「イエス」と答えた。

疑問と信憑性

ブッシュは「イラク政府が致死性兵器を開発、保有、隠蔽し、人類を脅かしていることは間違いない」と断言したが、どうも疑わしかった。戦後、五億ドルをかけてイラクを調査し、結局発見できなかったが、それ以前から疑わしかったのだ。国連の調査によってイラクは兵器を保有していないと立証され、ブッシュ政権のほぼ全員がその事実を認めたにもかかわらず、アメリカは戦争を続けた。つまり、参戦しなければならない隠された理由があったのである。

不可解な事実

ゼカリア・シッチンは古代楔形文字を解読できる世界でも有数の人物で、古代の文書を読めば進化した生命体がシュメール（現イラク周辺）文化を生んだ過程がわかると信じている。この文書によると、アヌンナキ（シュメール語で「天から地へ来たもの」という意）がシュメール人を創ったらしい。つまり、フセインは地球外生命体の力を借りてイラクを制した最初の支配者ではない。

疑いの目で見れば

アメリカは二一世紀を支配しようとして勢力を拡大する。サダム・フセインは致死性兵器を所有していると吹聴する。アメリカの石油会社は儲けるために戦争を起こす。ブッシュ・ジュニアは、父親に、自分のほうがイラクをうまくやっつけられると証明するために開戦する。第二次湾岸戦争の原因がなんであれ、ＵＦＯ墜落説はいちばん信憑性が低いのではないだろうか？

メン・イン・ブラック（MIB）

もしUFOを見たと警察に届けたらどうなるだろう？　いろいろ考えられる。笑い者にされる、酒を飲んでいないか問われる、友人に変な顔をされる、あるいは、地元の新聞記者が翌日のちょっとした記事にしようと電話をかけてくるかもしれない。しかし、最悪の場合は、恐るべきメン・イン・ブラック（MIB）が訪ねてくるのだ。

MIBは昔からUFOにまつわる出来事や目撃と関連があるとされてきた。UFOの目撃者が警察やメディアにその件を報告したあとすぐ、彼らの家を訪ね、黙っているよう脅すらしい。UFO目撃の証拠類は、すべて、即、没収する。ときには、目撃者がまだ誰にも話していないのに、家のドアをノックすることもある。どうやら、目撃者が見たことを頭の中で整理するまえからすべてお見通しのようだ。MIBは直接脅迫したり、遠回しに暗示したり、さまざまな方法で警告するが、言わんとすることはいつも恐ろしい――「しゃべったら後悔する……」。

MIB（メン・イン・ブラック）がそう呼ばれる所以は、服の色だ。黒ずくめ。黒いスーツ、黒い帽子、黒いサングラス。威圧感を漂わせる黒は車にも及ぶ。ビュイック、キャデラック、リンカーンのヴィンテージモデルだ。顔色も黄褐色やグレーで浅黒く、いくぶんつり目で、まるでコンピュータで合成したような単調な声で話す。年齢は特定しがたいが、中年にさしかかるくらいだろうか。ロボットのように動き、ひとことで言い表すなら、まさに異様だ。

あちこちに現れ、ものすごい威圧感で脅迫してくるが、ＭＩＢの存在を証明することは、彼らが守っているＵＦＯの存在を証明することと同様、至難の業である。

奇妙な点

ＭＩＢはこの世のものとは思えない。報告から例を挙げるなら、手でコインを握りつぶしたかと思えば、なぜか木の枝にとまっている鳥に歌声を披露したりしている。ある目撃談によると、ＭＩＢが椅子に座る際、ズボンのすそが持ち上がり、太い緑のワイヤーでつなぎ合わせた脚が見えたという。また、沼地を歩いて渡ったのに泥水の一滴もついていなかったらしい。極寒の地で薄いコートだけはおって現れたときは、明らかに凍っていたそうだ。

ハリウッド映画『メン・イン・ブラック』。
これも巧妙な宣伝戦略の一環なのか？

通説の黒幕

エイリアン

もしかしたら、エイリアンが地上での活動を極秘に行うためにＭＩＢを雇い、ＵＦＯの目撃者を完全に黙らせてメディアの注目を抑制しているのかもしれない。人間のものとは思えない動作や機械的な声からすると、ＭＩＢはエイリアンがプログラミングして作成したアンドロイドで、エイリアン自身の目撃談も押さえつけているのだろう。一説によると、ＭＩＢもエイリアンで、おそらくはグレイかホーロック（魂のないレプティリアン〈ヒト型爬虫類〉）らしい。それなら、他の人間と見るからに違う点も納得できる。

アメリカ政府

アメリカ政府がエイリアンと手を組み、ＭＩＢとその特異性を利用してＵＦＯにかんする報告を握りつぶしている可能性もある。できるだけ奇怪に映るよう指示された俳優がＭＩＢを演じ、すでに困惑している目撃者の情緒をさらに不安定にさせる。ＭＩＢは追跡不能な工作員であり、周知の政府機関とはつながりを持っていないため、上司である権力者はどんなに人権を侵害しても手を汚さずにいられるのだ。

一風変わった黒幕説

惑星シリウス

シンボル「ホルスの目」は惑星シリウスに忠誠を誓った秘密結社が使っている。ＭＩＢも同じシンボルを持ち、なかには、自分は「第三の目の国家」という組織のために働いていると話している者もいる。シリウスの住人が立てた計画でＭＩＢがどんな役割を担っているのかは定かではない。

精神を病んでいる人がＵＦＯを妄想していたとしたら、ＭＩＢの登場もその続きになるだろう。目撃者には罰と治療が必要だ。

ＵＦＯの目撃者

疑問と信憑性

ＭＩＢの影響力を過小評価することはできない。彼らはスペース・レビュー誌を廃刊に追い込んだ。同誌は空飛ぶ円盤の研究に貢献し、目撃者の尋問にガスを使用するところまで激化していた。写真や動画、エイリアン本体など、エイリアンが存在するというまぎれもない証拠は、ＭＩＢの容赦ない仕事によってつぶされてきた。ある調査によれば、ＭＩＢの血統はエリザベス朝にまでさかのぼるらしい。

不可解な事実

ＭＩＢが乗っているヴィンテージ車は、この世のものとは思えない緑がかった光を放ち、着ている服はつやつやしていて、地上にあるどんな布地とも違う。

疑いの目で見れば

もしＭＩＢがエイリアンで、星のあいだを自由に行き来し、誘拐した人の記憶を抹消する技術を持っているなら、なぜ、わざわざ時間を費やして、妙なスーツを着た狂人を派遣し、ドアをノックさせるのだろう？　強力な殺人光線を使えば簡単だろうに。

月の秘密基地

はるか昔から月は人類を魅了してきた。詩人はロマンチックな刺激を受け、科学者は天文学で好奇心をそそられている。だが、じつは第三帝国の秘密基地になっているかもしれない。ありうる話だ。

早くも一九四二年、ナチスが巨大な円盤型ロケットで月に到着したという噂が流れた。報告によると、これら空飛ぶ円盤は、高さ四五メートル、直径六〇メートルで、乗組員の部屋は一〇階まであったという。ナチスは月に到着するなり地下基地を建設し始めた。地上のヨーロッパでの権力は失いつつあったが、月面を着々と占拠していったのだ。

このいわゆる植民地化は一九四〇年代を通して続き、ナチスは多くの人間、原材料、ロボットを巨大な空飛ぶ円盤で移動させた。一九四五年、第二次世界大戦が終結すると、ドイツ人は南極基地ノイシュヴァーベンランドを拠点に宇宙開発の努力を続けた。植民地化は異星人の知識や援助をフル活用して現在も行われている。

第二次世界大戦中に撮られた証拠写真を見ると、ナチスが製造した飛行体は昔ながらの空飛ぶ円盤のイメージとよく似ている。これら飛行体は、ヴリルオーディン七号、ハオネブー二号といった面白い名前が付けられており、有名なペーネミュンデロケット基地さながらの秘密基地で開発された。周知のとおり、ドイツの科学者は、戦後、結局、NASAの創設メンバーとなり、ペーネミュンデを月移住のための宇宙船基地や発射台として利用しようとした。そうすれば、ナチスが連合軍にかならず勝利すると考えたのだ。

奇妙な点

どこから始めればいいだろう？　前述の噂に信憑性を添える事実がふたつある。ひとつは、月は完全な乾燥地帯ではなく、表面に氷があり活用できるという科学的証拠が固まってきたこと。ふたつめは、NASAのスペースシャトルが撮った映像に、月面から去っていく正体不明の物体がはっきり映っていたことだ。陰謀論から離れた別の解釈もあるが、奇妙な光、月面の不可解な痕跡、そして、月面に降り立った宇宙飛行士が推測した内部構造でさえ、回答に窮する数々の難問を提起している。

ナチスドイツ

通説の黒幕

一九四〇年初頭、ナチスは連合軍に敗北を喫することを感じていたのだろう。作戦基地を月に移すことに決め、第三帝国の安定した長期繁栄を企んだ。ヒトラーは超自然現象や空想が大好きだったため、信じられなくもない。ただ、まずありえない話だ。

枢軸国——日本とイタリア

第二次世界大戦中、ドイツは同盟国と密な関係を結び、リードしていた兵器開発を日本やイタリアと分かち合っていた。ドイツが考案したロケットはイタリアの研究施設で定期的にテストが行われ、一九四五年七月、戦争終結時には日本の研究開発施設にドイツのUボートが発明品を輸送したという報告もある——翼のない球状の空飛ぶマ

シンだ。ドイツ人のもとで働いていた日本人は、その装置がどう作用するか知らずに製造していた。ひとたび完成すると、それは轟音を響かせ、炎を噴いて空へ飛び立ち、二度と目にすることはなかったという。ぞっとした日本の科学者たちはすべてを忘れることにした。しかし、一九四六年一月、数百人から成る日本・ドイツチームは別の円盤で月へ向かい、着陸時には間一髪で激突を逃れたらしい。

2016年、アメリカ空軍諜報員カール・ウォルフは、月の陰の部分を撮った写真について暴露した。そこには複数の基地が映っている。

NASAは月の環境について嘘をついていると思われる。他国に月を探索させないように遠ざけて独占するためだ。噂では、一九五〇年代、アメリカとロシアが月に基地を建設したが、このとき両国はナチスが出迎えたお客様だったらしい。

NASA

ヴリル協会

有名な謎の秘密組織ヴリル協会は、ナチスが初期に掲げた哲学の裏に存在し、ひねくれたイデオロギーの源になっている。会員が要求したのは、ヒトラー政権の高官、有力な実業家、権力を持つオカルティストの座だ。協会の名と金は得体の知れぬヴリル飛行体の開発に使われている。一部の会員によれば、アーリア人［ここでは狭義で、ナチスドイツが優性な民族としたゲルマン人］はエイリアンから派生した種族で、そのエイリアンは紀元前四五〇〇年ごろにシュメールに上陸し、神と見なされていたという。ナチスの月面基地建設の裏にはヴリル協会がいたのだろうか？

エイリアン

一部の陰謀論者によると、ナチスは地球外生命体と手を組んでいる。遺伝学やロケット工学でいつも先を歩んでいるのは、宇宙のはるか彼方から支援を受けているからかもしれない。実際にヒトラーをサポートしたのはどんなエイリアンなのか、熱い議論が交わされている。広く支持されているのはグレイ説ではなくアーリア人に似たノルディック説だ。しかし、グレイが好んで行う人体実験や、ナチスの人間モンスターが行う残忍な医学的研究を考えると、宇宙のクズであるグレイを除外する人はいないだろう。

疑問と信憑性

アメリカ人が月面に降り立った唯一の証拠は、NASAが撮った写真だ。しかし、近年、これらの写真は矛盾だらけで偽物ではないかと疑われている。太陽の位置を考えると影の長さがおかしい。影の方向も写真によって違っている。人工光を大量にあてて撮った写真だという証拠も少なくない。NASAが撮った写真が信用できないとしたら、いったい何を信じればいいのか？

不可解な事実

月面着陸は、もう二〇年以上、少なくとも公には行われていない。これは、すでに稼働している月面植民地から世界の注目をそらすための策略なのか？　ナチス、ロシア人、アメリカ人が推定四万人以上住んでいるらしいが、本当なのだろうか？

疑いの目で見れば

超巨大な円盤を動かすにはそれなりの駆動装置が必要になる。陰謀論者は「タキオン［超高速粒子。存在は確認されていない］によるフリーエネルギー」を挙げているが、眉唾物だ。しかし、ロズウェルUFO墜落事件で逆行分析により技術を盗んだとしたら、月の陰の部分を撮った写真はわずかしかないため、気になるのは仕方がない。

レンデルシャムの森事件――イギリス版ロズウェル事件

心の狭い皮肉屋はきっとこう言うだろう。陰謀論者なんか、手をすり合わせて「だから言ったじゃないか」と自慢できるときしか存在意味がない、と。しかし、エイリアンの陰謀論史の中で、唯一調査がうまく進み、はしゃいでいる犬のように「ほらみろ、本当に陰謀があったんだよ！」と言える事件がある。レンデルシャムの森事件だ。

一九八〇年一二月二七日、一機のＵＦＯ（未確認飛行物体）が着陸した。場所は、イングランド、イスプウィッチの近く、アメリカ軍のベントウォーターズ基地とウッドブリッジ基地に隣接するレンデルシャムの森の開拓地だ。副司令官チャールズ・ホルト中佐と部下たちが着陸の様子を目撃した。イギリスの追跡レーダーでもとらえられ、物的証拠も残していった。一二年後、イギリス議会の番人は、イギリス政府が前述の事実を丸ごと隠蔽しようとしていたと判断した。さらに、二〇〇二年、議会のオンブズマン、アン・エイブラハムは、イギリス国防省がレンデルシャムの目撃談をまとめた全詳細の公開を拒否し、事実にまつわる情報を伏せていると断定した。

この事件はＵＦＯ目撃談の中でもかなり重要視され、「イギリス版ロズウェル事件」として知られるようになった。たぶん偶然だろうが、どちらもアメリカ軍が関与し、アメリカの核防衛極秘兵器を扱う機密性の高い軍事基地の近くで起こっている。レンデルシャムの森事件は、政府が事実を隠蔽しようとしていることが証明かつ暴露された唯一のエイリアン陰謀事件であり、信頼のおける軍人からこれほど多くの目撃情報が得られたケースは他にない。

一二月二六日、ボクシング・デーの午前零時過ぎ、ノーフォーク、ワットンにあるイギリス空軍のレーダー・スクリーンが、突然、レンデルシャムの森の近くを飛んでいる物体をとらえた。アメリカ空軍に貸与している、森の両端にあるふたつの基地には膨大な兵器が備蓄されているため、その物体が突然姿を消し、再び現れたときには警報が轟いた。しかし、なぜか、ベントウォーターズ基地のレーダーには映らなかった。正体不明の飛行体を他の追跡基地のレーダーがとらえたとき、憲兵三名は飛行場の裏門の先、木々のすき間から射してくる光を見て、飛行機が墜落したのだと思い、近づいていった。副司令官チャールズ・ホルト中佐はその晩の報告書にこう記している。「部下たちから森の中で光る妙な物体を見たという報告あり。外観は金属製、形状は三角、底面幅約二～三メートル、高さ約二メートル。白い光で森全体を照らしていた。飛行体自体は上部で赤い光を点滅、底面で青い光の層を放出。ホバリング、あるいは、脚を降ろして停止。憲兵たちが近づくと、木々の合間を抜けて飛び去った。このとき近くの農場にいた動物は発狂した」

翌晩、ホルト中佐はパトロールに加わり、飛行体が目撃された森の地面に三か所のくぼみができていることに気づいた。放射能を計測すると通常の一〇倍あった。そして、まさに計測している最中、その飛行体が戻ってきたのだ。数年後、ホルト中佐は当夜録音した一八分に

この標識の先に、レンデルシャムの森の、UFOが着陸した場所があるのだろうか？

及ぶカセットテープを公開した。聞くだけでぞっとする内容で、パトロールしていた他の兵士が飛行体を見つけて叫んだ声が入っている。「あの色を見てみろ！　なんてことだ！」このとき、飛行体が放った光線によって近隣区域の電子機器がしばらくのあいだ不能になり、パニックに陥った兵士の声や、他の兵士がこの異常事態を写真や動画に収める様子も録音されている。

確かな目撃証言と多様な物的証拠がそろえば、UFOは実在すると結論が出たようなものだ。しかし、その後長年をかけて、アメリカとイギリスの軍部はレンデルシャムの森事件を隠蔽するために全力を尽くした。まるで、なにか別の陰の力が沈黙を強いる陰謀に関与しているかのように、目撃者や証言者全員を疑い、怖がらせ、脅迫した。だが、一九八三年、陰謀研究者は最初の突破口にたどり着いた。イギリス国防省に提出したホルト中佐直筆のメモが、情報公開法によって公開されたのだ。迷路への入り口が開き、本格的な真実探究への戦いが始まった。

奇妙な点

飛行体が二度目にやってきた晩のアメリカ軍による目撃談が次々と確認され、空軍警戒パトロール兵ラリー・ウォレンは公の場に出て、上司たちと交信している三人の飛行体操縦者を見たと語った。翌朝、彼と同僚は放射線被曝をチェックされ、声明書に署名するよう命じられた。そこにはただ、「いつもと違う光を見ました」とだけ記されていた。声明書はNSA（アメリカ国家安全保障局）の職員が処理し、ウォレンたちに見たことを口外しないよう警告した。

NSA

通説の黒幕

NSA（アメリカ国家安全保障局）はレンデルシャムの二基地で強い権力を持っており、UFO着陸隠蔽の件でも指示する立場にあった。ＮＳＡはグレイと契約を結び、実験用の人間と高度な技術を交換しているという。レンデルシャムの森は定期的な会合を行っていた場所で、たまたまホルト中佐と部下たちに見られてしまったのだ。

フェニックス計画

フェニックス計画はアメリカ国防高等研究計画局が進めた極秘計画だ。目的のひとつは、高度なマイクロ波やレーザー、また、空中映像を映し出して心理操作するホログラム兵器を使って敵を洗脳し、困惑させ、士気をくじくことだった。レンデルシャムの森事件は、頑強な部隊をどの程度だませるのか、さらには、こうした兵器がエリート兵にどのくらい影響を及ぼすのかを探る実験だったのだ。

一風変わった黒幕説

並行世界からの旅人

中世、サフォークのレンデルシャム近辺で緑色の肌をした謎の子供がふたり発見されている。そのため、この地区は地球の並行世界への出入り口ではないかと言われるようになった。レンデルシャムに訪れる者は地球外生命体ではなく、異次元の旅人なのだ。道を間違えたか、あるいは、偵察のため地球にやってきたのかもしれない。

レチクル座ゼータ星人

レチクル座ゼータ星からきた人間そっくりのエイリアン、グレイはアメリカ軍の基地を偵察していた。アメリカ軍がグレイの敵、シリウス星人レプティリアン（ヒト型爬虫類）・エイリアンと秘密の同盟を結んでいるからだ。ところが、グレイの乗った飛行機がトラブルに見舞われ、修理をするため、敵前線の背後に着陸を余儀なくされた。しかし、グレイにとって幸運なことに、レンデルシャムにいた兵士が敵だと知らなかったため、静かに立ち去ったのだ。

疑問と信憑性

レーダーではっきりととらえ、地表の痕跡を確認し、異常な放射能を探知したという事実があるにもかかわらず、軍部らは騒動の原因は八キロ先にあるオーフォード・ネス灯台の光だと発表した。地表のくぼみは単にウサギが掘った穴で、放射能も自然界のレベルだという。目撃者の多くは、政府や軍の諜報員、陰のメン・イン・ブラックによって、解雇され、名誉を傷つけられ、苦しめられ、尾行され、脅迫された。もし兵士や民間人がただ灯台の光を見間違えただけだとしたら、いささかやりすぎではないか！

不可解な事実

作家で社会ゴシップのコラムニストでもあるジョージナ・ブルーニーは陰謀研究者にレンデルシャムの件を調査させ、内容の濃い本を出版した。一九九七年の公式イベントでは、イギリス元首相マーガレット・サッチャーにこの着陸事件について質問する機会を得た。サッチャーはレンデルシャムについて質問されたことに困惑し、ブルーニーを叱責した。「人前で口にしてはなりません」。

疑いの目で見れば

イギリス政府とアメリカ軍が空軍基地の近くに着陸した謎の物体について隠蔽しようと企んだ。この基地にはヨーロッパ全土を放射能で廃墟にできるだけの核が保管されている。驚いた人は手をあげて。

ロズウェル事件

一九四七年七月三日、W・W・マック・ブレーゼルは自身の経営する広大なニューメキシコの牧場で、馬にまたがり、羊の様子を確認しにいった。前夜、雷雨に見舞われたので心配だったのだ。だが、そこでブレーゼルが見たものは、あちこちに散らばっている奇妙な残骸だった。

また、ブレーゼルは何かが墜落したような跡を見つけた。地面に巨大な溝ができており、長さは数百メートルに及んでいた。不思議に思ったブレーゼルは散らばっている奇妙な破片をひとつ手にとり、隣人に見せた。政府の計画に関係することか、もしくはUFOかもしれないと思い、彼は近くのロズウェルまで車を走らせ、保安官ジョージ・ウィルコックスに経緯を話した。これがきっかけとなって、二〇世紀にもっとも物議を醸した陰謀の巣ができあがったのだ。

ロズウェル事件の真相は、政府の逃げ口上と老人のあやふやな目撃証言の裏に今も隠れている。ただ、ウィルコックスが律義に残骸の件を第

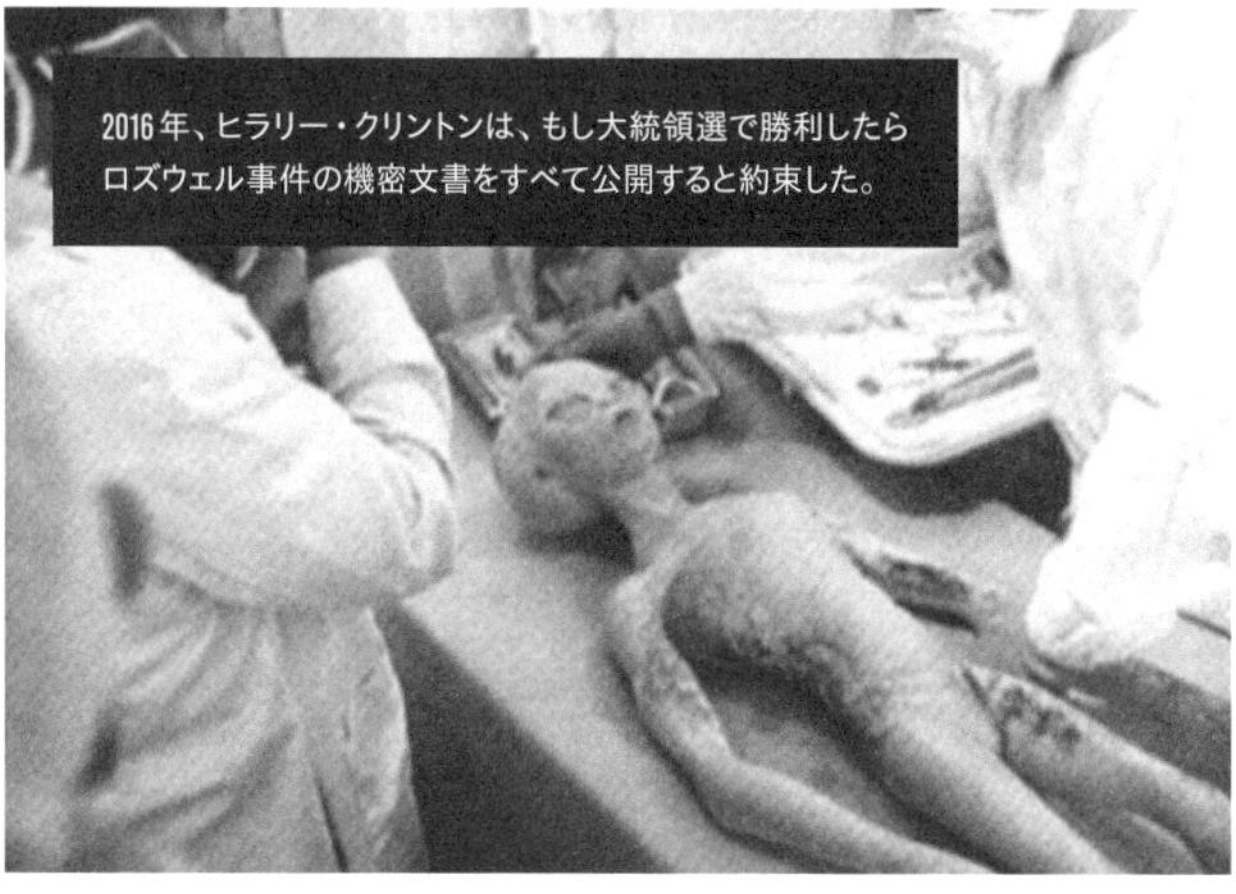

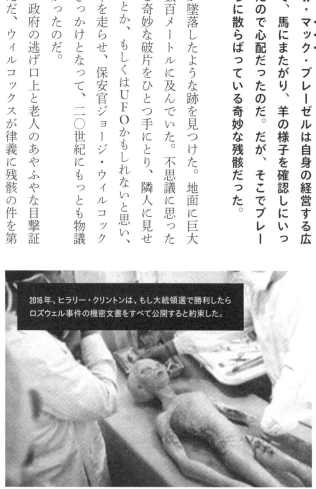

2016年、ヒラリー・クリントンは、もし大統領選で勝利したらロズウェル事件の機密文書をすべて公開すると約束した。

五〇九爆弾処理班の諜報員ジェシー・マーセル少佐に報告したことは間違いない。その後数日間、現地は閉鎖され、アメリカ陸軍航空軍が残骸を回収した。一九四七年七月八日、陸軍航空軍が段取りをした報道発表では、残骸は空飛ぶ円盤のものだと断定した。しかし、翌日、すぐに政府はこの発表を撤回し、謎の残骸はじつは気象観測用気球の一部だったと訂正した。

話はここで終わった。あるいは、アメリカ政府はそう望んだ。しかし、あちこちでおかしな噂が広がり始め、おまけに軍や政府がいつになく沈黙していたため、その勢いはなおさら増した。噂の内容はさまざまだった。たとえば、本当に空飛ぶ円盤が墜落した、政府が何か隠している、円盤にはエイリアンの死体が乗っていた、そのなかには、数体は生きていたという話もあった。すでにロズウェル事件から五〇年以上がたっているが、陰謀論は今も飛び交っており、メディアの注目を集め、政府の皮膚の下をチクチク刺し続けている。ついに、一九九四年六月二四日、アメリカ軍が報告書を公開した——「ロズウェル事件報告書　解決済

Roswell Daily Record

RECORD PHONES
Business Office 2288
News Department 2287

ESTABLISHED 1888 — ROSWELL, NEW MEXICO, WEDNESDAY, JULY 9, 1947

en. Ramey Empties Roswell Saucer

Pushes ...age in ...ontract

Sheriff Wilcox Takes Leading Role in Excitement Over Report 'Saucer' Found

That worried look on the face of Sheriff George Wilcox, in the picture above, comes from having been cast, more suddenly

U. S. Lend-Lease

Arrest 2,000 In Athens in Commie Plot

Revolution Was Set to Be Pulled Off Thursday

Athens, July 9 (AP)—The Greek government announced that more than 2,000 persons were arrested in the Athens area early today in raids aimed at stamping out a Communist plot to stage a revolution and spread civil war throughout the country.

Minister of Public Order Napoleon Zervas said the zero hour for the Communist stroke was to have been around 1 a. m. tomorrow, when attacks were to have been staged simultaneously in all parts of Greece, bringing the present mountain guerilla warfare into urban centers.

Between 3,000 and 4,000 police, gendarmes and soldiers staged the lightning raids before dawn this morning, ervas said. He added that many important Communists already had fled and either were hiding in Athens or in the mountains.

Most of those arrested, he said, will be taken to islands near Athens, while the investigation continues.

The transport already has begun. Some ringleaders, Zervas added, will remain in Athens to await hearings. Those not implicated in the plot will be released and others probably will be exiled, officials said.

A leftist leader who escaped arrest in the first raids declared:

"They're making a clean sweep."

Send First Roswell Wire Photos from Record Office

Pictured above are Jason Kellahin and R. A. Adair, of the Associated Press bureau in Albuquerque, as they sent out the first AP wirephotos ever to be dis-

Local Weatherman

Romania Rejects

Ramey Says Excitement Is Not Justified

General Ramey Says Disk Is Weather Balloon

Port Worth, Texas, July 9 — An examination by the army revealed last night that mysterious objects found on a lonely New Mexico ranch was a harmless high-altitude weather balloon, not a grounded flying disk.

Excitement was high until Brig. Gen. Roger M. Ramey, commander of the Eighth air forces with headquarters here cleared up the mystery.

The bundle of tinfoil, broken wood beams and rubber remnants of a balloon were sent here yesterday by army air transport in the wake of reports that it was a flying disk.

But the general said the objects were the crushed remains of a ray wind target used to determine the direction and velocity of winds at high altitudes.

Warrant Officer Irving Newton, forecaster at the army air for

1947年7月9日、ロズウェル墜落事件直後に発行された地元新聞の一面。

み」。おそらく、陰謀論史上最大のパンドラの箱に蓋をしようとしたのだ。
むろん、そううまくはいかなかった。

奇妙な点

残骸を回収しているあいだ、ロズウェルにある葬儀場で働いていたグレン・デニスは、地元の飛行場にある遺体安置所から何度か電話を受けた。死体処理担当者は、数日間野外に放置されていた死体をそれ以上身体組織を損傷させずに保存するにはどうしたらいいか、最適な方法を尋ね、さらに、密閉できる小さめの棺を注文した。

アメリカ政府

通説の黒幕

墜落したＵＦＯはアメリカ政府にとって思いがけない技術の情報源となったのだろう。そして、この収穫はできるかぎり秘密にしておきたかった。一説によると、軍部はロズウェルに墜落した謎の飛行機を調査し、エイリアンの技術を逆行分析し、新兵器や反重力装置のヒントを得た。トルーマン大統領は墜落現場を訪れ、生き残ったエイリアンと話したらしい。その直後、トルーマンはロズウェルほかＵＦＯ墜落時の残骸をすべて回収し、正体不明の多国籍組織に保管を依頼した。その組織がいまもＵＦＯの技術をすべてコントロールしている。

アメリカ政府は地球外生命体を扱う極秘政策に従い、ロズウェルで生き残ったエイリアンを拷問した廉（かど）で追及されている。そう、すぐに殺害していないかもしれないのだ。

また、より現実的な説ではアメリカ軍が非難を浴びている。軍部はアルベルト・アインシュタインが撤回した重力場理論の研究をもとに飛行体を極秘製造し、テストを行っていたらしい。

グレイ

あちこちで耳に入る説だが、グレイは自らの種族を守る遺伝子操作を完成させるために人間を利用しているようだ。一九四五年、人類は敵に対して核兵器を使うまでに進化しており（軽機関銃ウージを手にしたペットのハムスターを見つけるようなものだ）、グレイは軍事基地周囲の偵察を開始した。ロズウェルでもそうだったのだろう。二機の飛行体が衝突したか、偵察機が雷に打たれて墜落したのだ。

ソヴィエト

一風変わった黒幕説

冷戦による被害妄想が膨らんでいたころ、ソヴィエトがナチスの技術を盗んで攻撃ミサイルを完成させた可能性もある。ロズウェルに落ちていたのは失敗したミサイル攻撃の破片だろう。

地球の地下空洞に住む「モグラ人」

地球の中心は空洞になっていて、広大な土地、太陽、海があるとする説がある。この説によると、空洞内に住む種族は、グレイ同様、地上の人間が核実験を始めたことを警戒している。「モグラ人」は地下の空洞とつながっている巨大な南極と北極の穴から地上に飛び出し、偵察任務の途中で墜落したのだ。

疑問と信憑性

空軍には「最終報告書」を提出しなければならない義務があり、良心の呵責もあるはずだ。もしロズウェル事件に隠し事が何もないのなら、なぜわざわざ、厄介で、金もかかり、笑われるかもしれない報告書を作成して発表するのか？　ロズウェルの墜落事故のあと、とくにトランジスタの開発など、急に技術開発が進んだのは怪しい。

不可解な事実

ロズウェルの葬儀屋グレン・デニスは飛行場内の病院に車で向かったとき、奇妙な刻印のある残骸を数片見つけた。病院の看護師に話を聞くと、彼女は死体について説明し、処方箋用紙に絵まで描いて見せた。数日後、彼女はなぜかイギリスへの転勤を命じられ、その後、どうやら地球の表面から消えたようだ。

疑いの目で見れば

目撃者数人の証言をはじめ、ロズウェルで撮ったエイリアンの解剖ビデオなどのがらくたまで、種々雑多、ごったがえしている。壊滅的な出来事かもしれないのに、まるで遊園地の見世物興行ではないか。プレスリー目撃談のエイリアン版だ。

宇宙破壊工作

星への旅はつねに困難がつきまとうが、じつのところ余計な壁があったのではないだろうか？　誰かが、あるいは何かが、人類を地球にとどめておこうと企み、次から次へと宇宙船に破壊工作を仕掛けたのではないだろうか？　問題がどんどん膨らんできたため、NASAはこの不可解で非情な力を冗談まじりに「巨大な銀河のお化け」と呼んでいる。だが、これを不謹慎というべきか？　それとも、本当にとてつもなく恐ろしい何かが存在するのか？

宇宙飛行での事故、行方不明、技術的な不手際による失敗が起こる確率は高く、政府の資金援助に恵まれない者たちの努力をすべて台無しにしている。衛星システムで使うワイア焼損などの単純な欠陥から、チャレンジャー号爆発の悲劇まで、「巨大な銀河のお化け」は国を選ばずに襲いかかる。ロシアもアメリカも、宇宙開発計画がその破壊的な手に襲われ、苦しんできた。

最近の例ではハッブル宇宙望遠鏡の大失敗がある。大げさに宣伝したハッブル望遠鏡は、いざ宇宙に到達すると、完璧とは程遠いことが判明した。画像が期待とはかけ離れ、かなりぼやけていたのだ。修理ミッションには高額な費用がかかったため、ハッブル望遠鏡の画像は今も、当初プロジェクト支援者が約束した画期的なショットではなく、欠陥を隠すよう考案された選択フィルターの効果に頼ったものでしかない。

失敗例は他にもある。一九九三年の火星探査ミッションだ。探査機が火星のシドニア地区に着陸し、接近して写真を撮る予定だった。しかし、探査機が火星の軌道に乗った瞬間、突然機能が停止したのだ。その他にも、ソヴィエトのコラルブ一一号（爆発）、スプートニク二四号（爆発）、NASAのマリナー三号（火星未到達）、マリナー八号（大西洋に墜落）、アポロ一三号のミッション、そして、スペースシャトルに搭乗した宇宙飛行士たちの爆死がある。数え出したらきりがない。どれも唖然とするような欠陥があったか、あるいは、おそらく銀河レベルで破壊工作が行われていた証だ。

奇妙な点

火星へのミッションは、破壊工作が絡んでくると最悪だ。なかでも不穏なのはロシアのフォボス探査機の運命だろう。一九八八年、ロシアはフォボスを調査するため二機の探査機を打ち上げた。フォボスは火星にふたつある衛星［もうひとつはダイモス］のうち大きいほうだ。ロシアはその不規則な軌道パターンに興味を持っており、多くの人がフォボスは人工的に作られたか、もしくは中が空洞だと信じていた。最初の探査機フォボスは地球から打ち上げられたあと、行方不明になった。フォボス二号は火星に到達し、フォボスに向かう途中で火星表面に映る細長い楕円形の影を写真に収めた。そして、その直後、崩壊した。ロシアに送られてきた最後の写真は機密扱いのため公開できないと発表されている。最後の写真が送られてきた晩、ロシア正教会の聖職者たちがモスクワにあるフォボス二号司令センターに呼ばれ、受け取った写真について討論した。

NASA

通説の黒幕

人命が失われた事故もある。まったく恐ろしいことだ。NASA内部の秘密組織がアメリカ政府の要人を満足さ

巨額の費用をかけた宇宙探査機の打ち上げは、悲惨な結末を迎えることが多い。

せるために破壊工作を実施している可能性も考えられる。宇宙開発計画が進めば、地球の周囲にエイリアンが存在していることがわかってしまうかもしれない。そうなるとアメリカ政府は困るのだ。むろん、ロシアの宇宙開発計画にも似たような反対勢力は存在する。

競合する契約者

政府と魅惑的な契約を交わして思いがけぬ大金が手に入るなら、多くのビジネスマンは抗えないだろう。激しい入札で成功する最善策は、破壊工作も含め、どんな手段を使ってでも競争相手の信用を落とすことだ。概して、金の力は、とりわけ政府の金なら、たいていは神聖な人命をも凌ぐだろう。

その他の黒幕説

FBI、MJ12、単なる人間の無能さ。

グレイ

一風変わった黒幕説

グレイは自分たちの勝手な理由により、宇宙から地球を孤立させておくことに最大の関心を示している。もしグレイが支配者から逃れようと反乱を起こしている奴隷で、人間の遺伝子を利用して種族を増やし、クローンとして劣化していく自分たちを守ろうとしているとしたら、人間が他のエイリアン、とくに自分たちの支配者に興味を抱かないように企むだろう。

火星人

火星ミッションでの事故は驚くほど発生率が高く、偶然の域を超えている。火星の記念碑は、昔、いや、おそらく現在も、火星に生命が存在していることを示唆している。その生命体は、そっとしておいてほしいのかもしれないし、タイミングがきたら存在を明かすつもりなのかもしれない。この赤い惑星の周囲では、宇宙船の崩壊、消失、不自然な動きが立て続けに起こっているため、NASAの職員が、小惑星帯と火星のあいだに「巨大な銀河のお化け」が住んでいるとジョークを飛ばしている。このお化けは不満を抱いた火星人に違いない。

疑問と信憑性

一九九二年九月二五日、マーズ・オブザーバー打ち上げのまえ、NASAの技術者はいつものようにアウターハウジング（保護外皮）の点検をした。このとき彼らは探針の内部に詰まっていたゴミを見て驚いた。ゴミには、金属片、埃、紙、繊維、石膏などが含まれていた。たしかにハリケーン・アンドリューが通過してまもないが、この種のゴミが嵐のせいで探針に入ることはありえない……。

驚くことではないのだろうが、火星到達は三五回挑み、成功したのは一二回だけだった。一二回のうち九回は表面着陸を試み、無事だったのは三回きり。その他は軌道上で崩壊するか爆発した。成功したときでさえ問題はあった。一九九七年に打ち上げたソジャーナは、着陸地点から数十メートルしか移動できなかったのだ。

不可解な事実

一九九八年七月、宇宙船ガリレオは木星の第二衛星エウロパを通過したが、突然、通信を停止した。以前から、エウロパは火星と同様、生命が存在できると考えられている。

疑いの目で見れば

衛星ナビでも最新式のスマートテレビでもトラブルは頻発する。宇宙船が続けて爆発するからといって、とくに不思議ではないだろう。

第一〇章 殺害・行方不明

ジミー・ホッファ

ジミー・ホッファの行方不明事件は北アメリカの都市伝説となった。元チームスター労働組合長の死体が発見されぬまま、次々と憶測が生まれている。さらに興味深いのは、誰もがホッファは死亡したと認めているのに、殺人犯が逮捕されていないことだ。

デトロイトの刑事からFBIまで、警察の努力もむなしく、殺人犯はわかっていない。犯人の身元はホッファの死体の在処とともに謎に包まれている。

ジェームズ・リドル・ホッファは、一九一三年二月一四日、インディアナ州クレイ郡ブラジルで生まれた。食料品チェーン店、クローガー社で倉庫係の職を得ると、全米トラック運転手労働組合チームスターに入会した。一九五七年にはチームスターの組合長にまで昇進し、一九七一年までその職にあった。

組合長在任中、ホッファはたびたびマフィアと結託し、不法行為に手を染めた。一九五〇〜六〇年代、ロバート・F・ケネディが調査を指示した結果、ホッファは陪審員買収で有罪判決を受けた(運送会社からの収賄容疑で起訴公判中だった)。一九六七年、ホッファは懲役八年の判決を受け、連邦刑務所に収監された。だが、一九七〇年、ニクソン大統領の特赦によって減刑され、一九八〇年まで組合活動にかかわらないことを条件に仮釈放となった。

ところがホッファはそんな約束などおかまいなしに再びチームスターを支配しようと動き始めた。一九七五年には目的を達成しそうだったが、彼の意志はマフィアの将来計画にそぐわなかった。ホッファとトラブルを起こした犯罪結社コーサ・ノストラは、ホッファの後継者フランク・フィッツシモンズを自分たちの言いなりになるよう仕向けていた。ホッファは組合での活動を禁止されていたが、無視する可能性は高い。チームスター内ではホッファへの忠誠心が根強いため、再び組合長になることも考えられる。マフィアにとって避けたい流れだった。

一九七五年七月三〇日、水曜日、ホッファはミシガン州デトロイトのシックスマイルロードにあるマクス・レッドフォックス・レストランに車で向かった。人に会う約束をしていたが、それが誰だったのかはわかっていない。ホッファの用心深さを考えると、信頼している人物だったのだろう。生前の姿は、レストランの駐車場で午後二時半ごろに見られたのが最後となった。その後、行方不明となり、以来、登場するのは伝説や憶測のなかだけだ。

一説によると、ホッファはニュージャージー州にあるニューヨーク・ジャイアンツのスタジアムの下でセメントに埋もれているらしい。

奇妙な点

ジミー・ホッファがどこに眠っているのかは今も謎のままだ。噂では、とんでもない場所から気味の悪い場所まで幅広い。ミシガン湖の底に沈められたという説もあるが、どこより恐ろしいのは、ドナルド・トニー・ザ・グリーク・フランコスがプレイボーイ誌に話したもので、ニューヨーク・ジャイアンツの本拠地であるフットボールスタジアムのエンドゾーンの下に埋められているという。また、もっともらしいのはショッピングモールの地下だろう。かたや、FBIが好む説では、デトロイトの自動車製造工場で、泡立つ亜鉛タンクのなかに浸かっているという。

通説の黒幕

マフィア

マフィアはチームスターから大金を、とくに年金基金から手に入れられると期待していた。もし非協力的なホッファがチームスターのトップに返り咲いたら、マフィアにとって魅惑的な資金源が激減してしまう。また、噂によると、ホッファは組合への出入り禁止の規制を解除することを条件に、政府にマフィアのチームスターへの関与を密告していたようだ。これひとつとっても、マフィアにとっては復讐に値する。

トニー・プロヴェンツァーノ

ホッファは個人的な弱みを握ってマフィアの一部をゆすっていた。そのうちのひとりトニー・プロヴェンツァーノ、通称「トニー・プロ」はともに服役していたころからホッファに恨みを抱き、この元チームスターのリーダー殺害を誰かに依頼したのかもしれない。トニー・プロはホッファが行方不明になった日、苦労してわざとらしいアリバイを作っている。

チャッキー・オブライエン

ホッファがレッドフォックスで会う約束をしていたのはオブライエンかもしれない。真犯人が用意した信頼できるおとりだ。オブライエンはホッファ家で育ち、縁組の届けは出していないが養子といってもいい存在だった。ホッファが警戒する相手ではないはずだ。オブライエン自身も警察の取り調べを受けた。どうやらマフィアに借金があったようだ。

組合員

ホッファが組合長に再選されたら、組合での地位を奪われるかもしれない。そう恐れた組合員が殺しを依頼した可能性もある。

その他の黒幕説

アンソニー・ジアカロン、ジョゼフ・ジアカロン［マフィアの父子］。

チームスター労働組合

一風変わった黒幕説

ホッファによる堕落した支配を受けたくなかったチームスターの一部の組合員が殺害を決断したのだろう。組合内の人気からすると、殺す以外に彼を除去する方法はなかったのだ。

FBI

ありそうにないが、ＦＢＩにも陰謀論がささやかれている。ＦＢＩは闘志盛んなホッファに、アメリカで最高の権力を握っている組合を支配してもらいたくなかっただろう。なにしろ、ホッファは法執行機関に恨みを持っているのだ。ホッファの行方不明を演出したのだから、むろん、ＦＢＩはこの事件を解決できない。

疑問と信憑性

ホッファが行方不明になった日、チャッキー・オブライエンが運転していた車はＦＢＩが押収した。マーキュリー・ブロアムの新車で、持ち主はマフィアのジョゼフ・ジアカロンだった。警察犬が後部座席にホッファのにおいを嗅ぎ取り、血と皮膚片も見つかった。オブライエンは、その血は友人に魚を届けたときについたものだと弁明したが、納得はできない。

不可解な事実

マフィアを十分に承知しているホッファが、信頼できない人間と車に乗るはずがない。無理に押し込まれたとしても、少なくとも抵抗はしただろう。この物語には裏切りをにおわせる闇の面がある。誰がホッファを殺したにせよ、あるいは、殺させたにせよ、犯人はホッファが忠誠を信じていた友人だったのだ。

疑いの目で見れば

オオカミと戦えば、嚙みつかれる。この事件が他のマフィア関連の事件と唯一違うのは、犯人が沈黙しているため驚くほど証拠が少ないことだ。もしホッファの死体が見つかっていたら、マフィア抗争の血なまぐさい歴史の余談としてなかば忘れ去られていただろう。よくあるマフィアの陰謀なら、取るに足りない事件だったはずだ。ただ、陰謀論マニアは異なる見方をする。

マーティン・ルーサー・キング

マーティン・ルーサー・キング博士は平和を訴えた人だった。そして、世の中を住みやすい場所にしようと願う人の運命に従い、彼も非業の死を遂げた。キングは雄弁家で、一九六〇年代、公民権を求めて心に染みる演説を行った。一九六三年には有名なワシントン大行進で二〇万人を集め、個人的にも教会で熱弁を振るった。

キングは一見不可能と思われる目標に向かい、威厳を持って戦った。肌の色を問わない男女の平等だ。怒濤の六〇年代、アメリカ人の多くはキングの夢がけっして実現しないことを望んでいた。

キングは敵が予測しない武器――知性と思いやり――を使ってアメリカの偏見や無知と戦った。信念を捨てず、黒人は二流市民なのだから何も望んではならないと訴える人々を怒らせた。キングの物静かな態度は空恐ろしく、ＫＫＫ（クー・クラックス・クラン）からＦＢＩまでもが、現状を覆されてしまうという不安にかられた。キングは力を持つ敵を作り、この敵はとうとう、自分たちにできる唯一の方法を用いてキングに勝利した。永遠に口を封じたのだ。

一九六八年四月、キングはメンフィスに戻り、ロレインモーテルの部屋を予約した。同年三月にこの地区で行った抗議が暴動に発展してしまったことを残念に思い、もういちど示威運動を行うために戻ってきたのだ。今回は同じ結果にならぬよう、十分気をつけた。以前、メンフィスに滞在したときは白人が経営するホテルに宿泊して批判を浴びた。キングは自分が正しいことを証明するつもりでいたが、今回は黒人が経営するロレインモーテルに泊まった。しかし、ここは町でも治安の悪い地区だった。

一九六八年四月四日、メンフィスが夕暮れどきを迎えたころ、ロレインモーテルの二階のバルコニーに立っていたキングが射殺された。恐れていた脅威が消去されたのだ。後日、地元の無法者ジェームズ・アール・レイが殺人罪で逮捕され、現場近くにある宿泊施設のバスルームからキングを撃った廉（かど）で起訴された。だが、疑問が湧き始めた。本当にレイが暗殺したのか？

奇妙な点

ジェームズ・アール・レイは所持金がほとんどなかったはずだが、キング暗殺後、なぜか世界を旅している。新たに手にした資金で、カナダ、イギリス、そしてポルトガルにも渡っ

誕生したときの名前はマイケル・ルーサー・キング。暗殺されるまでに冤罪で29回逮捕された。

た。ロンドンのヒースロー空港で逮捕されたときはベルギーに飛ぶところだった。

FBI

FBI長官J・エドガー・フーヴァーが、キングはアメリカにとって危険きわまりない男だと思っていることは明らかだった。キングを影響力の大きな立場から引きずり降ろすため、FBIはひそかに彼の不倫らしき現場をテープに収め、それを材料に、民衆を困惑させるなと自殺を迫っている。この作戦は失敗に終わった。となると、唯一、FBIの代わりになれるのは……CIAだ。

別の説によれば、キング暗殺はメンフィス市警察になりすましたCIAが実行したらしい。レイは濡れ衣を着せられただけで、政府の工作員が実際の殺害を担当した。この説は、レイが逮捕されたとき、複数の偽IDカードや偽造パスポートを持っていたことで現実味を帯びる。こうした証明書の作成はCIAの専門家が担当しているのだ。

KKK

通説の黒幕

キングはKKK（クー・クラックス・クラン）が憎むものすべての象徴だった。KKKの黒人像を否定し、偏狭な世界観を脅かしたからだ。キングを殺せば、とりわけアメリカ南部で、KKKは黒人社会に生々しいメッセージを送ることができる。自分たちが許し与えた身分を超えた黒人が、結局、どうなるのか。

メンフィス市警察

メンフィスはキングを温かく受け入れたわけではない。一九六八年三月のデモ行進が暴動により終止符を打ったことで、警察はもちろん、街もキングに親しみを抱かなかった。ＣＩＡ職員が警官になりすましてキングを殺害したという噂もあるが、そんな必要はなかっただろう。警察は警察で、人種問題等の理由から、この公民権運動のリーダーに恨みがあったはずだ。興味深いのは、暗殺の少しまえ、メンフィス市警察長の部屋に軍部の人間が大勢集まっていたという点だ。

キングの同志

陰謀論によっては、キング暗殺犯がキングの同志にまで及んでいる。ある説によると、キングの側近たちが警察やＦＢＩのスパイとして働き、真犯人を追跡できないよう手を貸したのかもしれない。キングが暗殺された後、宿泊施設の窓を指さし、注意をそらしたのだ。

マフィア

ＦＢＩがマフィアに近づき、キングを殺すよう依頼した可能性もある。報酬には一〇〇万ドルを提示したらしい。マフィアは、なにやらケネディ暗殺直後の大失態を引き合いに出して断ったが、今回はうまくいかもしれないと考え直したのだ。

疑問と信憑性

ジェームズ・アール・レイが無実だと信じているのは陰謀論界だけではない。キングの家族も無実説を支持し、一九九八年、レイがテネシーの刑務所で死亡したときには葬儀に招かれている。葬儀を執り行ったのはセンテナリー・ユナイテッド教会の元牧師ジェームズ・ローソンだった。一九六八年、メンフィスでストライキを起こした清掃作業員に説教をしてもらうようキングを招いた人物だ。キングはその滞在中に撃たれたのである。公民権運動の先導者が多くの殺害予告を受けていたにもかかわらず、メンフィス市警察はキングが暗殺される前日、予定していた警護をひそかに中止した。この事実を知り、作業員たちは心をかき乱されたに違いない。

不可解な事実

キング暗殺の後、宿泊施設でレイを見たという唯一の目撃者はチャールズ・スティーブンスだ。他の証言者は、スティーブンスは酩酊していて何も見ていないと主張している。スティーブンスの妻も夫の話を否定し、自分が宿泊施設で見た男はレイではなかったと断言している。だが、当局は夫の話を受け入れ、妻は異常があると判断して精神病院に入院させた。

疑いの目で見れば

六〇年代、政治がらみの暗殺はどれも政府との不穏な関係が目立つ。「捜査横柄大賞」を授けるとしたら、マーティン・ルーサー・キング暗殺はロバート・F・ケネディ暗殺と共同受賞に値するだろう。開いた口がふさがらないが、FBIは暗殺者が捨て去った荷物がジェームズ・アール・レイのものだと発表するまでに一五日以上もかかっている。レイに有利な時間を与えたことも認めるべきではなかったのか。

散った夢——RFK暗殺

一九六八年六月五日、深夜零時ごろ、ロサンジェルスの豪華なアンバサダー・ホテルで信じられないことが起ころうとしていた。魅力に満ち、カリスマ性を備えた理想的な上院議員、ロバート・F・ケネディは民主党大統領候補指名争いに向け、カリフォルニア州の予備選で勝利したばかりだった。RFKは多くのアメリカ人の夢を背負い、ホワイトハウスへの道を順調に歩んでいくと思われていた。兄のジョン・F・ケネディと同じように。

ホテル従業員、支持者、観客の拍手や祝辞を浴びて、RFKは警備員にエスコートされながらホテルの食品貯蔵室を抜けようとした。その瞬間、大統領への道は銃弾の雨によって悲しくも閉ざされた。多くのアメリカ人の夢は貯蔵室の床のタイルの上で死に絶えた。

激しい乱闘のなか、小柄な男は人間とは思えぬ力で警備員数人相手に抗っていたが、ようやく床に押さえつけられた。見るからに殺し屋の男。サーハン・ベシャラ・サーハンだ。このときの彼の目は異様なほど落ち着いていたそうで、ふとおとなしくなり、逮捕された。警察署に連行されたあと、サーハンは何が起こったのかまったく記憶にないと話し、その様子は催眠術にかけられた症状とぴたり一致していた。

ロサンジェルス警察はこの殺人事件を調査し、即座に結論を出した——サーハンは単なるちんぴらで、リー・ハーヴェイ・オズワルドと同じ孤独な暗殺者である。裁判所もこの結論に同意し、サーハンは有罪判決を受けて収監された。官僚からすれば、悲劇は解決した。だが、陰謀論者からすれば、ＲＦＫ暗殺は絶対に再調査すべき事件である。

奇妙な点

一見してＲＦＫ暗殺事件には裏表がある。銃を手にしたサーハンが現場で逮捕されたことは間違いない。しかし、はっきりしているのはそこまでだ。まず、サーハンの立ち位置がおかしい。ＲＦＫが射程圏内に入っていない。つまり、狙撃は不可能だったのだ。ＲＦＫは背後から撃たれている。目撃者全員がサーハンはＲＦＫと向き合う形で前方にいたと証言している。さらに、多少の差こそあれ、サーハンの銃はＲＦＫから三〇～一五〇センチの位置にあったというのだ。ところが、検死の結果、ＲＦＫはわずか二・五センチ以下、遠くても七・五センチ以下の至近距離で撃たれたことが明ら

RFKはマフィアとつながっているジミー・ホッファを破滅させる決意を固めた。かたや、ホッファはRFKに邪魔されぬよう友人たちに始末を依頼したのかもしれない。

かになった。

通説の黒幕

CIA

もし、多くの人が推測しているように、CIAが兄ジョン・F・ケネディ暗殺に関与しているなら、RFKが大統領になることを恐れていたはずだ。RFKがホワイトハウス入りすれば、兄の死について再調査を開始するだろう。ひいては、ウォーレン委員会が巧妙な似非機関であり、JFK大統領が軍事クーデターによって排除された事実が発覚してしまう。

マフィア

兄JFKが大統領職に就いていたとき司法長官だったRFKは、マフィアとの戦いに勝利を収めていた。マフィアはマリリン・モンローとの不倫を利用してRFKを脅迫していたが、どうもうまくいかなかった。もしRFKが権力を手にしたら、ますます邪魔な存在になることは間違いない。となると、伝統的なマフィアに必要なのは銃弾と殺し屋である。

軍産複合体

RFKは大統領になったらヴェトナム戦争に終止符を打つと公言していた。東南アジアで起こったアメリカの悲運が軍産複合体に巨額の利益をもたらしていたことを考えると、あらゆる手を尽くしてRFKの大統領当選をはばむだろう。

一風変わった黒幕説

マジェスティック・トゥエルヴとして知られる極秘組織ＭＪ12は、科学者、諜報機関の上層部、軍高官から成るグループで、ＵＦＯやエイリアンにかんする真実の隠蔽工作を企んでいる。また、ＪＦＫ暗殺犯としても候補に挙げられており、ＲＦＫを殺害した可能性もある。ＲＦＫが大統領になったら、ＭＪ12がエイリアンのグレイと取引していることが暴露されるからだ。

ネオナチ

一部の陰謀論者によると、ＲＦＫは黒人白人問わず有権者にアピールする力があり、アメリカの人種分離を和らげ、差別や憎しみのない国家を作ろうとしていた。むろん、これはナチスの哲学を信奉する者が望む世界ではない。つまり、ネオナチの陰謀団がアメリカ諜報機関との関係を利用して、もっとも恐れる敵を処刑したのだ。

疑問と信憑性

暗殺現場のドア枠に残った銃痕はＦＢＩが写真に収めており、サーハンがＲＦＫを撃った銃弾数よりも多いことがわかる。警察はこうした弾丸の存在を明かしていない。おまけに、それら弾丸をロサンジェルス警察の鑑識官が隠しているところを別の警官が目撃している。問題のドア枠はサーハンの裁判が終了した直後、裁判所の命令により取り壊された。

不可解な事実

裁判で行われた心理鑑定によると、サーハンは殺人を犯したとき明らかにある種の催眠状態にあったという。公式発表によれば、裁判ではこの状態を自己催眠と表現したが、疑問を抱く者もいる。催眠術の権威、故ウィリアム・ブライアンはサーハンを催眠術にかけたことがあると自慢していたらしい。そのせいかどうかはわからないが、サーハンの日記は奇妙な自動筆記で埋め尽くされており、ある名前があちこちに重ね書きされている——デサルヴォ。ブライアンがかつて催眠術をかけた有名人がボストン絞殺魔だったことは偶然ではないだろう。そう、十数人の女性を絞殺した犯人、アルバート・デサルヴォだ。

疑いの目で見れば

ＲＦＫ暗殺は、とても陰謀論なしでは語れない事件のひとつだろう。だが、決意を固めた狂人が殺傷力の高い拳銃を容易に入手できる場合、どんな恐ろしいことが起こるのかを過小評価してはいけない。とくに、呆れるほどガードがおろそかなら、武器を持った狂人が有名人を射殺する絶好のチャンスは訪れるのだ。

チャンドラ・レヴィ

二〇〇二年五月、ワシントンDCの公園で、行方不明になっていた元政府機関のインターン、チャンドラ・レヴィの白骨死体が発見された。跡形もなく姿を消してから一三か月近くたっていた。行方不明の捜索が殺人事件の調査に変わり、政治スキャンダルが本格的な陰謀論へと発展した。

二〇〇〇年九月、レヴィが連邦刑務所局のインターンシップとしてワシントンにやってきたときはまだ二二歳だった。入局後数週間もすると、友人たちがレヴィに民主党下院議員ギャリー・コンディットを紹介した。彼はレヴィの故郷、カリフォルニア州の議員だった。運命的な出会いを果たしたふたりは、すぐさま不倫関係に陥った。

コンディットは一九八九年からアメリカ下院議員を務め、妻と成人した子供がふたりいた。ワシントンでやりての政治家だったコンディットは、保守派や穏健派議員の投票連合を設立した。また、下院情報特別委員会での仕事を通して、諜報機関とつながっている複数の委員会に籍を置き、CIAの監督官も務めていた。しかし、陰謀論者たちが嬉々として交換する情報をレヴィが入手していた源は、親密だったコンディットだけではない。彼女の連邦刑務所局での仕事は、オクラホマ爆破事件で有罪判決を受けたティモシー・マクヴェイの処刑を新聞社に公開する手配も含まれていた（皮肉屋の陰謀論者は彼をJFK暗殺で逮捕された犯人リー・ハーヴェイ・オズワルドにかけてリー・ハーヴェイ・マクヴェイと呼んでいる。ただのおとりだと信じているからだ）。レヴィは有罪判決を受けた囚人にかんする、FBIや司法省の繊細な記録にアクセスできたのである。

二〇〇一年四月二三日、月曜日、突如、レヴィはインターンを解雇された。そのわずか一週間後、ワシントン・スポーツクラブで退会手続きをしている。これが生前に見られた最後の姿となった。五月五日、土曜日、心配した両親が警察に連絡し、レヴィのアパートを調べたところ、荷作りの済んだスーツケースはあったが、居場所がわかりそうな手掛かりはなかった。行方不明が公表されると、疑いの目はコンディット、及び、ふたりの関係に向けられた。コンディットは警察とレヴィの両親に問いただされ、当初は不倫を否定した。だが、話に一貫性がないことがあらわになると、ついにレヴィと性的関係があったことを警察に認めた。

一年以上たってもレヴィは見つからず、コンディットの信用はがた落ちだった。民主党予備選候補から外され、代わりに自身の元部下デニス・カルドーザが立候補した。しかし、ついにレヴィの死体が発見されても、家族、警察、陰謀論者の疑問には解決の糸口すら見つからなかった。そもそも、なぜレヴィは行方不明になったのか？

奇妙な点

レヴィの遺骨はロッククリーク・パークで犬を散歩させていた男性が発見した。こ

チャンドラ・レヴィ。FBI入局を切望していたヴェジタリアンだった。

の地区は以前も警察が捜索しており、発見現場はレヴィがよく通っていたランニングコースから二七五メートルしか離れていない。警察はレヴィが行方不明になった当日、ウェブサイトで「クリングル・マンション」について調べていたことを突き止めた。ここは一八二三年に建てられた農場の家屋で、いまはロッククリーク・パークの事務所として使用されている。そのため、捜索ではこの公園が焦点となっていたのだ。レヴィの死体は埋められていなかった。それなのになぜ発見までに一三か月もかかったのだろうか？

通説の黒幕

CIA

コンディットはCIAを監督する仕事をしていた。多くの人が推測しているように、立場上、レヴィを死に追いやる何かを知った可能性もある。レヴィの失踪はコンディットがCIAを仕切る権力を奪うだけでなく、彼を待ち構えている運命を警告していたのかもしれない。もし、コンディットが誰かに極秘情報を漏らしていたとしたら。

FBI

レヴィが行方不明になったとき、FBIやFBIが行ったティモシー・マクヴェイの調査に対する疑惑が浮上した。FBIが隠蔽した証拠をめぐって裁判は泥沼化し、マクヴェイの死刑執行が遅れた。この死刑も担当していたレヴィは、職業柄、マクヴェイにかんする何かを知ったのだろうか？　そのせいでFBIはレヴィの抹殺を仕組んだのかもしれない。

共和党

元ファーストレディ、ヒラリー・クリントンでさえ、成功した民主党員に対する大規模な右派の陰謀を口にしている。よって、レヴィの不倫はすべて共和党徒党による策略だと考える者がいても驚きではない。若いインターンといちゃついて不倫騒動を起こせば、コンディットは議会から追い出され、さらに民主党の既成勢力も揺るがすことができる。

一風変わった黒幕説

モサド

幼いころからずっとレヴィはスパイになりたいと夢見ており、さらに、家族はイスラエルと深い関係があった。一部の陰謀論者は、レヴィはイスラエルの諜報機関モサドに誘われたのではないかと見ている。レヴィが加われば、アメリカ政府の最高レベルにまで潜入し、政界の要人を脅迫できるかもしれない。もしアメリカの諜報員やイスラエルの敵国がこの事実を知ったら、レヴィの死を望んだはずだ。

コンディットの部下

陰謀のすべてが世界の政治にかかわる必要はない。身近な問題や個人的な恨みもたびたび原因になる。レヴィの場合もしかり、コンディットの部下が疑われてもおかしくはない。彼らは個人的または民主党の利益のために、コンディットの秘密を暴露したのだ。

疑問と信憑性

コンディットは下院情報特別委員会の一員として繊細な任務を担い、極秘情報にアクセスできる立場にいた。したがって、チャンドラ・レヴィの事件で何より意外で疑わしきは、アメリカの諜報機関がレヴィの失踪に関心を持たなかったことだ。他の国だったら、もし連邦刑務所局相当機関のインターンが行方不明になり、その人物が外国の諜報部と密につながっている政治家と親しいとしたら、陰謀論者にかぎらず、彼女に何が起こったのかを必死で調べるだろう。アメリカの安全に責任を負う陰の力が捜査の進展を阻止した。誰もが、徹底した隠蔽工作が行われたと察している。何も調べないのはすでに答えを知っているからだ。ただ、他人に知られたくないだけなのである。

不可解な事実

レヴィの事件を担当したFBI捜査主任は特別捜査官ブラッドリー・J・ガレットだった。陰謀研究者がすでに目をつけていた人物だ。ガレットはパキスタン人アイマル・カシの裁判で重要な役割を務めた。カシはヴァージニア州ラングレーにあるCIA本部の近くに駐車してあった車内で職員を殺害した罪に問われていた。また、ガレットは別の若い女性インターン、メアリー・カイトリン・マホーニーの怪しい殺害事件も担当している。マホーニーはワシントンDCのスターバックスで、プロと思われる犯人に射殺された。疑惑が消えない二件の陰謀にかかわったFBI捜査官。とてつもなく運が悪いのだろうか。いや、陰謀論者から見ればきわめてうさんくさい。さらに三つとなれば？『Xファイル』のフォックス・モルダーでもこれほどの不運は経験しない。

疑いの目で見れば

無名の誰かが加害者となって若い女性を殺す。既婚の政治家がインターンと不倫して職を奪われる。悲しいかな、珍しいことではない。偶然にもこの両方がレヴィにあてはまるのなら、陰謀論者はそろそろ調査を切り上げたほうがいい。もうあきらめよう！　ワシントンＤＣは汚水溜めから新たなごたごたを見つけなくても、もう十分によどんでいるのだから。

デイヴィッド・ケリー

政府付きの科学者がジャーナリストに真実を暴露した。異議を唱える国民に開戦を認めさせるため、政府が動機を捏造したのだ。その後、不可解な状況で科学者の死体が発見された。まるで大ヒットしたハリウッドのスリラー映画だ。

この事件は、近年ではかなり世を騒がせた興味深い陰謀だろう。イギリス政府で第一線をいく武器専門家、デイヴィッド・ケリーが自宅近くの野原で左手首を切り落とした状態で見つかった。

死の数週間前、ケリーはメディアの注目を浴びていた。政府が信頼を寄せているケリーがイラクにかんする情報をBBCにリークしたかもしれないと指摘されたからだ。ケリーはジャーナリストに概要を伝える任務も担っていたが、政府から名指しで非難されたことにショックを受けた。BBCは、政府がイラクの大量破壊兵器の魅力を誇張して報告書に盛り込ませたと報道したのだ。

ケリーはオックスフォード大学で学んだ微生物学者で、政府の核拡散と武器コントロールを担当する事務局の科学部顧問だった。一九九四年から一九九九年まではイラクに出向し、国連のために生物兵器担当上級顧問も務めた。ノーベル平和賞にノミネートされ、「脳みそで湯を沸かせる」と言われるほどの才能で名を馳せた。かつては国連の兵器調査員も務め、イラクで放射性物質を検出した。あまりの手腕に、かのサダム・フセインが「やつをイラクから追い出せ」と嘆いたという。

政府がルールを破って、ケリーがＢＢＣの情報源だと暴露すると、ケリーは自分が巨大な政治スキャンダルの中心にいることに気づいた。ＢＢＣはブレア首相の大量破壊兵器に対する見解に疑問を投げかけたのだ。二〇〇三年七月一五日、ケリーは外交特別委員会に証拠を提示するよう求められた。二日後、妻にはいつもの散歩だといって午後三時に自宅を出た。一一時四五分、まだ帰宅していなかったため、家族が警察に連絡した。

翌朝、テムズ渓谷警察はケリーの行方不明を公表し、まもなく、オックスフォードシャーの自宅近く、ハロウダウンヒルの林の中で死体を発見した。訪日していたブレアがケリーの死にかんして質疑応答に苦戦しているころ、警察とＭＩ５は関連書類を求めてこの細菌兵器の専門家の自宅から何もかもを持ち去った。

すぐに明らかな自殺だと発表され、巷では死亡に至る状況について憶測が飛び交った。メディアも注目したため、政府は司法調査を強いられた。判事ハットン卿率いる委員会

「その手を血で染めたことはありますか？」と聞かれ、ブレアは回答を拒んだ。

がケリーの死因と政府が改ざんしたとされる報告書について調査を開始した。

ロシアの優秀な科学者のひとりでケリーの元同僚だったセルゲイ・リバコフ教授は、即、自殺説に疑問を投げかけた。リバコフは断言した。「デイヴィッドは楽観的だし、極度のプレッシャーにさらされても取り乱したことはいちどもない。自殺ができる男ではない」。

リバコフの主張に信憑性が増したのは、調査によって、ケリーが死の四か月余りまえ、「もしアメリカとイギリスがイラクに侵攻したら、私は『おそらく森の中で死体で見つかるだろう』」と口にしていたことが判明したからだ。この背筋が凍るような正確な予言をしたのは、二〇〇三年二月、ジュネーヴ軍縮会議に出席したイギリス大使デイヴィッド・ブローシャーと話していたときだった。

奇妙な点

自身の死を予言し、愛する妻への書き置きもなく、自殺を禁じているバハーイー教の信者だったことはもちろん、死の直前にケリーが送ったメールにも疑問が残る。ハットン委員会の調査により、ケリーがアメリカのジャーナリストにメールを送っていたことが明らかになった。林に散歩に出かけて失血死するほんの数時間前、「大勢の腹黒い役者がゲームを繰り広げている」と警告していたのだ。

MI6

通説の黒幕

多くの擬似政治学研究者がケリーは情報機関に殺されたと見ている。陰の世界について暴露したらどうなるか、見せしめにしたのだ。選ばれし役人がケリー暗殺を認可したかどうかはさておき、殺害を実行したのはMI6だと推測している人は多い。とりわけ、ＭＩ６とケリーの関係や、ケリーがロシアやイラクの亡命者についてＭＩ６に報告する仕事をしていたことを考えると、なおさら信憑性が高まる。

国防情報局

ケリーとイラク調査グループの合同任務はアメリカとイギリスによって企画され、サダム・フセインが吹聴している大量破壊兵器の倉庫を追跡していた。つまり、ケリーはアメリカ国防総省の国防情報局とつながりがあったということだ。ケリーはイラクでの経験が豊富で、フセイン下の生物兵器計画のリーダー、リハーブ・ターハ博士に面会した経験を持つ数少ない人物のひとりだった。戦後、ケリーなら、国防情報局が戦争を正当化しようとした証拠は捏造だと証明することはできただろう。当時、国防情報局の世評は危機に瀕していたため、ケリー殺害の動機があっただけでなく、今も多くの陰謀論者から殺人さえ企画する諜報機関だと評されている。

イラクの諜報機関

一風変わった黒幕説

ケリーはイラクの軍部や情報部にとってトゲだった。ケリーの仕事はフセインを怒らせ、アメリカに、イラクは大量破壊兵器計画を断念してはいないという概念を植え付けた。アメリカの侵攻が始まると、イラクは潜伏スパイ（スリーパー）を稼働させ、侵攻をあおった報復としてケリーを殺害するよう命じた。もしこれが事実なら、イラクの諜報機関はケリーに仕返しをしてブレア政権を当惑させただけでなく、アメリカとイギリスの諜報員もケリー殺害に関与しているとほのめかし、不穏な雰囲気を生み出したのだ。

グループ13

グループ13はイギリスの秘密工作殺人部隊で、SAS（特殊空挺部隊）の隊員から成り、アメリカの軍産複合体と密接な関係にあるMI6の悪漢に仕えている。これまでも政治がらみの暗殺や厄介な個人の抹殺を請け負ったのではないかと疑われてきた。とくに北アイルランド紛争で顕著だったが、無条件殺人「暗殺・空からの死」はあまりに忌まわしく、彼らを国の裏切り者として憎んでいる人々もいる［グループ13は肩に「death from above（空からの死）」と刺繍したエンブレムを付けている］。おそらく、一部のメンバーが、ケリーのブレアに対する不忠を罰するため、あるいは、生物兵器研究にかかわる人の利益を守るために任務を引き受けたのだろう。

疑問と信憑性

テムズ渓谷警察本部長補マイケル・ページはハットン委員会に、ケリーの死は他殺とは考えられないと告げた。しかし、これは本著者デイヴィッド・サウスウェルがオフレコで聞いたページの部下の意見とは異なっている。最初に疑問が持ち上がったのは、ケリーが安全を脅かす立場にいたのに、警察も、MI5も、諜報機関も、その動きを監視していなかったからだ。しかるべき対策を採らなかったのはおかしい。

ケリーが自分で手首を切り落とし、血を一滴も垂らさず、身を隠すために何メートルも歩いたことを疑問視する警官もいる。彼らはケリーの死体が見つかった場所に黒い服を着た三人の男がいたという報告にも首をかしげている。この三人は警官だという説明を受けたが、三人のうちのひとりだと名指しされた部下はハットン委員会にはっきり証言した。黒服の三人が誰だったにせよ、テムズ渓谷警察の警官ではなかったと。問題はまだある。マイケル・ページはハットン委員会に、事件後、ケリーの歯科医が警察を訪れた理由を報告しなければならなくなった。不思議なことに、事件当日、カルテが鍵のかかった部屋の棚から消え、次の日曜日に戻っていたというのだ。

不可解な事実

陰謀研究家のなかには、ケリーの死はイラクとはほぼ無関係で、はるかに大規模な陰謀の一部だと考えている者もいる。世界のトップを行く微生物学者が、それぞれ一年も間をあけず、少なくとも二〇名が死亡しているのだ。ケリーがＭＩ６に伝える情報をもらっていたロシアの亡命者ウラジミール・パセチニクはじめ、多くはケリーとともに働いていた同僚だった。不可思議な死を遂げた学者には、ベニート・クエ（マイアミで撲殺）、ロバート・Ｍ・シュウォーツ（儀式風の刺殺）、グエン・ヴァン・セト（研究室の冷凍庫で凍死）の他、同僚の微生物学者グヤン・フアンに殺されたターニャ・ホルツマイヤーがいる。フアンは彼女を撃ったあと、銃口を自分に向けた。

疑いの目で見れば

ハットン委員会はケリー博士の死について湧き上がってくるさまざまな質問に答えることはできなかった。故意に、という見方もある。しかし、結局のところ、紳士ケリーが迎えた悲劇の死の原因はこの科学者本人にある。ハットンにはわかっていた。国防省は職員を守る義務を果たした。明らかに、この事件は解決済みなのである。

ドロシー・キルガレン

一九六三年のJFK暗殺をめぐる不可解な死のなかでも、ドロシー・キルガレンの死ほど奇妙な事件は他にない。

あの日、ダラスで起こった悲運と表向きは無関係だとされている死は多くある。だが、キルガレンの悲劇だけは色合いが違う。キルガレンはメディア界で人気を博した人物で、JFK暗殺を取材するようになる以前は民衆にも大人気だった。しかし、彼女の死が証明しているとおり、間違った人とかかわると、たとえ名声があっても身を守れないのだ。

キルガレンがジャーナリスト人生を踏み出したのは、一九三一年、駆け出しのライターとしてハースト新聞社に入社したときだった。当初は「女性にかんする記事」を書いていればいいと追いやられていたが、野心と才能にあふれていた彼女はたちまち男性中心主義の枠を超え、伝説となっているサム・シェパードの裁判など、ずっしりと重たい事件にはまり込んでいった（サム・シェパード事件は六〇年代のテレビシリーズ『逃亡者』の土台となり、のちにハリソン・フォード主演、同タイトルで映画化された）。キルガレンは一流の記者というだけでは飽き足らず、他のメディアにも進出し、テレビの人気番組『ホワッツ・マイ・ライン？（私の職業はなに？）』のパネリストとして活躍し、さらにニューヨークでは自身のラジオ番組を持ち、司会を務めた。この番組は大人気となり、一九四五年の初放送から二〇年も続いた。キルガレンの人気は鋭い機知と理性に後押しされ、多くのファンの心を虜にした。

しかし、JFK暗殺犯とされるリー・ハーヴェイ・オズワルドの殺人事件でジャック・ルビーが裁判を受けているさなか、キルガレンは自身の死に向けて一歩踏み出してしまった。一九六四年、ダラスで開かれたルビーの裁判を傍聴したあと、彼女は新聞社が受けた報告は一部にすぎず、裏に何かあると確信した。そして、ハースト紙のコラム『ヴォイス・オブ・ブロードウェイ』にその疑いを掲載し、ダラスに戻ってルビーにインタビューを行った。興奮したキルガレンはニューヨークに帰ってまたコラムを書き、ダラス警察の警官J・D・ティピット（JFK暗殺の直後、逃げようとしたオズワルドに射殺されたと思われる）、ジャック・ルビー、そして、バーナード・ワイスマンの関係を指摘した。ワイスマンはJFKを嫌っていることで知られていた人物だ。また、キルガレンはこの三人がJFK暗殺のちょうど一週間前、ルビーが経営するス

キルガレンの名は「ハリウッド・ウォーク・オブ・フェイム（名声の歩道）」［人気スターの名前を入れた星形プレートが埋め込まれた大通り］の星に刻まれている。葬儀にはジョーン・クロフォードも参列した。

トリップ・クラブで会っていたことも暴露した。

こうした不気味な事実が公表されると、FBIはキルガレンの調査を開始した。しかし、彼女はたじろぐことなく前に進んだ。隠蔽の証拠を収集するためニューオーリンズに飛び、すべてを本にまとめて暴露するつもりでニューヨークに戻った。おそらく、キルガレンはJFK暗殺の裏にいる勢力を脅かし、それが死を招いてしまったのだろう。一九六五年一一月八日、ベッドで死亡しているところを発見された。公式発表では事故死だった。検死の結果、体内から高濃度のエタノールとバルビツールが検出されたため、自殺の可能性が高いとされた。しかし、なぜキルガレンは仕事の集大成である本がこれから出版されるというときに自殺したのだろうか？　キルガレンの死は本当に事故死なのか？　あるいは、JFK暗殺にかんする真実を知ってしまったため、例のごとく、口を封じられたのか？

奇妙な点

ジャック・ルビーへのインタビューやニューオーリンズで仕入れた情報など、キルガレンがまとめた原稿ファイルは何ひとつメディアに公開されなかった。

FBI

通説の黒幕

J・エドガー・フーヴァー長官自身がキルガレンの調査を命じ、彼女がどのように情報を暴露しようとしているのか、とくに、出版予定だった本の中で、ルビーがウォーレン委員会に証言した内容をどう記したかを調べさせた。キルガレンが暴露するまではトップシークレットだった情報だ。彼女はFBIの脅しにもひるまず、JFK暗殺の裏に隠された真実を明かそうと決意していた。疑いはＦＢＩにも向けられていたため、それが彼女の運命を決めたのだろう。

マフィア

ＪＦＫ暗殺の別の容疑者、マフィアが自殺に見せかけてキルガレンを殺したのかもしれない。マフィア自身が計画したのかもしれないが、ＦＢＩやＣＩＡの命令で実行した可能性もある。

その他の黒幕説

軍産複合体の工作員、カストロ支持派あるいは反カストロのキューバ人。

リチャード・コールマー

キルガレンの夫コールマーは妻が死んだとき、ともに自宅マンションにいて、翌日の昼まで死体に気づかなかったと証言している。噂によると、キルガレンは歌手ジョニー・レイと不倫をしていた。キルガレンは公衆電話からレイに電話をかけ、ものすごい事実をつかんだが電話では話さないほうがいい、と伝えたらしい。コールマーが不倫に嫉妬して妻を殺したのかもしれない。

一風変わった黒幕説

嫉妬するライバルたち

キルガレンは自分の調査がもたらす周囲への影響など気にも留めなかった。ジャーナリズムは殺し合いの世界で、ひとつのスクープで昇進したり失業したりする。誰かが競争相手を抹消しようと決意したのだ。

疑問と信憑性

キルガレンはベッドで死亡していた。読書中に息絶えたと思われる。だが、本を読むときにいつも必要としていた眼鏡はかけておらず、手の届く範囲にもなかった。死体のそばにあった本は友人に読み終わったと話したもので、ベッドに入るまえにかならず落とすはずの化粧もしたままだった。

不可解な事実

キルガレンが死亡した直後、親友のアール・T・スミス夫人も謎の死を遂げている。

疑いの目で見れば

真実を伝えるのはかまわない――ただ、公表してもいいかどうか、確認すべきだ。

ルーカン卿

謎の行方不明事件のなかでもとりわけ不可思議なのは、第七代ルーカン伯爵リチャード・ビンガムの失踪だろう。ラッキー・ルーカンは貴族で、プロの賭博師で、言わずと知れた呑気者だった。

ロンドンの富裕層に人気のある名士だったルーカン卿は趣味に大金を費やし、相当の借金を背負っていた。妻とは疎遠になり、夫婦は三人の子供の親権をめぐって苦々しい裁判のただなかにいた。

一九七四年一一月七日の晩、ルーカンの子供たちの世話をしていた二九歳の乳母サンドラ・リヴェットが、ルーカンの自宅で、鉛製のパイプで何度も殴打されて死亡した。物音を聞いた妻ヴェロニカ・ルーカンが様子を見にいくと、彼女も殴られ、重傷を負った。ヴェロニカは血だらけになりながらなんとか近所のパブに逃げ込み、夫が乳母を殺したと証言した。

その晩、ルーカン卿は金もパスポートも持たず、自分は無実だと書き残して家を出た。友人の車を借り（後日、血痕の付いた車がニューヘブン・ドックスで見つかっている）、そのまま姿を消した。イギリスでルーカンの姿が最後に見られたのは、自宅から三〇キロ弱離れたアックフィールドの町だった。ひとつ、多くの人が重視している点がある。ルーカンの子供たちは父親の財政的な死を認められた。しかし、長男が申請した法律上の死は、一九九九年に貴族院の世襲制が廃止されるまで認められなかった。もし廃止以前に認められていたら、長男は父親が座っていた貴族院の席を譲り受けることができたのだ。

奇妙な点

エルヴィス・プレスリー同様、ルーカンも世界中で目撃されている。シチリアにある山の斜面を歩いていたとか、南アフリカに終(つい)の住処を見つけて暮らしているとか。スコットランドヤード(ロンドン警視庁本部)はいまも目撃情報をもとに捜査を続けている。同時期に七〇か所から情報が寄せられて捜査したこともある。もしルーカンがまだ生きていてどこかでひそかに暮らしているなら、御年すでに七〇代、四半世紀も身ひとつで逃亡生活を続けていることになる。

通説の黒幕

ルーカン卿――死亡している場合

一般に広まっている説では、ルーカン伯爵は死亡している。妻の殺害に失敗したあと、絶望と後悔の念にかられ、自殺したのだ。車でイギリスの海岸に向かい、イギリス海峡に身を投げ、溺死した。

ルーカン卿――生存している場合

生存説では、ルーカンは裕福な友人の助けを借りて国外に逃亡した。手を差し伸べた友人は故ジェームズ・ゴールドスミスだと見られており、ルーカンを個人所有の飛行機でイギリス南部からフランスへと渡らせ、金(かね)や衣服も提供していたようだ。いったんヨーロッパに入れば国境の管理はゆるいため、パスポートがなくても比較的容易に移動できただろう。ルーカンはゆっくりと移動しながらやがてボツワナにたどり着き、現在、ここで生活しているらしい。裁判にかけられて信頼を失ったルーカン卿を見たくないという人たちに金を恵んでもらい、いまは控えめで穏やかな暮らしを送っているという。

一風変わった黒幕説

フリーメイソン

ルーカン自身がフリーメイソンに所属していたかどうかはわからないが、貴族の多くはこの歴史ある友愛団体のメンバーだった。ルーカンが有罪にしろ無罪にしろ、厄介な裁判に臨まなくて済むよう、フリーメイソンはラッキー・ルーカンを国外に逃亡させ、人里離れた場所で平和な暮らしができるよう手助けしたのだ。

メオニア

ルーカンは秘密結社メオニアの一員だったのかもしれない。メオニアはイギリス貴族の血統を守り、神秘的な方法でイギリスを存続させるべく尽力している。もしメンバーが問題を抱え、囚われの身となる恐怖にさいなまれたら、そこから救い出すことがメオニアの

第7代ルーカン伯爵と夫人。ルーカンの先祖、第3代ルーカン伯爵は、冷静に判断し、軽騎兵旅団の急襲に加わることを拒否した［クリミア戦争中、バラクラバの戦いにおいて、イギリスはある伯爵の愚かな指揮でロシア軍砲兵陣地を真正面から攻撃し、大勢の犠牲者を出した］。

神聖なる使命なのだ。

疑問と信憑性

ルーカンの子供たちは最終的に父親の法律上の死も認めてもらえたが、イギリスの警察はまったく納得していなかった。一九九九年、本著者デイヴィッド・サウスウェルが行ったインタビューでは、スコットランドヤードの刑事数人が、ルーカンはいまも生きていて南アフリカのボツワナで暮らしており、子供たちがたびたびこの地を訪れる姿が目撃されていると回答した。ルーカン捜索は資金不足で進んでいないが、子供たちはこの見解をばかばかしいと一蹴した。

不可解な事実

二〇〇三年、大騒ぎが起こった。ルーカンと見られる年配男性の写真が、ある書籍の広告に掲載されたのだ。これによると、行方不明になっていたルーカンは一九九六年にインドのゴアで死亡したらしい。だが、後日、写真(一九九一年撮影)に収まっているひげぼうぼうの第七代ルーカン伯爵は、じつは元ヒッピーで、かつてフォークシンガーだったバリー・ハルピンだということが判明した。「マウンテン」や「ジャングル・バリー」として知られるハルピンは大酒飲みで、バンジョーを弾く熱心な社会主義者だった。インドに渡ったのは、物価が安く、陽が降り注ぎ、セントヘレンズ山よりも神聖な感じがしたからだそうだ。

疑いの目で見れば

誤ってハルピンの写真が掲載されたおかげで、ルーカンは悲劇のヒーローとして表舞台に戻ってきた。イギリスのポップバンド、ブラック・ボックス・レコーダーのアルバムジャケットをも飾り、曲のテーマにもなっている。ルーカンの支援者だと考えられていた人々がもう他界していることを考えると、もしも今日、ルーカンが姿を現したら一財産築けるだろうし、事件の注目度からして裁判を行うことはほぼ不可能だろう。ルーカンが戻ってきて免罪されたら、きっとイギリス庶民にとって純粋な英雄になるに違いない。もはや、隠すべきスキャンダルなどないのだ。

リー・ハーヴェイ・オズワルド

一九六三年一一月二二日、テキサス州ダラスで、リー・ハーヴェイ・オズワルドがテキサス教科書倉庫の窓からジョン・F・ケネディを射殺した。歴史書にはこう書かれている。

歴史書はさらに続ける。事件のおよそ四五分後、オズワルドはダラス警察のJ・D・ティピットを射殺し、そのあと映画館で逮捕された。二日後、今度はオズワルド自身がジャック・ルビーに撃たれた。ルビーが発砲した表向きの理由は、大統領暗殺に憤慨しての復讐だった。事件調査を担当したウォーレン委員会は暗殺物語に幕を引いた。故オズワルドは単独の狙撃犯で、陰謀は存在しなかった。事件解決。

しかし、このダラスでの悲運については今も陰謀論が飛び交っている。何より疑わしいのはオズワルド単独説だ。オズワルド自身にかんする謎も消えていない。さらに、オズワルドが狙撃前の数日間に取ったとされるダラスでの

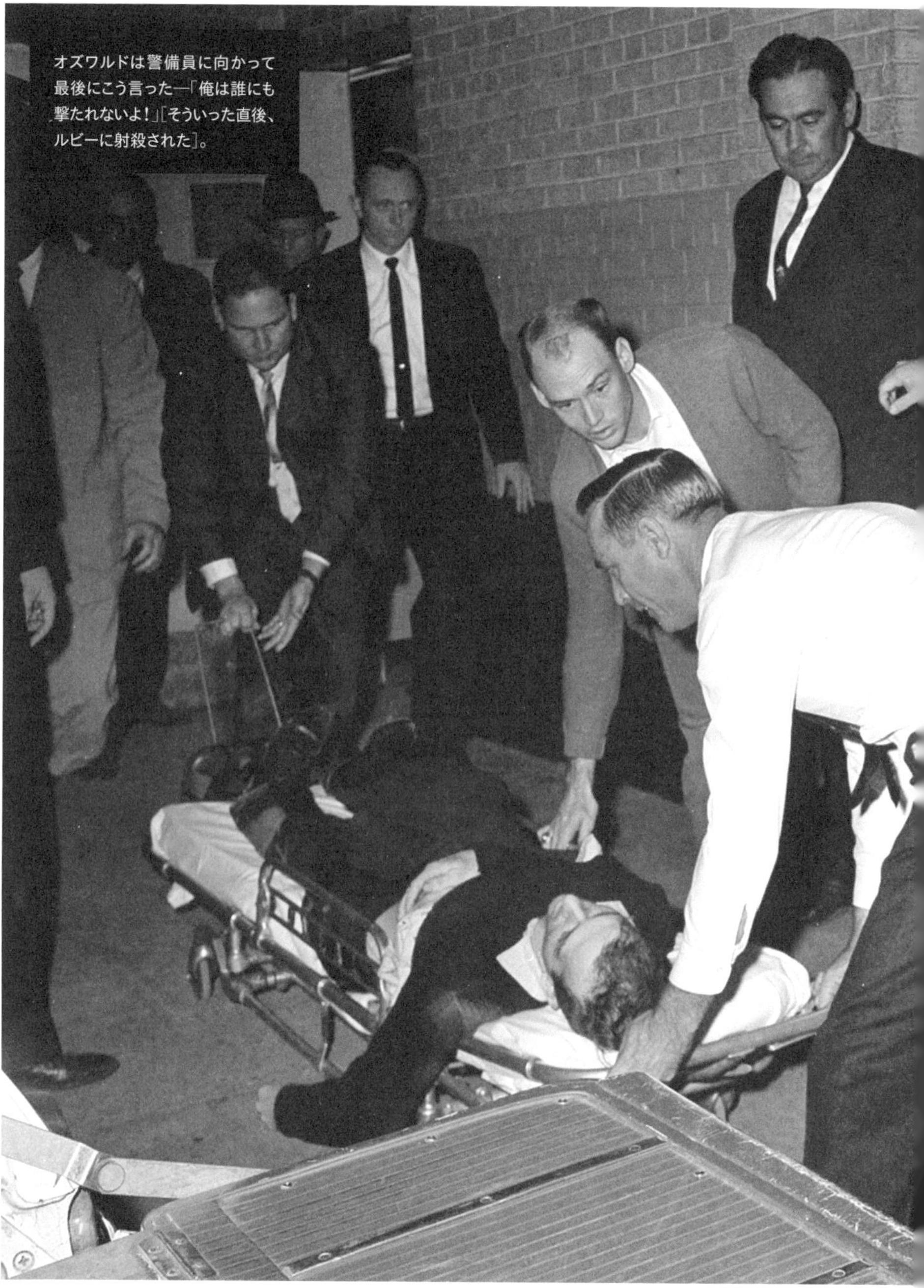

オズワルドは警備員に向かって最後にこう言った—「俺は誰にも撃たれないよ！」［そういった直後、ルビーに射殺された］。

行動をざっと振り返っただけでも、陰謀論が生まれるに値する矛盾や疑惑がごまんとあるのだ。

一九五七年一〇月二六日、オズワルドはカリフォルニア州サンディエゴの海兵隊に入隊した。その後、ロシアやロシアの政策に心を奪われていった。一九六〇年九月一三日、不名誉にも除隊になると、アメリカの市民権を放棄すると宣言してソ連に渡り、一か月余りしてモスクワに入った。ベラルーシの首都ミンスクを訪れたとき、KGB大佐の娘マリナと結婚した。だが、ロシアでの豪華な生活に馴染めず、一九六二年、マリナを連れてアメリカに戻り、職を転々とした。オズワルドは、一九六三年四月一〇日、ダラスで発生した陸軍少将エドウィン・ウォーカー暗殺未遂事件の犯人だと見られている。

同年八月九日、オズワルドはニューオーリンズで「キューバ公平委員会」のビラを配布しているとき、憤慨したキューバ人と暴動を起こし、その政治的見解により逮捕された。妻の友人――CIAとつながりのある亡命ロシア人――はダラスに戻ったオズワルドが教科書倉庫で働けるよう、面接を手配した。オズワルドは自身の経歴について嘘をつき、一九六三年一〇月一五日、就職した。あとは歴史の本に書いてあるとおりだ。いや、はたしてそうだろうか？

奇妙な点

ＪＦＫ暗殺前のオズワルドの行動については複数の報告が上がっているが、矛盾している。テキサスに住む車の販売員アルバート・ガイ・ボガードは、オズワルドは狙撃のまえに車を試乗し、近いうち大金が手に入ると話していたと証言している。だが、オズワルドは運転免許を持っていない。また、オズワルドはダラスのライフル射撃場に現れ、他人の標的を狙って見事な腕を披露したというが、海兵隊時代の射撃の成績はひどかった。おそらくこうした**オズワルドたち**は、暗殺の陰にいた真の黒幕が、本当のオズワルドに罪を着せられるよう雇った俳優なのだろう。

通説の黒幕

マフィア

もともと、ジャック・ルビーは、オズワルドを撃った理由はJFKの妻ジャッキー・ケネディを公判で受ける傷から救おうとしたからだと主張していた。しかし、多くの証拠が、ルビーはマフィアの一員だったことを裏づけている。JFK暗殺にかんする信憑性の高い陰謀論はその多くがマフィアに言及している。おそらく、ルビーがオズワルドを処分したのも偶然ではないだろう。大統領を暗殺したマフィアの策略を隠蔽したのだ。

FBIとCIA

オズワルドはソ連に渡るまえからFBIの監視下にいた。海兵隊を除隊された不名誉な理由——ロシア人になりたい——は周知のとおりで、つまり、CIAはもってこいのスケープゴートを手に入れたわけだ。おぞましいロシア人のために動く孤独な暗殺者。メディア向けにも最適な素材だった。

一風変わった黒幕説

KGB

KGBは、もしオズワルドが法廷に立たされたら、共産主義者としての背景、そして、KGBとのつながりも表面化するとわかっていた。つまり、ソ連がケネディ暗殺を企んだと疑われる。そこでオズワルドが出廷しないよう、ルビーを雇ったのだ。

疑問と信憑性

もしオズワルドが政治的理由でケネディを暗殺したのなら、なぜその手柄を自慢しなかったのだろうか？　それどころか、死ぬまでだまされたと主張していた。狂信者の行動とは思えない。オズワルドがルビーに殺害されれば真実は明るみに出ない。あまりに都合がよすぎるではないか。

不可解な事実

一説によると、一九五七年、ＣＩＡは日本の厚木基地で兵士を対象にＬＳＤの実験を行っていた。マインドコントロール研究の一環だったらしい。当時、オズワルドは海兵隊員として厚木に勤務していた。

疑いの目で見れば

もちろん、オズワルドがケネディを撃ったのなら、憤慨したアメリカ国民が復讐したいと思うのは当然だ。オズワルドが登場する陰謀論を耳にしたら、彼がタイタニック号を沈没させたという説にしろ、今朝、あなたの家の朝刊を盗んだという説にしろ、みな信じるだろう。

殺し屋はどこに？

グレン・ミラー率いるバンドはアメリカのレコード業界で大成功を収めた。のちのエルヴィス・プレスリーの売り上げさえかすんで見えるほどだ。一九三八～四二年、ミラーがアメリカ陸軍志願兵として従事しているあいだ、トップテン入りを果たしたのは七〇曲、うち二三曲は第一位を獲得した。

対するエルヴィス・プレスリーは三八曲がトップテン入りし、第一位を取ったのは一八曲だった。ミラーは陸軍入隊後、コンサートやラジオ番組を企画し、兵士の士気を高めた。ロンドンのアビーロード・スタジオ（のちにビートルズで有名になる）で、最後となる曲を録音したあと、フランス行きの便を探した。到着したら、『翼とともに I Sustain the Wings』というコンサートツアーを開催する予定だった。しかし、思い返すと、ミラーにとってまさに不吉なタイトルだった……。

ミラーはロンドンから車でノーサンプトン郊外にあるミルトンイースト空軍基地に向かった。パリ行きの飛行機に同乗させてもらえると思ったのだ。だが、運悪くパリ行きがなかったため、ベッドフォードに近いツインウッドファーム空軍基地に向かった。すると、アメリカ空軍のノーマン・ベーゼル中佐が、翌日、一九四四年一二月一五日の便に席を用意してくれた。翌日の午後一時三〇分、ベーゼルの部下、空軍准尉パイロット、ジョン・モーガンがやってきて、三人はモーガンの単発機ノーズマンに乗り込み、一時五五分、濃霧のなか離陸した。以来、消息を絶っている。

奇妙な点

グレン・ミラーは宣伝に絶大な効果を添える人物で、アメリカ軍にとっては兵士の士気を高揚させる存在だった。そう考えると、たったひとりでイギリスを移動し、パリ行きの飛行機を探していたことは不可解だ。ミラーのフランス行きは、本当に軍部が企画したコンサートのためだったのだろうか？　ただ、ミラーの弟ハーブによると、当時、ミラーは不治の病を抱えていた。となると、憶測にもあるとおり、目立たぬよう小型飛行機に乗り、飛び降り自殺を図ったのかもしれない。記録によると、あの日、ミラーはノーズマンにパラシュートが装備されていないことを妙に喜んでいたという。

諸々

通説の黒幕

一般に、グレン・ミラーの死因は飛行機の機器類が故障したことによる墜落だと言われている。当日は気温が低かったため、ノーズマンの翼またはキャブレターの凍結が原因らしい。だが、この説は即、反論できる。その日はたしかに霧が濃かったが、気温は摂氏五度だった。けっして凍結が起こるような低温ではない。

ドイツ人を疑う説もある。ミラーがドイツ語で反ナチを吹聴したことに激怒し、ミラーが乗った飛行機を撃墜するために殺人部隊を派遣したのだ。だが、ミラーの旅程は偶然かつぎりぎりで決まったのだから、居場所など知りようがない。また別の説では、濃霧のなか単発機で飛ぶことを嫌がったミラーが、急にキャンセルして他の手段を探したと見ている。この場合、ミラーは別の方法でパリに渡り、撃ちたがりのアメリカ憲兵に暗闇で射殺されたか、売春宿で一心不乱のお遊びに興じて腹上死したのかもしれない。どのみち、アメリカ当局は妙な噂が広まらないよう、ミラーは当初の予定どおり、ベーゼルとともに悲運のノーズマンに乗り込んだと発表した。

ミラーの実弟ハーブは、兄は軍の病院にいて肺ガンで死亡したと断言し、風評に反論した。当初、ミラーが病死したことは伏せられていた。国の偶像が長いあいだ患い、苦しんで死を迎えるより、謎めいた行方不明事件に巻き込まれたほうが宣伝効果があるからだ。公平を期すために書くと、ミラーは死亡あるいは行方不明になった当時、健康状態は良くなかった。へビースモーカーで、体重は激減し、軍服はだぼだぼだった。一九四四年夏、ミラーはハーブに手紙を出し、やせ衰えて呼吸も苦しい、と訴えている。同じころ、友人たちにこんなことを言っていた。

「きみたちだけで帰国してくれ。僕は無理だ」。

イギリス空軍

一風変わった黒幕説

情報通の話によれば、グレン・ミラーの乗った飛行機はイギリス空軍爆撃機ランカスター一三八に撃墜されたという。ドイツのジーゲンを攻撃していた爆撃機が、護衛機不足のために呼び戻され、ノーフォーク、メスウォールドにある空軍基地に向かっていた。こうしたケースでは、発射直前の爆弾をフル装備したまま着陸するのは危険なため、ビーチー岬南部、イギリス海峡に一六キロ四方で設置されている南部投棄区域上空に寄り、爆弾を投下する。ランカスターNF九三七の乗組員三名(爆撃手、砲手、ナビゲーター)は、のちに証言している。彼らが高度四〇〇〇フィートから爆弾を投下したとき、真下、高度二五〇〇フィート付近にノーズマンが飛んでいた。爆弾の雨を受けて、小型飛行機がひっくり返って落ちていくのを見たというのだ。

ミラーの乗った飛行機は、連合国遠征軍最高司令部に指示されたパリ往復ルートに沿って飛行場から南下し、ロンドン上空の飛行禁止区域を避けてイギリス南部のビーチー岬に向かった。もし、フランスのディエップを目指す途中で爆弾投棄区域の中心八キロ圏内を通過したのだとしたら、航路は南東にそれていたことになる。つまり、空軍准尉モーガンの操縦するノーズマンが濃霧のせいで予定航路から外れ、三人はピタリその時間に投棄区域のど真ん中を飛んでいたのである。第一四九飛行隊のランカスター機は午前一一時三〇分、ボンの北西六五キロに位置するジーゲンに向けて離陸したが、九〇分後、呼び戻され、爆弾を投棄区域に投下するよう命じられた。第一四九飛行隊の飛行日誌によると、爆弾投棄は午後一時四三分に開始されている。

疑問と信憑性

当初、ミラーの行方不明は隠蔽され、ランカスターNF九三七の飛行士が小型機を爆破したと自慢げに触れ回る者はいなかったため、誰も事件との関連には気づかなかった。ところが、戦後、NF九三七のナビゲーター、フレッド・ショーが映画『グレン・ミラー物語』(一九五四年)を観て、胸騒ぎを覚えた。ショーは昔の飛行日誌をすべて探し出し、自身の見解をまとめて公表したが、イギリス空軍やグレン・ミラー評価協会から物笑いの種にされただけだった。当時、ノーズマンはイギリスに五機しかなかったので、ショーが他の飛行機と区別できるはずもないからだ。それはさておき、ノーズマンと第一四九飛行隊が投棄区域で悲惨な出会いをするには、タイミングが少なくとも一時間はずれていた。

にもかかわらず、イギリス空軍の著名な歴史家ロイ・コンヤーズ・ネズビットがショーの見解を公然と支持した。ネズビットはこう指摘している。第二次世界大戦中、イギリスに派遣されたアメリカ兵は地元の時間で飛行日誌をつけていた。これはグリニッジ標準時を採用しているイギリス空軍の時間よりも一時間進んでいる。この時差を考慮すると、ノーズマンはまさに最悪のときに最悪の場所にいたことになる。また、ショーがノーズマンを認識できた理由もはっきりしている。彼はカナダで育ち、カナダで飛行訓練を修了した。研修を開始したときに搭乗したのが、カナダではあちこちで見かけるノーズマンだったのである。さらに、爆弾が投棄されたとき、イギリスが所有する他のノーズマン四機がどこにいたかも確認が取れているのだ。

こうした討論を受け、NF九三七の機長ヴィンセント・グレゴリーも表に出てきてショーの意見に賛同した。「無慈悲だと思わないでください。あのころ、私はみなにこの件については忘れるようにと、それだけを伝えていました。ミラーがあそこにいなければよかったのに。戦争だった。周囲の人が次々と死んでいく。私の任務は自分の飛行機と部下を無事に帰還させることだったのです」

不可解な事実

一九八五年、イギリス人ダイバー、クリーヴ・ウォードがイギ

「きみたちだけで帰国してくれ。僕は無理だ」

リス海峡でノーズマンの残骸を発見した。イギリスにある残り四機の所在はわかっていたので、これこそまさにミラーたち三名を乗せて姿を消したノーズマンだった。しかし、ウォードが懸命に捜査したにもかかわらず、操縦席にも、乗員席にも、機体近くの海底にも、遺骨は見つからなかった。

疑いの目で見れば

不注意にもイギリス空軍が不要な爆弾を投棄し、当時、人気の絶頂にいたアメリカ人を空中に散らした可能性はかなり高い。しかし、こうも考えられる。もしイギリス軍が爆弾を投棄していなくても、ミラーは自ら最期の計画を立て、飛行機からパラシュートなしで飛び降りたのではないだろうか。ガンで死ぬ恐怖から逃れるために。きっと、三名とも飛行機が激しく着水して沈没するまえに、なんとかして機外に飛び出したのだろう。それなら、クリーヴ・ウォードが海底のノーズマンから遺骨を見つけられなかったことにも説明がつく。

[図版クレジット]

The publishers would like to thank the following sources for their kind permission to reproduce the pictures in this book.

8. NASA, 11. Library of Congress, 15. Public Domain, 18-19. Al BurleighAP/REX/Shutterstock, 26. Granger/REX/Shutterstock, 34-35. Library of Congress, 39. Sipa Press/REX/Shutterstock, 46-59. REX/Shutterstock, 72-73. Penn Jones Photograph, Baylor University Collection, 75. Bettmann/Getty Images, 79. ITAR-TASS News Agency/Alamy Stock Photo, 85. Shutterstock. com, 86. Public Domain, 93. NASA, 99-104. Shutterstock.com, 108. Michael Stroud/Daily Express/Hulton Archive/Getty Images, 114. Times Newspapers/REX/Shutterstock, 119. Linda R. Chen/Touchstone/Kobal/ REX/Shutterstock, 125. Jack Guez/AFP/Getty Images, 130-131. Keystone Pictures USA/Keystone/REX/Shutterstock, 134. Keystone Pictures USA/Keystone/REX/Shutterstock, 137. Sipa Press/REX/Shutterstock, 143. Shutterstock.com, 147-148. Public Domain, 153. Shutterstock.com, 160-161. Keystone/Getty Images, 166. Shell R. Alpert/Library of Congress, 168-169. NASA, 181-191. Public Domain, 195. Library of Congress, 207-219. Public Domain, 218. REX/Shutterstock, 223. Bruce Weaver/ AP/REX/Shutterstock, 224-225. Barbara Alper/Getty Images, 230-231. Bruce Weaver/AP/REX/Shutterstock, 236-237. Christian Keenan/Getty Images, 242-243. David Hume Kennerly/Getty Images, 249. Bob Daemmerich/AFP/Getty Images, 254-255. Greg Smith/Corbis via Getty Images, 260. Corbis via Getty Images, 264-265. Jon Levy/AFP/Getty Images, 276. Aero Icarus/Wikimedia Commons, 281. NASA, 283. Jeremy Sutton Hibbert/REX/Shutterstock, 288. Hulton-Deutsch Collection/CORBIS/ Corbis via Getty Images, 300-301. RichardBaker/Alamy Stock Photo, 304. Shutterstock.com, 306. Adalberto Roque/AFP/Getty Images, 317-324. Shutterstock.com, 330. Chronicle/Alamy Stock Photo, 332-333. Shutterstock.com, 336. Public Domain, 134. Library of Congress, 348. Shutterstock.com, 350-351. U.S. Navy, 356-367. Shutterstock.com 395. REX/Shutterstock, 378. Galerie Bilderwelt/Getty Images, 383. AP/REX/Shutterstock, 385. Robert Sorbo/AP/REX/Shutterstock, 390. Kobal/REX/Shutterstock, 395. George Konig/REX/Shutterstock, 401. Shutterstock.com, 405. SNAP/REX/Shutterstock, 441. CBS Photo Archive/Getty Images 414-415. AP/REX/Shutterstock, 420. Scott Barbour/Getty Images, 426. Richard E. Aaron/Redferns/Getty Images, 430-432. Shutterstock.com, 438. U.S. Air Force, 443. Melinda Sue Gordon/Columbia/Kobal/REX/Shutterstock, 448-449. NASA, 453. General Images/UIG/REX/Shutterstock, 457. Steve Back / Daily Mail /REX/ Shutterstock, 458. Sipa Press/REX/Shutterstock, 464. NASA, 469. David F. Smith/AP/REX/Shutterstock, 471. Robert W. Kelley/The LIFE Picture Collection/Getty Images, 477. AP/REX/Shutterstock, 482. Dick Strobel/AP/REX/Shutterstock, 487. REX/Shutterstock, 493. Helen Atkinson/REX/Shutterstock, 499. Associated Newspapers/ REX/Shutterstock, 505. Topfoto.co.uk, 508-509. David F. Smith/AP/REX/Shutterstock, 517. Michael Ochs Archives/Getty Images.

Every effort has been made to acknowledge correctly and contact the source and/or copyright holder of each picture and Carlton Books Limited apologises for any unintentional errors or omissions, which will be corrected in future editions of this book.

[主要参考文献]

The Assassination of Malcolm X (1991) by George Breitman and Herman Porter: published by Pathfinder Books.
American Spy: My Secret History in the CIA: Watergate and Beyond (2007) by E Howard Hunt: published by John Wiley & Sons.
At Dawn We Slept: The Untold Story of Pearl Harbor (1991) by Gordon W. Prange: published by Penguin.
Double Standards: The Rudolph Hess Cover-Up (2002) by Lynn Picknett and Clive Prince: published by Sphere.
The Assassination of JFK - Who Really Did It And Why (2017) by Craig Newman: published by the author.
Operation Paperclip: The Secret Intelligence Program that Brought Nazi Scientists to America (2015) by Annie Jacobsen: published by The Little-Brown Book Group.
In God's Name: An Investigation into the Murder of Pope John Paul I (2007) by David Yallop: published by Robinson.
The FBI and the KKK - A Critical History (2009) by Michael Newton: published by McFarland & Co.
The Reckoning: The Murder of Christopher Marlowe (2002) by Charles Nicholl; published by Vantage.
Rasputin: The Role of British Intelligence in his Murder (2010) by Richard Cullen: published by Dialogue Books.

[索引]

［図説］世界の陰謀・謀略論百科

二〇一九年九月一五日　初版第一刷発行

著者――デヴィッド・サウスウェル＋グレイム・ドナルド
訳者――内田智穂子
発行者――成瀬雅人
〒一六〇-〇〇二二　東京都新宿区新宿一-二五-一三
電話・代表〇三-三三五四-〇六八五
http://www.harashobo.co.jp
振替・〇〇一五〇-六-一五一五九四
ブックデザイン――小沼宏之［Gibbon］
印刷――新灯印刷株式会社
製本――東京美術紙工協業組合

ISBN978-4-562-05676-7
Printed in Japan